[美] 佐伊 · 弗拉德 – 布拉纳（Zoe Fraade-Blanar）
[美] 艾伦 · M. 格雷泽（Aaron M. Glazer） 著
俞婷 马玉荣 李秀 译

中信出版集团 | 北京

图书在版编目（CIP）数据

得粉丝者得天下 /（美）佐伊 · 弗拉德 – 布拉纳，（美）艾伦 · M. 格雷泽著；俞婷，马玉荣，李秀译 .-- 北京：中信出版社，2020.4

书名原文：Superfandom：How Our Obsessions Are Changing What We Buy and Who We Are

ISBN 978-7-5217-1537-8

Ⅰ . ①得… Ⅱ . ①佐… ②艾… ③俞… ④马… ⑤李… Ⅲ . ①商业管理—通俗读物 Ⅳ . ① F712-49

中国版本图书馆 CIP 数据核字（2020）第 029726 号

得粉丝者得天下

著　　者：[美] 佐伊 · 弗拉德 – 布拉纳　[美] 艾伦 · M. 格雷泽
译　　者：俞婷　马玉荣　李秀
出版发行：中信出版集团股份有限公司
（北京市朝阳区惠新东街甲 4 号富盛大厦 2 座　邮编　100029）
承 印 者：河北鹏润印刷有限公司

开　　本：787mm × 1092mm　1/16　　印　　张：18.75　　字　　数：200 千字
版　　次：2020 年 4 月第 1 版　　印　　次：2020 年 4 月第 1 次印刷
京权图字：01–2019–3189　　广告经营许可证：京朝工商广字第 8087 号
书　　号：ISBN 978–7–5217–1537–8
定　　价：69.00 元

服务热线：400–600–8099
投稿邮箱：author@citicpub.com

目 录

序 / III

前言　得粉丝者得天下 / XIII

第一章　**缔造粉丝参与感** / 001

粉丝并非指某个人是什么，而是指他做了什么，其价值在于参与式体验。在消费者当中培养粉丝最有效的方法，是鼓励受众参与活动，最好是参与那些与纯粹的商品消费无关的活动。在这些活动中，他们会视自己为更大群体中的一分子，所以这些粉丝活动是粉丝迷恋的中流砥柱。

第二章　**创建粉丝语境** / 033

语境是一种围绕粉丝对象的“附加之物”，赋予粉丝对象超越商业实体的性质。关于粉丝对象的传闻、内部辩论、与之相关的社交媒体帖子、为之创作的或与之相关的内容、围绕它开发的仪式和专业词语、朝圣之旅以及旅行后的相关谈论与记录，所有这些都是粉丝语境。这种语境像一种黏合剂，把粉丝黏合在一起。

第三章　**关注粉丝的个性表达** / 067

粉丝已经不再是渴望一个远离主流世界的安全空间，而是更多地关注个性表达。“例外主义”传递了一个宝贵的信息：在某个发展阶段，当我们对社会生活、未来前途甚至自己的身体感到无能为力时，控制、接受以及能力依然存在。挑战权威是现代故事的重要情节，“另类”不再意味着“危险与颠覆”，而是代表着“强大与独立”。

第四章　**给予粉丝应有的身份认同** / 097

个体可以通过对某个组织的认同，与之建立有益身心健康的联系。人与人基于共性形成朋友圈，并保持紧密联系，具有巨大的优势。我们既想要一种独特、与众不同的感觉，又想获得一种归属感。粉丝迷恋很好地跨越了这个悖论，允许我们既能展示独特的个性，同时又受到一个更强大的组织的支持和保护。

第五章　**建构粉丝间的等级制度** / 131

归属一个团体就是展示自我——自己的知识、品位以及能力，也是拿自己与别人做比较，还能被其他粉丝评价为“优秀粉丝”，只有同伴的评价才是唯一重要的。几乎所有重要的社区都有某种架构，公开的或者是不易觉察的，它可以促使粉丝为社会等级而竞争。

第六章　**提升粉丝凝聚力** / 163

粉丝想要获得一种能够发挥作用的感觉，因为他们的爱和关注，某些原本不可能实现的事，成为现实。如果事实证明，粉丝所有的支持和努力都被浪费了，那么粉丝就有理由感到愤怒。粉丝迷恋有一个原则，即它永远不需要众包、众筹或任何与“众”字有关的事物。粉丝与粉丝对象之间是准社会关系，是完全单向的。

第七章　**活用真实性原则** / 195

真实性对粉丝团体而言是至关重要的，也最具危险性，但是如果利用得当，它会使粉丝甘愿沉浸在愉快的自欺欺人之中。将普通概念转化为一个新奇、愉快的事物，是一种具有强大吸引力的工具。真实性是一种黏合剂，可以把粉丝和粉丝对象连接起来，让他们投身共同的事业。

第八章　**有效应对粉丝的愤怒** / 225

面对粉丝的愤怒是一件非常可怕的事，这是因为，粉丝使用的是极端的语言。当粉丝反叛发生时，必须迅速应对。这并不意味着要删除负面的帖子，或假装问题不存在，而意味着承认对问题的关切，让粉丝知道，他们的意见被听到、被尊重，还要尽快提供解决方案来缓和局势。

结　语 / 257

致　谢 / 261

序

2012年10月29日，纽约，天气频道发出预警，飓风即将来临，可是我们却不怎么担心。2011年，飓风艾琳过境，几乎一棵树也没有吹倒，而且我们的计划无论如何都来不及改变了。

万圣节前两天的晚上，思柔毛绒玩具网络有限责任公司的职员就已经做好准备，要办一个虚拟的万圣节派对。此前，粉丝曾两度给我们惊喜，他们把秘密派对的海量照片发送到公司的脸书页面。一时间，我们的脸书动态时报页面被粉丝的手绘图片、照片以及填充动物玩具照片刷屏。他们盛装打扮，烤着点心，玩着游戏，不亦乐乎。而这一次，是我们举办派对。几天前，我们已经在很多社交媒体平台上发出邀请。世界各地成百上千的思柔玩具粉丝回复说，他们将会参加派对。

为应对飓风来临，纽约市提前宣布进入紧急状态，关闭了地铁，所以我们的团队成员只能在城市的不同角落工作。在脸书上，一个像达尼那样的超级粉丝留言说：“我们一直在看天气频道，为所有海岸地区的朋友担心，请务必注意安全！那么，万圣节派对会推迟吗？”连日来，我们几个人只有面面相觑，窃窃私语：“我们说什么好呢？”甚至在最后几小时里，还有人在内部聊天客户端发问，比如：“所以……也许今夜不适合开派对？”我们也不停地上谷歌查看天气状况。

我们不想让任何人失望，何况已经花了三个工作日筹备派对，这些时间本可以用于设计新产品或确认毛皮样品。我们都没有传统商业背景，未能预料到会有一切努力都付诸东流的风险。更何况，这场飓风的名字听起来并无威胁力——“桑迪”，它真会那么危险吗？

我们公司内部有句玩笑，说思柔是家制造玩具的科技公司。公司研制填充动物玩具，大大小小、离奇古怪。公司团队由跳槽人员组成，来自软件设计、法律、金融、政府部门、媒体等行业，正因为如此，公司在初期就能独辟蹊径。大部分玩具公司是批发销售玩具，而我们公司一半以上的产品是通过自己的网站直销。其他玩具公司的每条生产线，一年只有 6~12 个新品，而我们有几百个。它们的目标群体是幼儿，我们虽然也有很多年幼的粉丝，但最活跃的客户是青少年。它们主要依靠设计团队提出创意，而我们充分依靠粉丝的理念、思路以及绘图，所以我们是第一家发布长绒虾、克苏鲁魔象、死神收割者、吐司面包公仔等玩具的公司。

早些时候，我们决定在 Kickstarter 众筹平台上为“思柔柴犬”玩具发起众筹活动。该设计原本不在我们的制造计划之列，但在我们挑选下一个犬种模型的竞赛中，它排名第二，仅次于柯基犬（柯基犬玩具后来成为公司最畅销的产品）。Kickstarter 众筹平台推出了我们的概念设计作品：一只有圆形贴布眼睛的红色柴犬。它得到一片高声赞同，“是，是，是”，粉丝们非常喜欢我们的柴犬设计概念，满心欢喜地期待产品的制造、运输和发布。

10 月初，Kickstarter 众筹活动早已结束，模型图片也已公布，但我们意外收到一条来自粉丝的评价。看了模型图片后，她觉得模型的颜色应该是金色的，眼睛贴布也应该是另一种样子。骤然间，Kickstarter、脸书以及电子邮箱，到处都是愤怒的评价，说我们毁了设计，骂我们非常邪恶，指责我们背叛了粉丝，声称要向 Kickstarter 举报我们，宣布以后再也不买思柔玩具了。

我们感觉糟透了，情况怎么会变得如此糟糕？我夜夜咬得手指甲流血，苦苦思索到底该怎么办。我们想要讨粉丝欢心，但却没有改变设计的财力，有的只是眼泪。难道，我们的创新尝试毁掉了整个公司？

到 10 月底，办公室的气氛日渐凝重，是该举办一次活动的时候了，以便舒缓一下大家紧张的情绪，提醒每一个人，我们比柴犬玩具的颜色重要得多。不然的话，我们再也不会有这样的机会了。事实上，再过几周，一旦进入假期高峰，我们只有更新社交媒体的份儿了，而且我们真心喜欢粉丝。

当时，筹办派对的只有我们创新团队的三个人——设计师梅利莎和肯德拉，还有我。我们的业务经理斯科特在筹划内容，准备材料。公司的每个人都计划在虚拟派对上露一次脸，甚至连我们的总顾问查尔斯也将出席。

因为其他人都住在布鲁克林区和皇后区，所以我们早已把摄影道具从联合广场的办公室搬到了曼哈顿区东河旁的一个一居室里，那是我和艾伦合租的住所，位于 13 楼，刚好在强制疏散区之外。我们知道，有可能会断电，所以准备了 6 台充满电的笔记本电脑。除了一条威瑞森光纤电缆、两部手机的热点，我们还有一个老旧的斯普林特蜂窝调制解调器（2010 年办理的，忘了注销）。总之，万一出现紧急情况，我们有多条路径可以上网。

在几个小时中，粉丝们一直不停地发帖。

“亲爱的桑迪，千万别中断我们的电力！我们有个思柔派对要参加！如果你断了我们的电，就得面对我的愤怒！愤怒！！连地狱怒火也比不了受愚弄的思柔粉丝的怒火！！”梅尔写道。

“我已经为弗兰肯风暴[①]做好了准备。如果需要疏散，我要求大家带一个标准尺寸的思柔和一个迷你思柔。我们已经把迷你思柔挂到了妈妈的包上。来吧，兄弟！”萨曼莎这样写道。

“大家在弗兰肯风暴中，一定要注意安全！……但愿你们的住所不会被淹，你们的思柔玩具不会被浸湿！”欧神纳斯（这是一个迷你独角鲸思柔玩具）发帖说，可能是用了它主人的口吻。

---

① 弗兰肯风暴是外国网友的自创词，源自英国作家玛丽·雪莱的小说《弗兰肯斯坦》。——编者注

还剩下两个小时的时候，超级粉丝萨拉发了一个帖子："大家准备好万圣节派对了吗?！?！?！?！我已经迫不及待了!！我为几个思柔朋友准备了服装，今天下班回家还得准备一些茶点。昨天晚上，我们雕了南瓜灯，所以今天还得把南瓜籽烤了，再做点南瓜松糕、爆米花和热可可。我还有一些糖果和焦糖苹果。多么有趣、美味的夜晚，好激动啊!！"

取消派对，已经不太可能。我们是思柔！一定能平安挨过这可恶的超级飓风!

风刮起来了，我和艾伦又冒险出了一趟门，经过一扇扇钉了防护板的窗户和地铁口的一堆堆沙袋，去买手电筒备用电池，可惜没有买到。幸运的是，为我们的狮子狗买到了最后一包狗粮。回家后，我们把浴盆和水池里放满了水，打开几瓶啤酒，等待傍晚 7 点的到来。

"我外出了。大家要注意安全，千万别淋雨！"我们的客服经理贝丝从密歇根州的家中发来消息。

东海岸时间晚上 7 点整，提前到达的粉丝发的照片，涌入我们的脸书主页。"好，我们开始吧！"梅利莎在内部聊天客户端发布消息。然后，我们在脸书上发帖欢迎大家，立即收到粉丝发来的几百条五花八门的回复：

"噢，派对，派对！"

"派对时间到了！哇！"

"注意！这是一位来自暴风的客人。"

"哈哈！派对！我和我的 13 个思柔都在这儿！"

"不给思柔就捣蛋！"

页面充斥着粉丝发来的装扮成各种鬼怪和海盗模样的填充玩具图片。

晚上 7 点 30 分，当我们发布打油诗竞赛规则的时候，雨开始下了。7 点 45 分，当第一张思柔派对照片发出的时候，雨下大了。在南布鲁克林区的夕阳公园，梅利莎发布了迈克尔·杰克逊的《战栗者》视频。在城东的贝德福–斯都维森，肯德拉发布了黑白线条艺术图片，让粉丝涂色。梅利莎发布消息，征集绘图构思。我发了几张思柔玩具照片，有放在玉米糖果盘中的独角鲸，还有啃苹果的马。我们用的是脸书个人账户，为的是让粉丝知道，确实是我们本人在发帖。我们的帖子和美国各地发来的几百张照片交织在一起：穿着哈利·波特服饰的思柔鹰头狮，穿着水手月亮服饰的蝾螈，一对新郎新娘装扮的公牛和奶牛，还有一个浣熊播音员。

"谁能为我画一头独角鲸？"

"我在制作佐伊和克苏鲁魔象饼干！！！"

"你们有谁知道，为 96 个思柔玩具制作服装有多难吗？"

"曾经，有只从楠塔基特来的思柔玩具……"

"这个脸书派对让我彻底兴奋了。"

13 楼的玻璃，被风吹得在窗框中咯吱作响。楼下，一家人刚刚参加完"飓风派对"回来，爸爸、妈妈和小宝宝差点儿就要进入两栋楼之间的一个横风区，被一群反应机敏的大学生给拦住了。他们倒没什么，但他们得拉着狗绳把狗从流淌的雨水中拖进楼里。

我们坚持发布动态时报，紧张地按照原计划发布每个帖子。8点，服装大赛。8点15分，涂色本。8点20分，发布南瓜装饰照片。粉丝提出的绘画要求太多了，梅利莎应接不暇，只好让肯德拉接手，但是蜂窝移动信号开始变得时好时坏，手绘图片无一能按计划发布出去。

“哈哈哈，老天，竟然没有一张能发出去。我的天哪！粉丝的要求可是越来越多了，哈哈。”梅利莎写道。

“我们之所以笑，是因为如果不笑，我们就得哭，”肯德拉写道，“我的头发将一夜变白。”

风稍稍平息了，我们打开一台备用电脑，连上推特和美国有线电视新闻网，得知城南的炮台公园已经完全被淹没，C大街以东的几个街区被淹了，霍博肯市被淹了，地铁也全被淹了。透过玻璃窗，可以看到东河，它看上去比平时近了很多。后来我们才知道，就在我们发帖的时候，位于我们以北10个街区的纽约大学兰贡医学中心的备用发电机出现故障，医护人员在漆黑一片中，通过楼梯疏散病人和婴儿。

“你们是这样应对飓风的?！希望你们都没事儿！”粉丝雷切尔发来帖子。

我们互相转发即将停电的新消息。“为了保护公司和用户的设备，爱迪生联合电气公司已经开始切断布鲁克林部分地区的电力服务”，我们给布鲁克林区的人发送了提醒通知，他们则在推特上回复了汽车泡在水中的照片，现场离我们的公寓仅有几个街区。

“佐伊，这个脸书派对既美妙又可怕。咱们快要突破极限了，以后千万不要再这样干了，这样说可没什么恶意啊！”梅利莎写道。

“目前，我还好，就是有点害怕！”当电灯发疯似的忽明忽暗时，肯德拉这样写道。

“如果害怕，你不必坚持，这不是你的首要任务。”

“这很酷啊！”肯德拉要坚持下去。后来她承认自己当时正蜷缩在家中过道地板上打字，耳边是狂风撕扯屋顶金属板的声音。过道是她家唯一没有窗户的地方。

我们不停地发帖，玻璃晃动着，狂风怒吼着，楼下的街道变成了一片汪洋。往外看时，周围的大楼已经漆黑一片，变成了水中升起的巨岛，雨水沿着墙体不停往下流。从罗斯福快速路上流过的，会是水吗？这一夜，狮子狗没有出去溜达，我根本无法将它从床底下赶出来。

大约晚上 8 点 30 分，我们刚刚发出一张写着“不给糖就捣蛋”的水母照片，伴随着一声巨响，东南面出现一大片火光，几秒钟后，我们的电灯终于熄灭了。后来我们才知道，14 街的爱迪生联合电气公司的变压器爆炸了，整个曼哈顿南区陷入一片黑暗。外面的雨，下个不停。

我们打开备用笔记本电脑，尝试连接互联网，但网已经断了，再尝试手机，也用不了。接着，我们尝试斯普林特蜂窝调制解调器，它可以工作，但频带宽度仅够向河对岸的布鲁克林区发送紧急信号。透过暴风雨，我依稀还能看到那里闪烁着微弱的灯光，“在脸书上告诉大家，我们断网了，无法继续举办派对了，让他们继续”。随后，频带宽度变为零。

于是，我们坐在黑暗中，一边喝着从渐渐回暖的冰箱中拿出来的啤酒，一边大笑。我们的生活有多么奇怪！

第二天早晨天刚蒙蒙亮，我们带着狮子狗，摸黑下了13楼，门外一片狼藉。20街上的汽车，被水冲得七零八落，像乐高积木块一样散布在人行道上。汽车周围的垃圾一直堆到汽车方向盘那么高。一大根铁路枕木被冲出防波堤，冲到了一辆福特野马汽车的顶上。满大街都是垃圾、沙子和碎玻璃。从岛上泻下的咸水还汩汩流淌在污物当中。旁边那栋大楼的一楼被淹了，一片汪洋，残破的门半敞着，好似末日洪灾的残留物。

东村几乎所有的人都站在被水围住的河岸上，他们身上裹着御寒的运动衫和毯子，用手把手机高高举过头顶，想要接收来自远处布鲁克林信号塔的信号。

第一个联系我们的是查尔斯，他与十多个浑身湿透的金融人士挤在布鲁克林大桥下，并在那里设法找到了可用的无线网络信号。渐渐地，思柔员工一个个发信息和电子邮件报到，说自己虽然浑身湿透，但安然无恙。

斯科特自告奋勇去了解社交媒体上的情况，向世界宣告我们还在坚守岗位。几分钟后，他回复说，我们掉线后，几个粉丝接替了我们的工作，回答其他粉丝提出的有关服装大赛的问题，上传音乐，绘制图画，派对一直持续到午夜之后。一度，他们还发起了一个全国性游戏——“两句真话和一句谎话”。

“得知纽约的各位一切安好，非常高兴！”粉丝卡特立即发帖说道。多么美好的时刻！虽然我们分布在城市的不同角落，但都被感动得无语凝噎。

“那是我们在社交媒体上做的特别刺激的事。”梅利莎这样评论。

我们准备徒步前往纽约市上城，希望在那里找到能用的电源插座、温暖舒适的宾馆房间、热气腾腾的汤面。手机响了，我收到一封一个超级粉丝的电子邮件，说她确实为柴犬玩具的颜色而生气。

前言　得粉丝者得天下

“我从未想到自己会那样做”

1896 年夏，爱丽丝 · 德雷克离开了科罗拉多州的家，登上了横跨大西洋前往欧洲的客轮。她年轻富有，美丽动人，而且还是个娴熟的钢琴演奏者，常常因为美貌而招致流言蜚语。

19 世纪，大陆游学（The Grand Tour）是美国上流社会人士迈进人生新里程的标志。年轻的贵族带着厨师、仆人、家庭教师、食客等，一连几个月，有时甚至是几年，在精心挑选的欧洲历史文化名胜旅游。在一些国家，这个传统延续至今，成为“空档年”“国外学习年”，或者在某些情况下是，“她依然没有工作，还在欧洲当背包客？感觉快有一年时间了”。

大部分家长会安排孩子参观荷兰的博物馆和意大利的教堂与历史遗迹，还可能让孩子去巴黎学习舞蹈或剑术，抑或去当地的艺术学院学习。但爱丽丝的目的地不是罗马古城，也不是比萨遗址。爱丽丝在好友格特鲁德的陪伴下，蜻蜓点水般游览了比利时和德国。在柏林逗留期间，她起了思乡之情，随后直奔遥远的魏玛古城。在那里，爱丽丝造访了 10 年前去世的作曲家弗朗兹·李斯特的故居，凭借沟通技巧，进入旧居参观。

为了参观故居，她可是费了两次劲。第一次，当她和新结识的朋友到达李斯特故居时，已是下午，天色已晚，只能在外面转转。第二天一大早，两人再次前往，爱丽丝找到了看门人（他和李斯特一起生活了 27 年），偷偷塞给他 3 芬尼，说服他打开了故居的大门。

她不仅弹了李斯特的钢琴，欣赏了他所收藏的来自欧洲权贵的礼物，还说服看门人在一张明信片的背面为她签名。

实际上，两人在神圣的李斯特故居逗留了太长时间，差点误了火车。当两人离开故居，匆匆赶到车站时，离发车仅有两分钟。在火车即将驶出车站之际，两人上气不接下气地挤进车厢，不停地笑着。看门人只收了那么一点钱，就让两人参观了一个大大的宝藏，这让两人着实兴奋了一番。

当晚，爱丽丝在日记中这样写道：“我从未想到自己会那样做。”

参观莫扎特故居，可就没有这么愉快了。爱丽丝去萨尔茨堡的首要目的是参观莫扎特故居，可那里的街道狭窄弯曲，石头台阶破破烂烂，给人的印象并不好。一次，她推开一幢房子的前门，径直到了楼上，才发现走错了地方。然后，她漫不经心地继续寻找，终于发现位于三楼的一个小公寓，里面摆放着莫扎特的摇篮和家族照片。她大失所望。后来，爱丽丝写道："我对他的音乐没什么热情，因此对这一切也没多少兴趣……"

参观作曲家威廉·理查德·瓦格纳故居的经历更令人不悦，爱丽丝头一遭遇到不为小费所动的管家，她只得到了在前院参观的许可。为此，她大为光火。事后，她气呼呼地抱怨，说那是德国唯一一个管家不肯受贿的地方。

"坐在某个伟大的艺术家身旁，看着他，是一种极大的乐趣。"12 月，她这样写道。在德国，当不能进入名人故居参观的时候，她便把大部分时间花在四处探寻音乐表演上，选择的都是瓦格纳的歌剧，但是如果当地交响乐团不演奏瓦格纳的音乐，她也乐得欣赏上演的任何曲目。

她仔细地把参加每次音乐会的节目单、门票以及乐谱片段粘贴到一个剪贴簿里，里面还有她对每个作品的评论（"苏哈在演唱，她的嗓音已经大不如前，所以对我根本没有任何吸引力"）、对演员的八卦评论（"很奇怪，我们在美国根本就没有听说过亚历山大·佩奇尼科夫……他最近娶了一位美国女孩"）、对演奏者的看法（"这是交响乐团总监的亲笔签名，他没什么了不起的"），还有对每个歌剧院的描述、乐团演奏者的位置图，以及听每支曲目前后的精神状态。从笔记的字迹判断，也许她只是写给自己看的。

看了瓦格纳的歌剧《尼伯龙根的指环》之后，她写道："《尼伯龙根的指环》今早宣布上演，每天晚上的演出票我们都买了，急切地想知道是谁饰演布伦希尔德。后来才知道，竟然是弗劳林·勒维饰演布伦希尔德，而且票价还涨了，这让我感到不爽。但不管怎样，里诺和里堡总是很好。再者，听交响乐就是一种享受，所以我能够忍受那些不愉快的事。然而，这真的是一种可怕的折磨……"

在柏林期间，爱丽丝获得了在著名的钢琴教师卡尔·海因里希·巴思的课堂上旁听的机会。当时，卡尔·海因里希·巴思的女佣并不愿意接收爱丽丝，但爱丽丝说服了女佣。她很快就出现在巴思的音乐课堂上，激动得双手战栗，满眼敬畏地盯着他的两架贝希斯坦大钢琴。巴思本人出现了，爱丽丝不由惊叹："天哪！他看上去好高大啊！"爱丽丝弹奏了几个乐章（巴思说她"乐感很强"），便被告知可以成为巴思的学生。她终于如愿以偿了。当她离开的时候，笑容满面，用她自己的话说，简直是"笑得合不拢嘴"。

然而，一个月后，该上第一节课的时候，她却逃课去看自己最喜欢的瓦格纳歌剧《齐格弗里德》，因为德皇有可能来欣赏歌剧。

音乐诊疗

音乐狂，即对音乐过度、无法节制的热爱，是对 19 世纪末至

20 世纪初美国人的一项“病理诊断结论”。年轻的爱丽丝·德雷克对音乐的痴迷，绝非个例。工业化给所有人——从普通职员到初入社交界的年轻女孩带来了新的生活方式，让他们能够体验和享受曾经只有少数人可以享受的音乐活动。随着内战后经济逐步复苏，美国经历了巨大的社会与文化变迁。城市化加速前进，铁路遍布全国，工资经济（wage economy）之下，人们想买什么，就可以买什么。

19 世纪初，音乐爱好者或许只能满足于晚饭后和家人围坐在一起弹弹钢琴。如今，城市的发展催生了高大崭新的音乐厅。以前，人们也许只参加住宅附近的教堂举办的活动，而有轨电车和铁路等交通工具的出现，让人们能够参加城市里所有教堂的活动。工业化以前，人们可选择的唯一娱乐方式，是观看街坊组成的地方歌舞团的表演。这些表演都是地方性的，大家十分熟悉。现在，众多的巡演艺术团已经家喻户晓，它们给观众带来世界各地的艺术杰作、充满异域风情的曲目以及经典戏剧。

听瓦格纳的作品已经是一种享受，但是很多发烧友认为，为什么要止步于此呢？“他们说，‘嗯，那的确很不错，但我们想要更多，想要让那种体验变得永恒’。于是，他们跳出了‘一张演出门票’式的固有框架，开始做些别出心裁之举。”文化历史学家丹尼尔·卡维奇这样说。听音乐会的确很享受，但为什么不收集音乐会的乐谱和节目单，仔细剪下来贴在剪贴簿中存放起来？或者，站在独唱家下榻的宾馆阳台下守望几个小时，一睹她的芳容？抑或一场不落地参加某系列演出活动，不厌其烦地一次次来到音乐厅，感受在不同的角落聆听效果有何不同？又或者，前往德国魏玛参观李斯特的家？

年轻女子为了看歌剧拒绝了绅士的邀请，上班族为了多看一次演出不惜掏空腰包，音乐教师冲上舞台与音乐家拥抱，中年妇女站在座位上高声欢呼。显然，人们总得做点什么。

美国内战结束后，社会改革者掀起了一股改良浪潮。反对音乐狂的改革运动，虽然从未达到禁欲运动那么狂热的程度，但也形成了一股不可小觑的势力。不仅如此，这些激进分子认为，新一轮移民文化热潮已经危及美国本土音乐的纯正性。他们还认为，这种新型音乐爱好者不懂如何享受音乐。对音乐的体验，人们应该表现出自我节制的涵养，做出谨慎理智的反应。

“音乐厅里挤满观众，像蜜蜂一样挤在一起。”一位在维多利亚音乐厅欣赏音乐会的观众喋喋不休地抱怨道。“我看见有的人连帽子都被挤掉了。”另一名观众气喘吁吁地说。对于维多利亚时代的普通人而言，穿上束胸衣，再裹上 5 层衣物，坐在密不透风的音乐厅会多么难受。莫扎特或瓦格纳的音乐本身没有什么不良影响，但是它们激起的放纵不羁与社交礼仪格格不入。在上流社会，有了婚约方能有肌肤之亲，而如今一群满身是汗的音乐狂挨肩擦背地一起狂欢，这多么不成体统。

正如卡维奇指出的那样，“音乐狂”这个词于 1833 年已经出现在《新医学文献词典》中。在饱受折磨的人眼里，那些人“对音乐的热情达到了丧失理智的程度”。

其实，这种亢奋，这种内心深处渴望的自由，也许正是如此多的维多利亚时代的人把音乐看作发泄压抑情感的有效途径的原因。音乐是叛逆的，同时也是真善美的象征，当然，外人很难理解它。音乐把人们联系在一起，这的确是一件有趣的事情。

然而，在一个不认可这一理念的文化中，音乐连同音乐制作人、音乐活动和喜欢它的观众，都是“胡闹”。

人人皆粉丝

人总有一种想要与他人联系的强烈愿望，这是一种根植在大脑深处的本能。我们会自然而然地与别人联系，审视周围环境，始终对有助于“改进”自我的文化现象保持高度警惕。从进化论的角度来看，一群懂得依托某种外部事物集结在一起的原始猎人，更有可能在当晚就吃到猎物。不管这种外部事物是对月亮女神的共同崇拜，还是对山那边信奉怪异太阳女神之人的共同鄙视。

粉丝迷恋指的是围绕大众文化形成的结构和开展的实践活动，这是一种非常古老、非常人性化的现象，狂热的粉丝行为可能与文化本身一样古老。历史上有很多关于朝圣者的故事，他们为了到达一个目的地而长途跋涉。这不是因为那里景色优美，也不是因为那里有经济利益，而仅仅是为了近距离感受那些重要的东西。乔叟的《坎特伯雷故事集》的一节中，14 世纪的骑士、厨师、修士、医生和其他同伴长途跋涉前往圣托马斯贝克特圣地。地球的另一端，在日本的纪伊半岛上，由1000年前赶往熊野神社的朝圣者踏出的纵横交错的小径依然可见。

作家马格丽·肯普以其大量的戏剧性小说闻名于世，小说主题涉及家庭矛盾、阴谋诡计、遭受创伤和治愈创伤等。虽然她的大多数作品采用了自传式文体，但这些故事并不完全是她的亲身经历。她的作品多以《圣经》中的人物为原型。那时，《圣经》是最著名的文学作品。她于1438年去世，创作了大量长篇小说，也就是今天被认为是同人小说的衍生作品，详细讲述了圣母、耶稣和其他新约人物的冒险故事。

有时，她会创作一些情节来填补《圣经》的时间线。有时，她会杜撰一些内容，例如，把自己想象成圣母玛利亚的侍女，拿着约瑟和圣母玛利亚的行李随他们去探亲。当圣母玛利亚哀悼耶稣时，她会带着鸡尾酒、鸡蛋和稀粥，到她的床前安慰她。在一些作品中，肯普会融入自己的朝圣经历，想象自己向玛利亚要了一块襁褓，这块襁褓曾包裹着刚出生的耶稣。这个灵感源自她在去阿西西旅行时看到的文物。

中世纪后期的世界，充斥着宗教意象。教会歌曲、食物禁忌、精神艺术与建筑、独特服饰、节日以及复杂的仪式，都是能启发创作灵感的丰富素材。现代学者认为，这些故事让肯普与自己最喜欢的书籍有了更密切的联系。她与自己创作的人物联系在一起，并融入他们的生活。她希望自己的付出会得到教会的册封，成为一名圣徒，这样便可以完全融入自己钟爱的文字。

肯普并不是第一个探索这类文学体裁的人，早在200年前，圣方济各会的修女就尝试过这种体裁。当时她们受到了流行宗教文本的启发，如《冥想者》。修女是官方宗教体系中的一部分，但肯普却不是。

中世纪末期，英格兰重新强调个人赋权，正如500年后维多利亚时代的改革者反对音乐狂一样。但是，新的自由遭到了教会和社区的强烈反对，并非人人都喜欢肯普的创新性探索。

至少在肯普自己的叙述中，她的行为遭到了公众的嘲笑和敌视。她以第三人称写道，在自己的家乡，“一个鲁莽的人……故意往她头上泼了一碗水”。据她所述，在约克的时候，“有很多敌人诽谤她，嘲笑她，鄙视她”。甚至有几次，在当局尚未决定如何定义她的异端行为时，她就遭遇了学者盖尔·麦克默·吉布森所谓的“临时软禁”。她声称，社区的敌人希望把她绑在火柱上烧死。也许她的说法有点夸张。我们无法断定与她同时代的人是把她当作一个危险而又神圣的女性，还是把她当作一个疯狂怪异之人。她自己似乎对所受的迫害甚感自豪。

粉丝需要民主

马格丽·肯普和爱丽丝·德雷克不同于为买 J. K. 罗琳的新作而露宿书店门外的当代粉丝，他们之间的区别不在于迷恋程度，而在于路径。

我们会理所当然地认为，现代粉丝数量的激增是精通技术的受众频繁联系的结果。就规模而言，这是毋庸置疑的。但是，粉丝迷恋现象在数字时代之前就存在，在留声机出现之前已经出现，甚至在文字出现之前就存在。马格丽·肯普是一位生活在 15 世纪的商人阶层妇女，既不识字，也不会写字，她的所有故事都是她口述给抄写员的。19 世纪，像爱丽丝·德雷克这样的粉丝有更多的机会接触她喜欢的对象。只要有足够的钱，而且附近有管弦乐队，她就可以经常去听音乐。每一项技术成果都使粉丝迷恋变得更容易被接受，也更加社会化。有史以来，粉丝迷恋就是人类文化活动的一部分。

几个世纪以来，交通的发展，个人财富的积累，再加上宽裕的闲暇时间和更多的自主权，使得粉丝更容易接触他们喜爱的东西。互联网消除了最后的屏障，人们可以毫不费力地交流。对于媒体爱好者来说，只要动动手指，就可以找到他们想要的音频、视频或文学作品。对某一品牌的粉丝来说，不用去商场就可以在互联网上搜索到相关产品，进行比较并下单购买。对于喜欢活动的粉丝来说，找到可以和他人一起参与活动的时间轻而易举。对于追星族来说，可以在互联网上访问名人的私人空间，了解他们的创作过程、日常生活和观点看法，甚至可能看到他们的私密照片。

19 世纪之前，“文本”的数量有限，粉丝可以得到的作品集也有限，因此人们无法通过多种渠道去接触它。但宗教却是一个例外，例如，虽然肯普不能阅读《圣经》，但她可以参观《圣经》文本中提到的地方，参加相关的仪式，唱赞美诗，当然，还可以创作故事。

在宗教之外的文化潮流中，也有这样的例子。18 世纪后期，一名迷恋美国文化的法国公民可以前往美国，投身反对英国的革命斗争。还有许多人，要么撰写宣传册以支持美国的革命事业，要么代理反映美国立国原则之荣耀的画作，要么吃火鸡、玉米以及其他“新大陆”食物，要么在头发上别上小幅的本杰明·富兰克林肖像画。在当时那个极少关注类似辅助活动的世界里，这些都是例外。

现代术语“粉丝对象”（fan object）是现在所谓的情感交流和活动的中心，它是文化的一部分。它可以激发粉丝的忠诚，更重要的是，可以催生各种活动。如果了解并接近粉丝对象需要花费很大的精力，那么粉丝参与的范围就十分有限，因为几乎一切活动都需要通过简单互动来实现，比如，要阅读一本书，读者就得去书店或图书馆，拿到书，带回家，然后阅读。也许，读者还会和朋友一起讨论这本书的内容，抑或抽时间再读一遍。除非读者能够得到印刷的图书，而且有大量的闲暇时间去阅读，否则很少有人会读书。这通常是一种单向的互动。一本书不管内容有多好，只要有互动障碍存在，那就意味着它只鼓励读者消费，而不鼓励读者参与。

现在，阅读一本书变得非常简单，读者只需在电子书阅读器 Kindle 中点击“购买”按钮。粉丝获取和体验粉丝对象所需的精力比以前少了，读者就会有更多的精力，用其他方式来表达对所买图书的喜爱了。同时，他们还会有额外的精力和时间参加其他活动。任何一个普通的红牛饮料粉丝都能轻易找到并购买他们喜爱的这种含糖和咖啡因的饮料。那些“死忠粉”，会参加由红牛饮料公司赞助的极限运动项目，还会穿上印有红牛商标的衬衫，以此表达他们的热情。《星球大战》的粉丝在看完电影后，还可能参加几十个相关活动，如相关图书、玩具、漫画、粉丝大会、绘画、游乐园、电子游戏和服装比赛。《星球大战》不仅是一系列值得反复观看的电影，而且是一个观众可以完全沉浸其中的世界，一个可以成就自我的世界。

现代营销得益于粉丝迷恋带来的巨额利润。这不是因为粉丝具有创造世界的能力，而是因为他们有可预测的购买习惯。业界视“让粉丝高兴并乐意花钱”为赚钱的有效途径。关于如何吸引粉丝，已有人写了不少指南、建议，所以现在的大规模媒体宣传活动，都有相应的社交媒体宣传、视频竞赛、众包活动、可下载的手机游戏、搭卖的图书、街头游戏团队、动漫展台以及流行的视频游戏，还会付钱给一大批博主、照片墙（Instagram）晒图人和 YouTube（优兔）名流，凭借他们的人气来提高产品的知名度。如果活动预算充裕，还会通过电视或杂志做广告。当然，这种做法，只是在表面上为粉丝创造一个可以沉浸其中的世界。

的确，对于那些有闲暇时间和充沛精力的粉丝来说，他们确实想在不同层面、用不同形式参与更多的活动，但是利用他们的热情来推销更多的产品，是不可取的。各个品牌习惯于从自身利益的角度看待粉丝团体，只考虑自己可以获得的社会口碑和预期的销量，但很少考虑这些对粉丝来说有何意义。

粉丝的热情始终以品牌的服务为前提，这是一种非常具体、非常个性化的需求。了解这些动机和激情，才是品牌和粉丝真正互动的关键。这种互动可以为粉丝对象和粉丝带来成功。毕竟，双方对粉丝迷恋都有很大的投入。正如我们看到的，一个活跃的粉丝团体通过这种新方法所做的贡献，比它们的照片墙追随者的数量和追随者鼓鼓的钱包更有价值。

众包巨星：初音未来

初音未来（以下简称初音）是日本最受欢迎的虚拟歌手之一，其作品多次位居音乐排行榜榜首，经常在日本乃至世界各地演出。她曾在 Lady Gaga 的世界巡回演唱会上作为开场嘉宾表演，也曾为丰田、达美乐比萨和谷歌浏览器代言。在 YouTube 上搜索“初音”，会弹出 150 多万条搜索结果，相比之下，“珍妮特·杰克逊”的搜索结果只有 50 多万条。初音“生于”2007 年 8 月 31 日，身高 158 厘米，体重 42 公斤，常常梳着两条长长的葱绿色马尾辫，处女座。

初音是一个音乐合成器应用程序的吉祥物，用户可以用该程序谱写歌曲，并合成为真声播放出来，还可以通过 3D 动画的形式制作音乐视频，与歌曲一起播放。

初音由日本的克里普敦未来媒体有限公司开发，公司没有提供有关吉祥物的背景故事，只是将其基本色调定为与软件界面相匹配的颜色。该公司偶尔会为初音发布新的服饰，或新的声音风格（更甜美，或更动人），但她的整个生平是由粉丝创造的。

克里普敦公司已经成为音乐界和所谓的“商品化角色”领域的龙头企业。对于这两个行业，控制媒体的访问、徽标以及其他品牌符号至关重要，所以公司往往因过度保护商标而臭名昭著。克里普敦公司却竭尽全力鼓励其客户群尽可能广泛地传播初音和她的音乐。

其结果是造就了一个几乎完全由粉丝创建的粉丝对象。粉丝为初音配了故事、插画，当然还有歌曲。在亚马逊和苹果 iTunes 上，初音有成千上万首歌曲。这些由粉丝创作的曲目，会在演唱会上播放，各地的粉丝能通过直播观看。初音的相关产品，以及在电子游戏和其他媒介上的形象，都允许粉丝收集和参与，初音的网站还允许粉丝之间相互交流。

克里普敦公司发布初音音乐合成器软件，是该公司做出的一个重大决定。日本研究流行文化的文化人类学家伊恩·康德里解释道：“他们说你制作的音乐就是你自己的音乐。娱乐公司普遍认为，只有专业人士才能塑造这种角色，但初音的出现，证明事实并非如此。人们过去常说，对一部电影来说，其故事情节是非常重要的。有了漫画书，他们会说，人物角色是重要的。有了电子游戏，他们又会说，一个虚拟的世界是重要的。而初音的有趣之处在于，她什么都没有。”

最初，初音是一种营销手段——克里普敦公司的软件包装上印着的吉祥物，使其更容易被主流社会的观众接受。克里普敦公司的欧美区域营销经理纪尧姆·德维涅解释道：“我们对初音被接纳的速度和规模感到惊讶，必须迅速决定如何处理互联网上出现的大量歌曲、图片和视频。”

克里普敦公司不希望以后用法律手段保护版权，所以采取了一项意想不到的策略——“非限制性非商业用途”，即允许粉丝自由创作并分享他们的作品。这无异于美国的迪士尼公司向全世界宣布：只要不用作商业目的，你想让米奇做什么都可以。巧合的是，克里普敦公司做出该项决定之际，适逢日本网站 Nico Nico Douga（现在的 Niconico）滥用版权视频的行为遭到严厉打击，它被禁止使用 YouTube 视频和 VH1（Video Hits One，热门录像带第一名）的弹出式视频。唱片公司、制片公司都要求 Niconico 网站删除它们的版权视频，该网站迫切需要填补内容的空缺。初音出色地完成了这项填补工作，首先填补了由粉丝配图的歌曲，而后是完整的动画视频。

自此，Niconico 成为日本第十一大访问网站，而初音视频在网站上占据主导地位。克里普敦公司还开设了自己的共享网站——piapro.jp，并创立了一家名为“KARENT”的唱片公司，允许粉丝发行和销售用初音制作的歌曲（当然，公司会收取一定的费用）。目前，piapro.jp 上有 5000 多首歌曲。

初音就像一张互动地图，一个有无限时间和巨大影响力的名人。她与有无限权限的粉丝互动，形成了一个由粉丝不断再创作的粉丝对象。初音以电子形式出现，几乎完全出于偶然。如果像泰勒·斯威夫特这样的流行歌手，有能力演唱年轻歌迷为她创作的每一首歌曲，并迅速推广给其他粉丝，那么不难想象人们随之而来的狂热会达到何种程度。粉丝的活动把初音打造成世界上最知名的日本“名人”之一。虽然，销售音乐合成器 Vocaloid 是创造初音的初衷，但销售产品实际上只是初音的众多收入来源之一。

在初音的大多数演唱会上，一个巨大的投影屏幕占据舞台的一大部分。其表演是 2D 效果的，并不是完整的全息图像。在 2016 年北美巡演期间，36000 名忠实粉丝涌向舞台，在舞台上挥舞着绿色荧光棒。在这样的演出中，实际上并没有任何真实的表演。初音是真人的两倍大，跳舞的身影看起来很古怪，很卡通。她的声音很高，有点奇怪，像机器人的声音，所以她唱歌的时候，没有人会把她当作一个真人歌手。尽管如此，音乐会的配置齐全：现场演奏的乐队、超大屏幕特写镜头，带有一丝反权威主义。她最流行的歌曲《秘密警察》，讲述了一个政府机构监视公民的故事，观众常常会站起来为之欢呼雀跃。

在演出的结尾，就像电影结束时，观众会给予热烈的掌声，表达发自内心的欣赏，但舞台上没有表演者来接受鼓掌，掌声更多的是献给粉丝自己和创作者。2014 年底，一名记者在纽约汉默斯坦舞厅观看了初音的精彩表演后写道：“给我留下深刻印象的，并不是初音本身，而是这种氛围，这种环境，还有粉丝。”

“这看起来既离奇古怪，又荒诞可笑，但事实上，人们是通过它来探索一些严肃、深刻的问题。”康德里解释说。初音还有一首知名的歌曲，讲述了一个 16 岁的女孩死于癌症的故事。初音的其他歌曲涉及失落、孤独、自尊和初恋等主题。

“初音始终是一个可以亲密接触、很熟悉的人物形象，胜过真实的流行歌星。粉丝为初音创作内容，通过初音来表达自己的想象和情感。”迪瓦恩说。

初音似乎是一个安全模范，粉丝很欣赏她那沉稳的天性，圈外人可能会觉得这很古怪。艾米，一个 13 岁的粉丝，在 2012 年接受《连线》杂志采访时说：“她不会失去生命，也不会变成麦莉·赛勒斯，喝醉并干蠢事。”

2014 年底，初音在《大卫·莱特曼深夜秀》上表演。嘉宾预留座位区有一个屏幕，灯光很昏暗，这样视频投影便显得更加清晰。初音演唱了《分享世界》，它虽然是一首英语歌曲，但听起来也需要技巧。在预先录制的演出结束时，莱特曼走到初音鞠躬的地方，初音挥着手，消失在虚拟的烟雾中。莱特曼从容镇定地说：“女士们，先生们，这就是初音。有趣吧？这种感觉就像是在威利·纳尔逊的巴士上。”

粉丝成就了他们

把品牌所有权让渡给粉丝的做法很流行。从理论上讲，这是一个绝妙的想法，即把支配权交给那些只要满意就肯掏腰包的人。当涉及买卖时，人们对品牌的控制权越大，品牌就越能代表他们的欲望和需求。

事实上，这种互动并非如此简单。在 2012 年的初音形象创意共享许可协议中，列出的注意事项有：“不得歪曲、破坏、随意修改初音的形象，不得以违法行为侵害原作者的名誉。”公司网站上明文禁止“在暴力或性爱环境下使用初音的形象”。

随着初音的知名度不断提高，关于她的色情图片和视频开始充斥网络，刺激撩人的，淫乱不堪的，应有尽有。粉丝为初音的歌曲《世界属于我》创作的一个色情动画视频，即使是思想最开放的审查者，看了也会感到震惊（在 YouTube 网站上，这个视频的浏览量超过 100 万）。还有其他更为残酷和血腥的作品。“变态”是一个专门的日本漫画风格色情网站，上面经常有专门介绍完整版限制级的初音图画小说。亿贝和亚马逊这类电商销售的抱枕，很多都私自印上各种裸体初音的图案。值得一提的是，虽然克里普敦公司对此表示了不满，但截至目前，也没有办法让零售商从商品列表中删除这类商品。

我们将会看到，如果放弃对品牌的控制，随之而来的就是一系列潜在的问题。粉丝的期望存在两种极端：要么过于保守，致使粉丝强烈反对品牌做出任何与时俱进的改变；要么为了满足自身的离奇需求，要求品牌做出颠覆性的改变。后者意味着，它会践踏粉丝对象自身原有的品质特色。像初音这样的媒体品牌，能够经受住一场突如其来的色情风暴，甚至因此而变得更加流行，但一家保险公司可经不起这样的折腾，儿童电视节目则可能被彻底毁掉。

其实，如果粉丝期望得到有效管理，粉丝对象和粉丝就能各取所需，和谐共处。所以，即便存在出现裸体图案抱枕的风险，人们也会鼓励粉丝，在更多层面上与粉丝对象进行更加密切的接触。其中，很多层面的接触，是基本的线性文本无法实现的。当然，这种鼓励也会产生很多无法预期的结果。事实上，依靠粉丝创建出的粉丝对象也离不开粉丝。

如果没有粉丝的参与，《星球大战》的体验将会大打折扣，没有几个人愿意参加空荡荡的《星球大战》粉丝大会。观众使用官方的“#《周一足球夜》”标签来讨论比赛，会使《周一足球夜》这档节目更加有趣。如果没有粉丝团体，初音根本就不会存在，她没有歌可唱，没有音乐视频可演出，也不会有足够的广告影响力来促销丰田汽车，更不会有与潜在消费者建立联系的背景故事。初音的粉丝为她创作，在此过程中，出现了一些极具吸引力的佳作。

对于基于现实的故事而言，粉丝和粉丝文本一样，都是故事创作的源泉。如果没有粉丝参与，也就不会有故事存在。

受文化影响，我们习惯了小觑粉丝的实力。像维多利亚时代的社会改革者一样，我们所诟病的是一个度的问题。粉丝爱他们所爱之物过头了，电视看得太多了，游戏玩得过火了；享用可乐的方式有好也有坏，喝一瓶可乐当然没有问题，但收集百万个瓶盖来制作精美的实景模型，则出格了。

然而，品牌却越来越依赖这些粉丝来支持自身的业务。

目前，粉丝对象和粉丝在消费方面仍然扮演着两个截然不同的角色。有卖家，也有买家，两者几乎壁垒分明。但随着粉丝体验从单一的粉丝文本（fan text）消费，逐步向影响粉丝文本转变，甚至添加粉丝文本，粉丝与粉丝对象之间的距离也正在缩小。

二者重合，最终结果会是什么？当粉丝创作的材料可以顺利融入粉丝对象，不再遇到障碍时，会怎样呢？

过不了多久，我们就会看到结果。我们即将进入一个融合的时代，一个奇异的粉丝时代，创造者与消费者，粉丝与粉丝对象，他们之间不再有明确的界限。在这样的未来，产品与买家之间的交流将成为双向交流。

在这样的未来，一切都会成为经典的一部分。

第一章
缔造粉丝参与感

粉丝并非指某个人是什么，而是指他做了什么，其价值在于参与式体验。在消费者当中培养粉丝最有效的方法，是鼓励受众参与活动，最好是参与那些与纯粹的商品消费无关的活动。在这些活动中，他们会视自己为更大群体中的一分子，所以这些粉丝活动是粉丝迷恋的中流砥柱。

神谕面前

到奥马哈旅行的人，或孤身一人，或与朋友、家人、同事结伴而行。有的来自纽约、旧金山，有的来自开普敦、达喀尔，还有的来自上海。经过了伦敦、亚特兰大的中转停留，长时间的旅途奔波，人人双目红肿，疲惫不堪。尽管如此，私人飞机和大型商业客机还在源源不断地飞往美国中部的这座城市。

对于很多人而言，这也许是第二十次或第二十几次参加大会。人们通过佩戴的徽标和谈话内容，就可以识别出同行的游客。“你要去参加股东大会吗？嘿，我也是！”在飞机过道上，人们遇到了熟人会说“见到你真好”。下飞机时，人们会互相挥手致意。城里的大多数酒店在几个月前已被预订一空，再过半小时，剩余的房间也会被订完。

第二天早上，“世纪中心”外排着长长的队伍，一直蜿蜒到街角。有一对夫妇显然是前一晚在入口处的帐篷里度过的。第一次来参加活动的人，兴奋得早上 4 点就已到达。7 点钟，中心大门一开，人群便通过金属探测器涌入大厅，形成一片蓝色塑料徽章的海洋，推推搡搡，喋喋不休，满怀期待，笑逐颜开。“这是我第三次来这里了！”“我来过 14 次了，你呢？”更多的人会问：“你在哪儿工作？”

8 点 30 分，场地内的三层区域已挤满了人，还有人不断涌入旁边的一个宴会厅，大屏幕上播放着名流云集的视频，音箱里放着翻唱的《基督教青年会会歌》。一些粉丝跳进过道大声合唱："我们热爱伯–克–希–尔–哈–撒–韦的经–理–人。"内布拉斯加大学的啦啦队员们跑进场内，挥动着花球。沃伦·巴菲特挥手微笑着走上讲台，场地内每一层都有大屏幕在播放他出场的画面。

这就是所谓的"资本主义的伍德斯托克音乐节"。美国法律规定，所有上市公司都要举行年度股东大会，就公司政策进行投票，但很少有公司会采纳伯克希尔–哈撒韦的做法：举行一个为期三天的盛会，兼具宗教复兴、摇滚音乐会和商业活动的性质。每年春天，成千上万人会前往内布拉斯加州的奥马哈去聆听"神谕"。

沃伦·巴菲特是一位商人、慈善家，也是慢中求稳的金融投资专家。相传，他小时候就开始挨家挨户地推销口香糖。巴菲特倾注大半生心血，把伯克希尔–哈撒韦从罗得岛的一家废弃纺织厂经营成了如今的跨国控股集团。截至 2016 年，集团全资拥有或部分控股 50 多家子公司，其中包括盖可保险公司、奶品皇后冰激凌公司、鲜果布衣公司、奈特捷航空运输公司、卡夫亨氏食品公司、可口可乐公司、富国银行、美国运通公司和 IBM（国际商业机器公司）。作为伯克希尔–哈撒韦公司的董事长、总裁和首席执行官，巴菲特位列全球富豪榜前五名。

1998 年，经历了一场特别喧闹狂热的股东大会之后，迪士尼公司将股东大会会址从阿纳海姆迪士尼乐园迁往别处。而巴菲特却与众不同，欣然接受了狂热的与会者。对他们中的某些人而言，年度股东大会是一年中最棒的假期。想要参加股东大会，需要一份伯克希尔-哈撒韦公司的股票证书，但没有股票证书的人也可以买门票，在克雷格列表网站和亿贝网站上一张门票售价 5 美元（对门票收取一定的费用是为了防止倒卖）。

"我早就知道它，有不少关于它的传说，但我从未想到，自己竟然真的可以参加。"一个名叫克里斯蒂安·罗素的银行家说，他来自纽约一家知名的金融公司。

他的女友是一家大型投资公司的高管，一想到自己可以通过购买伯克希尔-哈撒韦公司的 B 股股票参加股东大会，她就兴奋不已。她说："我们本来可以通过购买门票去参会，但我们就想通过购买股票参会。这就像是把我的 401（k）养老保险金投到伯克希尔-哈撒韦，这样我就能见到沃伦·巴菲特了。我知道这听起来很不可思议，但确实很酷。你真的可以看到巴菲特，还能和其他 17000 人一起与他共度 9 个小时。"

2017 年的参会人数接近 4 万，但这些人并非同时到会。与会群体相当复杂：有些是美国的中产阶层人士，希望巴菲特谈谈致富之道；有些是华尔街工作人士，是为建立人际网络而来；还有人是为自己的企业做宣传而来；只有少数人真正关心伯克希尔-哈撒韦当前的业务状况。大多数人将参加长达几个小时的问答会，向巴菲特提问，从他的选股方法到他的政治观点，各种问题都可以问。

"想象一下，你可以向蜘蛛侠提问，"罗素解释道，"在这里，你的确可以做到，只不过必须排队。但这一次不是有人来扮演沃伦·巴菲特，而是沃伦·巴菲特本人！”

早晨，记者小组在台上提问，他们代表着财经新闻的来源——《财富》杂志、美国全国广播公司财经频道、《纽约时报》，也代表着股东自身。记者一个接一个走到房间前面摆放麦克风的地方，巴菲特就坐在那里，身旁是其搭档查理·芒格，桌子上摆着伯克希尔–哈撒韦公司的可口可乐和喜诗糖果。一位股东让巴菲特谈谈天然气和能源政策，另一位则询问巴菲特对于披露伯克希尔–哈撒韦各子公司总裁的薪资有什么看法。还有一位股东大胆地说，他觉得美国偏离了正确轨道，并问巴菲特能否推动总统改变方向。巴菲特回答说：“美国做得非常好。”这赢得了观众的阵阵掌声。另一个问题是，为什么大学教育不是成功的必要条件。巴菲特的回答引起了一片欢呼雀跃。

问题的答案合理有趣。每个问题，巴菲特都花费约半小时作答，偶尔也会征求芒格的意见。芒格的回答通常都是用不同的方式表达同一内容——“我认为你的回答很好”。

“看得出来，芒格的薪酬不是按照说话的字数支付的。”巴菲特调侃道。人群中笑语不断。

与巴菲特相隔两个座位，一个30岁出头的人正埋头把每个问题一字不落地敲进苹果平板电脑。他是堪萨斯州一家投资顾问公司的员工。“我已全身心地投入。我拍了30张他在走廊里的照片。”他一边说着，一边拿出手机，放大照片，“那就是沃伦，看见他了吗？”

“我参加过格莱美和奥斯卡颁奖典礼，总会有几个座位空着，而这里却座无虚席。”旁边的一个人说，“到了这儿，我觉得比以前富有了。”

“沃伦和查理，我们爱你们！”看台上的一位中年男子大声喊道。

隔壁的会议大厅有两个足球场大小，伯克希尔–哈撒韦公司股东大会的其他业务正在那里如火如荼地进行。各种商品应有尽有，如伯克希尔–哈撒韦平角裤、袖扣、钱包、跑鞋、文胸、围巾、棒球手套、牛仔靴和围裙。伯克希尔–哈撒韦主题系列钻石吊坠的售价高达500美元一个。有一个小托盘，上面印着巴菲特的名言：“不必为了取得非凡的结果而去做非凡的事情。”镶有伯克希尔–哈撒韦公司定制款珍珠的潘多拉手镯昨天已经售罄，印有伯克希尔–哈撒韦徽标和美元符号的睡裤也已售罄。

伯克希尔–哈撒韦公司旗下的每一个品牌都有自己的展台，各自都有大量的产品出售。大多数人在走廊里排队。在亨氏公司的展台前，粉丝可以买到印有沃伦·巴菲特或查理·芒格头像的番茄酱，以及巴菲特主题系列的通心粉和奶酪。东方贸易公司正在出售沃伦和查理系列橡皮小鸭。在盖可保险公司，股东们可以和一个巨型壁虎吉祥物合影。人们在鲜果布衣公司的展台拍照，然后把照片叠放在一起，看起来就像是股东和沃伦·巴菲特在一张桌子边拍的照片。奶品皇后冰激凌车的生意也十分火爆。

60多米长的喜诗糖果货架已经销售一空，抓狂的存货管理员快速地把花生脆糖盒子往货架上放。“一直都是这样。”一位金发的中年女管理员一边打开一箱新的花生脆糖，一边说着话。她把空箱子扔到一边，又抓起另外一箱，等她把箱子里的货拿出来，之前拿出的花生脆糖已经卖完了。“这是巴菲特的最爱，所以大家都想买。”她气喘吁吁地说。

“这是他吃的东西？你确定？”一个秃顶的中年男人边问边伸手拿了一盒花生脆糖。

一个 20 多岁，嘴上戴着多个唇环的人，嘟嘟囔囔地告诉收银员他要买什么。一个身穿金色长袍的僧侣漫步穿过展台。一个坐着轮椅的退休人员，在推拉杆上挂了太多采购的商品，轮椅看起来快要翻了。

很多前来参加盛会的人靠墙坐在水泥地上，穿卡其裤的，穿套装的，穿瑜伽裤的，穿高跟鞋或拖鞋的，形形色色。有人一边嘴里嚼着三明治和椒盐卷饼，一边对比交流着各自购买的商品，把走廊堵得水泄不通。一个羞涩的少女，身穿一件黑色 T 恤，上面写着“下一个沃伦·巴菲特”，尴尬地低声说：“这是我爸去年给我买的，所以这次我不得不来。”

沃伦·巴菲特在 2 月给股东的年度信函中，向热情的与会者道贺：“去年，你们都各尽其责，大部分地区的销售额刷新了纪录。”一位女士激动地拿着两大箱番茄酱，步履蹒跚地走了过去。一位亚洲商人扫空了满满一货架的伯克希尔－哈撒韦 Polo 衫。傍晚时分，喜诗糖果几乎售罄。

第一天的股东大会渐渐落下帷幕，一些参会人员聚集到邓迪欢乐谷历史街区，在巴菲特简朴的房子外拍照。当晚，伯克希尔-哈撒韦公司旗下的内布拉斯加家具市场办了一场户外烧烤，伴有钢琴大赛和“伯克希尔周末”折扣价活动。这是一年中最盛大的周末狂欢，销售总额高达4000万美元，仅是卖出的床垫，价值就超过100万美元。

与此同时，巴菲特最喜爱的两家牛排店葛瑞特和皮科洛之间的竞争也十分激烈。这个周末，两家店里来的大部分都是股东。股东大会前的几周，巴菲特出现在各个地方的确切时间是保密的。有传言说，他许诺要去这两家餐厅吃饭，多数食客将有幸见到他。葛瑞特牛排店的预约热线早在一个月前就开通了，火爆到有的人打好几分钟都无法接通。有幸订到桌位的人当中，很多都点了巴菲特最喜欢的食物：一根一分熟的T骨牛排，两份土豆饼，还有一杯樱桃可乐，放在“巴菲特杯垫”上。有些食客甚至在吃完后偷偷拿走了杯垫和菜单。

对于皮科洛牛排店的漂浮沙士饮料，巴菲特说：“胆小鬼才会喝小杯的。”

第二天早上是伯克希尔5000米趣味跑活动，为参与者提供机会来炫耀他们的限量版伯克希尔-哈撒韦纯节奏2（PureCadence 2）纪念跑鞋。起跑大门处是沃伦·巴菲特的巨幅漫画，图中的他跑得汗流浃背，画面最上部写着“投资自己”。沃伦·巴菲特亲自鸣枪发令，股东和伯克希尔–哈撒韦公司的员工一起开跑，所有参与者都将得到一个奖牌。

伯克希尔旗下的波尔仙高级珠宝与礼品店门口，安保人员围成了一堵人墙。股东徽章是唯一的入场券，保安在示意幸运的徽章佩戴者入场之前，会对每个人的证件进行严格的检查。这样做是为了保持排他性和特权，即有特殊待遇的人才可入内。在某一时刻，巴菲特充当职员角色，股东可与这位专业人士讨价还价。26颗裸钻正在出售，每颗上面都有激光雕刻的沃伦·巴菲特签名，价格不一，有的与二手的丰田卡罗拉汽车等值，有的与全新的法拉利汽车等值。

邻近的商场大部分已经关门，一位魔术师在为一群人表演。在陶器坊旁边，专业的乒乓球运动员也在展示高超的技艺。随后，巴菲特将和伯克希尔董事会成员比尔·盖茨搭档，与美国奥林匹克乒乓球运动员艾瑞尔进行一场表演赛。穿着运动裤的退休老人和带着婴儿推车的家庭，与一群群来自附近大学的联谊会女学生混杂在一起。

“过去13年，我们年年都来。这是一场家庭盛会。”一位来自芝加哥的白发苍苍的家族长者，一边说一边用手指着他的妻子和三个孩子，“这就像一场摇滚音乐会，资本主义的摇滚音乐会。这还像是度春假，但是度春假的时候口袋里没有钱。”

“我们待会儿要去吃比萨，”他的妻子说，“那是苏茜（巴菲特的女儿）去的地方。如果那是巴菲特去的地方，就更好了。”她打量着人群，轻蔑地撇撇嘴，然后说：“很多人刚刚买了股票就来这里。瞧瞧这些女人，来这里就是为了搭讪那些有钱人。”

“你有钱吗？”一个40多岁的男人问。他叫汤米，在等待安检的过程中与人闲聊，他还带领着一个不大的投资集团。“我们和沃伦所做的工作相似，但我们没他那么聪明。我让妻子读了很多他的书，还告诉所有的朋友，就那样去做！只要那么做了，就不可能不发财！人人都想来，所以我们把它变成了一次集体旅行。我本打算把他的一些书拿来让他签名，但我没有勇气站到他面前。”

“没有热门消息给我们了，嗯？”他又说。

沃伦·巴菲特快90岁了。“来参加大会的人肯定都有一种紧迫感，但不是绝望。他们正在经历的事情，也许不会再发生。几年之后，它将会结束。也许，这是最后一年。”克里斯蒂安·罗素评论说。在去机场的路上，罗素和他的女朋友在一家奶品皇后冰激凌店稍作停留。

粉丝与消费者的区别

严格来说，伯克希尔–哈撒韦股东大会是法律规定的企业事务，股东并没有义务必须出席。当然，可能会针对公司官方决议提出异议的个别股东除外。实际上，这些人来的时候就知道，他们的要求几乎肯定会被拒绝。这三天的所有财务信息都将被写入公司的年度报告和财务简报中，巴菲特的每一句至理名言都会被《纽约时报》和《华尔街日报》在它们的博客上直播，或被街对面的福克斯新闻总部转载。虽然，股东大会上的番茄酱售价比各地克罗格超市的便宜一点，但是，价格优势肯定会被机票和住宿成本抵消。

所以，这些与会者不是消费者，或者至少，他们不仅仅是消费者。

一名汰渍洗涤剂的消费者可能会喜欢这个品牌，她喜欢的是这种洗涤剂清新的泡沫气味以及对毛巾的漂白功效。她也许很忠诚，只买汰渍，因为只有汰渍能够满足她清洗毛巾的需要。但是，一旦汰渍改变了配方，变成这位消费者不喜欢的味道，那么她就会耸耸肩，然后去寻找新的品牌。这类消费者互动的唯一路径是：如果消费者喜欢某种商品，就会购买；如果不喜欢，就不会购买。

一家跨国公司能把自己的品牌打造得如此知名，的确不简单。伯克希尔–哈撒韦公司的股东不仅欣赏该品牌为他们所做的一切，而且还重新诠释了持有伯克希尔的股票意味着什么。它意味着财务自由、勇敢且足智多谋的美国人，意味着与志同道合之人交往的机会，还意味着度假和专有权。如果伯克希尔的股价下跌，他们不太可能货比三家，去买更好的股票。事实上，在 2008 年大萧条时期，股东们普遍抱怨的是他们没有足够的资金抄底，购买更多的股票。写着“伯克希尔–哈撒韦股票”的纸，是一项投资证明，同时它昭示了一个目标，甚至一个神话，一个值得相信的事物。

消费者关心的是商品，而粉丝会关注该商品代表什么，因此这两类人有着不同的需求。2010 年，沃伦·巴菲特签名的奶品皇后巨型勺子，以 4500 美元的价格拍卖给了粉丝。拍到勺子的人，不可能用它吃一个巨型圣代冰激凌。

华盛顿广场公园之战

在半个美国，西斯[①]都陷入了困境。8月一个闷热的夜晚，西斯人[②]聚集在曼哈顿的华盛顿广场公园，挑战他们永恒的敌人——绝地武士，但胜算不大。

“光剑战斗：纽约2014”活动的脸书页面上，有将近2000名参与者，相当一部分回复了“敬请回复”信息的人已经到达活动现场。数百名观众站在公园内主喷泉四周的水泥长凳上，小心翼翼地保持在圈内人群手里晃动着的发光塑料武器的“攻击范围”之外。有些剑是自制的，制作材料是发光棒和锡箔纸。大多数剑是从公园北侧的搬家公司的卡车上购买的廉价伸缩塑料模型，10美元一个。许多参与者将两把剑绑在一起做成双刃剑，在路灯下转悠着。在人们等待开始信号之际，公园的东边传来“维-德！维-德！”的叫喊声，而西边则传来“欧-比-旺！”的叫喊声。人群中各色人物都有：有打扮成莱娅的小女孩，有穿着和服并戴着达斯·维德头盔的男人，还有许多穿着时髦的女人，脚蹬高跟鞋，为了保持平衡双脚分开站立，还带着身穿尤达运动衫的小狗。

9点20分，一名扮成汉·索洛的男子站到长凳上，面对高声挑战的双方，朝着西斯这边点头说道：“哇，你们真是无可匹敌！”然后说：“3，2，1，开始！”

---

① 西斯是《星球大战》中的一个组织。——编者注

② 西斯人是《星球大战》中的一个种族，发源于科里班星球。此处的“西斯人”是由《星球大战》的粉丝用服装、道具等扮演的。——编者注

“天哪，真的要出人命啦。”从长椅上传来嘀咕声。

两群人厮打在一起，发出的声音像百万个塑料瓶砰砰回弹的声音，处于前线的人上下挥舞着刀剑相互砍杀。人们挤成一堆，几乎没有活动的空间，只能在头顶上方挥动刀剑。似乎，他们的目的是尽量多地触碰其他刀剑。“动用武器！”一个女人喊道。不远处，传来人群互相厮打的叫喊声。一名白人男子坐着轮椅，笑嘻嘻地穿过人群，手中的剑闪闪发光，嘴里说着：“我想，我可能死过10次了！”塑料碎片在空中飞舞。

人们容易把粉丝迷恋归类为消极的怀旧，但事实是，这一现象对经济的影响力十分惊人。2015年，全球销量排名前10的电影中，绝大多数具有粉丝驱动的特性，如《星球大战7：原力觉醒》《侏罗纪世界》《速度与激情7》《复仇者联盟2：奥创纪元》《小黄人》《007：幽灵党》《碟中谍5：神秘国度》《饥饿游戏3：嘲笑鸟（下）》。每一部电影都是基于现有的漫画或科幻类图书改编而成的。在这些电影上映之前，类似的媒体连锁就已经拥有庞大的粉丝群体了。

迪士尼斥资40亿美元收购《星球大战》系列电影，随后大举扩张活动范围，这完全是粉丝支持的结果。2012年，《星球大战》出售之际，卢卡斯电影公司制作的《星球大战》系列电影《全系记录》中，所列角色多达17000个。这个全系记录的价值，不在于某些角色，而在其多样性。迪士尼公司首席执行官罗伯特·伊格尔专注于收购具有浓厚文化背景的人物角色和故事情节。这些素材可以在公司的各种项目中使用，如电视节目与衍生电影、玩具（包括儿童玩偶和成人动作玩偶）、品牌冠名的主题公园游乐项目、徽章、服饰等。如此多样的人物角色和丰富的娱乐活动，足以吸引广大粉丝群体迷恋其中。

今晚，迪士尼公司不会从塑料击剑活动中赚到一分钱。许多“光剑”并非冠名产品，大部分服装也是自制的，或者是为其他活动购买的。活动过程中，一部《星球大战》电影都没有上映。和伯克希尔－哈撒韦股东大会的与会者一样，华盛顿广场公园的这些勇士也不是消费者。在这个炎热的夏夜，他们的表演恰恰是最有价值的品牌宣传活动之一，而迪士尼公司一分钱都没花。

人人皆痴迷

粉丝不是一种身份，而是一种行为。粉丝参与的是一系列非商业活动。他们所创造的表演，例如光剑之战，使商品更具吸引力，从而吸引更多的消费者。这种表演的价值在于参与式体验。事实上，这样的参与有助于区分粉丝和消费者，消费者会把钱花在某个品牌上，而粉丝则会投入时间和精力。

粉丝（参与活动的人）和消费者（购买商品的人）之间有共同点，但粉丝并不一定需要购买商品。例如，凭借《回到未来》电影三部曲中安装在汽车上的时光机器，德罗宁 DMC-12 汽车一举成名，但它目前仅存 6500 辆，而且公司已经破产几十年，所以德罗宁 DMC-12 汽车的狂热粉丝不太可能成为它的消费者。但是，这并不妨碍数千名粉丝涌向德罗宁车展，在官方留言板上聊天，并建立德罗宁汽车观赏网站。位于都柏林的健力士黑啤展览馆，每年都会吸引上百万游客，其中相当一部分是年幼的孩子。他们虽为啤酒迷，但却一滴酒也未曾喝过（至少理论上是这样）。

人类的本能之一，是基于某些共性，比如地理位置、宗教、性别或阶级，与他人组成团体。无论是为了创业、自我完善，还是为了娱乐，人类都会找出聚集在一起的理由。如今，人们的共同特征很可能就是对《星球大战5：帝国反击战》的共同热爱，对儿童足球游戏的共同享受，或者对视频中做出各种古怪动作的可爱猫咪的共同迷恋。

这些共同关注的焦点就是所谓的“粉丝对象”，包括名人、品牌、组织、娱乐方式或媒介。媒介包括具有情感纽带和活动中心作用的电影、书籍或音乐。粉丝对象是一个重要的核心，一个引力中心，将人们凝聚在一起，为他们提供增加联系的共同点。

有时，粉丝对象自身拥有一种粉丝文本——一个可以让粉丝亲身体验粉丝对象的官方媒介。有时，粉丝对象自身就是粉丝文本，例如，深受人们喜爱的一部电影或一本书。但有时，这种联系并不明显，例如，某位音乐家的粉丝可以通过粉丝文本收听其歌曲，或通过粉丝文本观看其音乐视频，或者通过粉丝文本阅读其传记。甚至，有时根本就没有粉丝文本。许多活动，如游泳，就没有什么媒介可以帮助粉丝直接感知他们所喜爱的粉丝对象。不经常游泳的人是很难成为游泳爱好者的。

如果一个西斯人来到华盛顿广场公园挑战绝地武士，而广场上却空无一人，那他将会非常失望。他完全可以独自舞剑，但这与公园挑战肯定是不一样的。我们天生具有自我表现和与他人互动的欲望，为的是宣示自己的身份。这些嗜好只有在别人的陪伴下才能得以充分发挥。因此，粉丝迷恋本质上具有社会性，即表演需要观众。尽管粉丝迷恋往往具有很强的个体感受，但与之相关的活动总是作为共享体验的一部分而存在。一个我行我素的秘密粉丝，既不受外界影响，也不与外界互动，他在很大程度上，只是一个神话。其实，秘密粉丝还是会和其他粉丝交往接触的，只是没有加入更大的社交群体而已，完全孤立的粉丝迷恋几乎无法长久存在。

在消费者当中培养粉丝的最有效方法，是鼓励受众参与活动，最好是让他们参与那些与纯粹的消费无关的活动。在这些活动中，他们会视自己为更大群体的一分子。这些粉丝活动是粉丝迷恋的中流砥柱。

朝圣

伯克希尔-哈撒韦公司在奥马哈举行的股东大会的参会人，参加的也许是最古老的粉丝活动，甚至比 14 世纪时前往坎特伯雷途中的乔叟以及其他旅行者还要古老。“朝圣”（pilgrimage）指的是，一个人去某个地方不是因为它的美丽风景、它所处的地理位置或它的任何其他特点，而是因为它所代表的事物，即它的神圣性。沃伦·巴菲特的那幢不起眼的五居室灰色房子，虽然属于这位亿万富翁，但其外观并不吸引人。它装有摄像头，门外停着一辆没有标志的安保车辆。能够显示出其价值的只有这些，然而，即使巴菲特不在家，依然会有粉丝在人行道上四处闲逛，寻找与这位领袖人物接近的机会。葛瑞特牛排馆在大众点评网站耶尔普（Yelp）上的评级是三星级，因此许多评论质疑巴菲特对食品的评判力。若不是因为巴菲特，葛瑞特牛排馆不会提前几周就被预订一空。在夏末的夜晚，许多"光剑战斗"参赛者从新泽西州和康涅狄格州一路奔波而来，只为参加一个无聊的活动。通过高清电视观看世界杯，总比坐在看台上看得更清楚，但这并不妨碍它成为世界上门票最抢手的体育赛事之一。

所有粉丝都喜欢亲身体验，无论是参加粉丝大会，在签名售书会上排队等候，参加演唱会，寻访正宗酿酒厂，还是参观名人故居。其实，粉丝所关心的事情，至少在某种意义上是实实在在的。

内容创作

圣诞节，狂欢者会装点圣诞树。感恩节，人们会烤火鸡。情人节，人们会制作贺卡。过生日，人们会烘焙蛋糕。美国独立日，人们会准备著名的户外烧烤。围绕爱国主义和宗教主题创作个人作品是很自然的活动，但很少有人认真思考过这些活动。

随着大众文化在传统组织中开拓出一席之地，受众创造的虔诚信物应运而生。粉丝可以运用自己的创作技巧向粉丝对象"致敬"：铁路爱好者在自家后院建造整个火车运行系统；艺术家将泰勒·斯威夫特画成日本动画人物；摄影天才拍到一只猫将两只爪子放在嘴边的照片，还配上说明文字——"无形的口琴"。

过去，业余爱好者的创作——绘画、照片、文章或者网站，很容易被识别。他们创作的作品质量越好，受到版权方问责的可能性就越大。随着越来越多的专业工具的使用，二者之间的差距正在缩小。粉丝剪辑的热门电影预告片，其专业程度往往与原版相差无几。英国电台司令乐队主动鼓励粉丝制作混音音乐，热门电视剧《神秘博士》第八季的片头，几乎完全基于由粉丝创作上传到 YouTube 的视频。

粉丝传播

“我的俱乐部棒极了，你们真的应该加入。”几乎每一个组织，无论是政治的、宗教的，还是社会的，都有一套正式或非正式的征募制度。粉丝团体的优势在于拥有真正的信奉者，一个与粉丝对象有着深厚情感联系的核心群体。粉丝传播靠的是一种冲动，与宗教传播很相似。一个粉丝如果认定自己找到了最棒的冰岛死亡金属乐队的歌曲，他不会憋着不告诉别人。一个刚刚发现非常搞笑的电视节目的人，自然会建议别人也去观看该节目。许多伯克希尔–哈撒韦公司股东大会的与会者带着配偶、朋友和同事，是希望他们也受到感染，也为巴菲特而狂热。推荐新粉丝对象的乐趣在于，推荐者在同龄人眼中的地位会陡增。当然，能够和朋友一起参加粉丝会更有趣，因为这样就有了更多有共同话题的粉丝。

多年来，许多组织试图实现自动化传播。早期的脸书页面有时会设置“点赞”门槛，所以潜在粉丝如果不点击“点赞”按钮，就无法访问相应内容。虽然，脸书在很多年前就放弃了这种页面设置，但如今，我们依然得忙于应付“点赞”、“推送”、“钉”和“发送电邮”等按钮。它们散布于网络，就像许多黏糊糊的数字糖果。一些游戏，如《糖果粉碎传奇》和《开心农场》，玩游戏的人需要通过一位玩友的帮助才能获得能量，延续生命，这就是变相地鼓励玩游戏的人传播游戏。也有一些网站和移动应用程序变本加厉，它们会在社交网站借我们的名义向朋友传播，有时这经过我们同意，有时则未经许可。“请分享您的此次购物”，亚马逊结账确认页面上如此建议，而且还附有预先写好的推文和脸书帖子。

社交分享

对一些人来说，社交群体的互动可能是一种挑战，而粉丝对象则代表着一种强大的社交润滑剂和自我表达媒介。

一群对某个特定粉丝对象充满热情的人，很可能会有其他的共同兴趣爱好，崇尚素食主义生活方式的粉丝也许还会有喜欢骑自行车或喜欢瑜伽的共同爱好。喜欢英国作家特里·普拉切特的讽刺奇幻小说的粉丝，很可能也会喜欢喜剧团体巨蟒组的演出或梅尔·布鲁克斯执导的电影。这些共同爱好为讨论、友谊和建立个人网络提供了切入点。将粉丝对象作为讨论经验和情感的工具，可能会减少这类社交场合潜在的尴尬。有了共同的粉丝对象，就总会有一个默认的对话主题。与陌生人交流也许很困难，但是穿着相同星球大战服饰的人，手持相同光剑的人，大声喊出彼此都熟悉的电影台词的人，都已经不是传统意义上的陌生人了。

当一个粉丝在网上做了《欲望都市》故事梗概测验，并将结果发布到脸书动态时报上时，她实际是在公开宣称，她就是“嘉莉”——这部系列影片中奋发图强而又极其敏感的女主角。在常规对话中，她可能难以启齿告诉别人，自己正在寻找一份浪漫情感和刺激，但通过发帖公开表达对嘉莉的身份认同，她就是在巧妙征求其他粉丝的评论和认可。很可能，迟早会有人回复：“噢，你的确是‘嘉莉’！”

真人秀

我们的身体犹如一块画布，投射出我们是谁、有何强烈感受的信号。传统上，“部落色彩”（tribal color）显示了我们的文化背景，脸部彩绘可以提供有关家庭出身和社会地位的线索。项链吊坠的形状可能会给同一宗教团体中的其他人发出信号。在许多文化中，珠宝和服装的颜色、切割或裁剪都包含了关于穿戴者的年龄、性别、职业、关系和地位的详细信息。就好比很少有人会向一个穿白色婚纱的女人求欢（因为她要结婚了）。

随着我们的文化背景变得越来越大，部落色彩也已拓展，包含了新的事物。脸部彩绘意味着他们是巴尔的摩乌鸦队的粉丝，或者他们痴迷于“吻”摇滚乐队。佩戴仿制的“时间转换器”，即《哈利·波特》系列故事中赫敏的金项链，便可向其他粉丝显示自己作为狂热爱好者的身份。服装，通过屏幕和热升华打印技术，可以传递出相应的信号，表明人们希望获胜的球队，想要驾驶的汽车，曾经见过的乐队，喜欢的啤酒，以及最喜欢的烧烤聚会。一个真正细致的粉丝甚至会喷上金·卡戴珊的标志性香水，发出的信号便是她对迷恋对象的崇拜。

尽管有些粉丝会把服饰装扮发挥到极致，通过真人秀，即利用服装、饰品等扮演动漫作品或游戏中的角色，表达自己对角色的喜爱，但是为了向全世界宣示我们喜欢猫王（埃尔维斯），并不需要把他的一切都装扮在自己身上。有时，只需要一件印有恰当图案的T恤。在“光剑战斗”中，几乎人人都穿戴着一件“星球大战”系列服饰，哪怕只是一个彩色的别针，有些人甚至有“星球大战”的文身。

在美国，过去的10年里，真人秀成为万圣节最吸引人眼球的风景。虽然普通的天使、警察和性感小猫咪装扮依然会出现，但是在每年全美价值25亿美元的服饰花销中，很大一部分花在了授权经营服饰产品上。根据谷歌网站推出的万圣节最热门服装搜索跟踪报道，2016年名列前五的服装中有三种获得了官方许可，分别是哈利·奎恩、神奇女侠和小丑服饰。有些万圣节服饰道具采用了企业吉祥物的设计，如“诗凡卡伏特加女孩”和伯克希尔–哈撒韦公司旗下政府雇员保险公司的“金沙日光壁虎”。另外一些是产品本身，如绘儿乐蜡笔和“女主人巧克力蛋糕”。前进保险公司有一个网站，专门指导人们如何在万圣节装扮成公司吉祥物“前进女孩弗洛”。网站还提供链接，人们可下载“前进女孩”的经典圆形徽章和名牌。

仪式与传统

第一次做是创新，再做就成了传统。粉丝擅长开发属于自己的活动和实践，以接近他们所喜爱的对象，并且经常会创造自定义的词语和规则参与这个过程。

贾斯汀·比伯的粉丝有时会在他发行新唱片时组织“买断”活动，百万粉丝大军有组织地冲到凯马特超市和百思买门店，疯狂购买偶像的新专辑，就是为了把它推向排行榜榜首。如此一来，比伯就有可能注意到这些举动并公开露面。在这个 13~18 岁的年轻群体中，很少有人拥有唱片播放机，现在他们已经进入有潘多拉播放器、iTunes 播放器、声田音乐平台以及其他数字设备的时代。因此，每次购物狂欢结束后，这些唱片就会成为收藏品，或是被捐赠给慈善机构。

其实，粉丝创建的仪式和习俗不一定都如此极端。每月聚会一次的读书俱乐部，在每场大型比赛之前开的停车场车尾派对，用佳得乐运动饮料喷向获胜球队的教练，每周放映一部经典电影，这些都异曲同工，能够给成员以归属感，能够将粉丝对象融入粉丝的生活，拉近他们之间的距离。一旦某种东西变成习惯，维护起来就更容易了。

创建藏品系列

当比伯的粉丝筹划买断活动，或者当伯克希尔－哈撒韦的股东购买印有巴菲特头像的瓶装番茄酱时，他们所进行的就是仪式性消费。他们之所以购买这些商品，并不是为了用它做点什么，而是因为这样做有意义。对于消费者来说，商品的价值在于其功能，比如使用汰渍净白洗衣液会使毛巾闻起来很香。对于粉丝来说，如对玩具、海报、票券、签名和其他“参与证明”等物品的收藏，都因它们的象征意义而受到重视。对他们来说，一整套未开封的汰渍净白系列产品可能更值钱，它们是拥有所有权的法宝。粉丝收藏品好似巫毒娃娃，是一个代表粉丝对象的产品，可以给人以物主身份，让人感觉自己跟所喜爱的名人、电影、书籍或品牌非常亲近。

粉丝收藏活动会耗费大量的时间和金钱，而且往往因其完整性、怪异性或稀有性而受到珍视。一整套《星球大战》系列产品固然不错，一整套《星球大战》系列佩兹糖果盒则更胜一筹。最为上乘的，是一整套《绝地归来》最初上映期间（1983 年）出售的限量版“星球大战”系列佩兹糖果盒，至少对于那些希望与粉丝对象有深度接触的人来说是这样的。只有在为数不多的领域，粉丝在社团中的地位是可以花钱“买”到的，上述例子是其中之一。参与“拥有仪式”，即组织、维护藏品，精心摆放藏品以获得最佳效果，记录藏品，创建展示系统等活动，可以让粉丝感到与粉丝对象更加接近。演唱会门票存根只是一张纸，但是，很久以后，在看到剪贴簿中被精心保存的门票存根时，会让人回忆起参加演唱会时的感觉。

为什么要成为粉丝?

涉及大笔花销的粉丝仪式，如比伯粉丝的买断行为，是非常罕见的。严格来说，除了服装和玩具这类授权商品外，粉丝活动是没有价值的，至少从金钱的角度来说就是如此。很少有粉丝活动会直接把现金放进粉丝对象的口袋里。粉丝活动与货币化之间的相互作用关系，远比传统的买卖关系复杂，而且更加紧密。

2013 年，一项针对百威淡啤的粉丝研究发现，粉丝活动的增加确实会导致销量增加，有时甚至比正式广告宣传的预期效果还要好。在一个多月的时间里，百威淡啤的脸书页面上推出了啤酒系列图片，鼓励粉丝观看并分享图片，以此推动宣传和推广活动。发布的照片都很滑稽：一个人从树上摘啤酒瓶，仿佛是在摘水果；另一个人拿着智能手机，从图片中的瓶子里就能倒出啤酒来。从传统意义上讲，这里并没有公开的营销，因为没有一张图片是以传统方式来强调产品的优势、价格或者购买地点等。尽管如此，与对照组相比，为期四周的以粉丝迷恋为主的活动，直接导致销售额增加了 3.3%。对于一个母公司在 2013 年花费了高达 15.6 亿美元广告费的品牌而言，这是一个相当可观的数字。

消费者转变为粉丝

有时，粉丝活动与粉丝消费之间的关系很微妙。

理论上，Kickstarter、Indiegogo 和 GoFundMe 等众筹网站都会利用粉丝群体的力量，为未来的项目募集资金。每一项活动都允许用户捐助一定数额的金钱，并得到一定形式的回报。实际上，它们的运作方式类似“预订”系统：为一本书募集资金的 Kickstarter 众筹活动，会向粉丝保证，活动结束时将赠书一本。本质上，是粉丝买了这本书，只不过是提前被告知，几个月以后才能拿到书。通常，作为一种答谢，粉丝会收到一项奖励，如免费送货。

从粉丝迷恋的视角来看，这种优惠可能会适得其反。有时，它会让粉丝感到自己为所关心的事业做了贡献，但有时，它不仅不能激发粉丝参与粉丝活动的愿望，反而会激起粉丝的传统消费者本能。

另类和独立的作家、音乐家和艺术家构成了一个行业，他们似乎尝试了创作者与粉丝之间所有可能的商业关系类型，也取得了不同程度的成功。对每一项内容都收费的微支付，令人反感。需要订阅才能查看内容的付费墙，会阻止好奇者发现有吸引力并能让他们变成忠实支持者的内容。广告业务，包括出售横幅广告和其他赞助空间，明显在走下坡路，因为广告费用已经从广告平台转到了社交媒体。销售品牌冠名的衬衫、杯子、毛绒玩具和手提袋这类商品虽然有点助益，但随着粉丝家中的壁橱越塞越满，回报就越来越少。人们需要的只是很多大的手提袋。

在音乐专辑评论中，杰克·康特有时被标榜为“各类乐器”的演奏者，他是一名来自旧金山的音乐家、摄像师。无论是在独立的工作中，还是作为两人组合“柚子”的成员，他的个人风格都是积极独立的。尽管他既有 YouTube 上的支持者，又有每周播客，而且还有很好的巡演计划，但截至 2013 年初，他无法得到所渴望的资金支持，于是便创建了众筹平台 Patreon。

Patreon 对内容创作的资助，不是采用出售唱片、图书、报纸、各类商品或广告空间等粉丝文本媒体的形式，而是采用赞助模式：我很钦佩你的所作所为，这些钱你拿着，好好利用。这虽然不是捐赠，但肯定也不是购买。

“艺术与商业有着根本的联系，因为艺术与可以出售的实物密切联系。”康特评论道。这是一场超现实的婚姻。一个音乐迷若想表达对一个乐队的欣赏和喜爱，他可能只有一个选择——点击乐队网站上出现的美国服饰广告。“闭上你的嘴，拿走我的钱”和“我把钱扔在屏幕上，却什么也没发生”这样的流行语经常出现在粉丝论坛和脸书、红迪网之类的平台上。它们反映的是一种真正的挫败感：我想帮助你，可为什么你不给我一个渠道呢？

“因为某个艺术家的作品对自己具有特殊意义，所以想要支持他，这是一种内在的情感。”康特说，“我有 120 多个 YouTube 订阅节目，偶尔弹出一个视频，我当然会观看，而且可能会觉得它将改变我的生活。假如按一下按钮，就能给那个视频制作者 1000 美元，我会按的。”

与 Kickstarter 和其他众筹网站不同的是，Patreon 不是为一次性项目提供资金，而主要是资助长期甚至终生项目的创作者。因为粉丝文本在制作时就已经得到资助，所以通常会免费向更广泛的人群开放。只有忠实的粉丝才选择投资支持那些原本可以免费得到的东西。因此，在某种意义上，粉丝与粉丝对象的商业关系是最不重要的。截至 2016 年，Patreon 网站已经有超过 100 万个向内容创作者提供的赞助，每月的金额高达 600 万美元。

Parteon 不是唯一利用粉丝心态筹集资金的组织。国家公共广播电台已经这样做了几十年。地方性国家公共广播电台始终是免费的，但其收入的一部分来自“像你这样的听众”募款活动。从历史角度看，这是可行的，因为它的核心听众在地域上是集中的，这就形成了一个支持本地电台的团队，家乡的骄傲是地方电台的一个强大动力。但是，现在的观众与以前相比有着根本的差异，比如一个视频创作者，他的粉丝遍布全世界。尽管，也许每天有10万人访问他的网站，但通常他们只是在观看今天的视频时才会参与其中。粉丝需要鼓励，把自己视为一个更大团体的一分子，这个团体需要依靠每个个体的贡献。

“多年来，人们一直在寻求这样的东西。他们说，‘我在办公室工作，所以不穿T恤，而且我的公寓里也没有放置填充玩具的空间，但我就想支持你’。”乔恩·罗森伯格这样说道。他是流行网络漫画《多元宇宙景观与山羊》的创作者，从2013年底就开始使用Patreon。

在使用Patreon之前，罗森伯格在自己的网站上销售广告，制作并出售玩具和T恤，印刷自己的作品集，出席漫画大会，但收入却日益减少。向读者推销行不通，但如果激发起他们的迷恋天性将非常可怕。“我不想把它当成玩弄观众的工具，我不想为此感到内疚，我不想让它成为一件令人不愉快的事情。”他解释说，“这是一种微妙的平衡。你是在向别人求助，但你也是在要求别人，你说‘如果我得不到支持，我就不再做下去了’。”目前，他每月从Patreon获得3094美元，还有其他一些活动收入，这已经足够他用来养活三个孩子，偿还抵押贷款，从事全职创作了。

他还说："如果不是因为读者的慷慨大方，我无法全职从事漫画创作。Patreon 把漫画从一个亏本的买卖变成了商品。"

无形销售

让读者相信，把钱花在赞助上比购物更有意义，这可不是一件小事。通常情况下，读者获得的奖励不是实物，而是数字产品或接触艺术家的专享渠道，类似承诺额外的视频、帖子或个性化的俳句这样的产品很受欢迎。每月花 5 美元，粉丝就可以在谷歌环聊上和罗森伯格一起视频聊天，还可以通过视频直播观看他作画的过程。每月花 100 美元，罗森伯格的粉丝就可以在纽约布利克街的酒馆里和他一起喝啤酒。这通常是一种难以获得的神圣权限，但对于那些愿意花钱的粉丝来说，这就是一种额外的特权。罗森伯格的 1000 多名支持者中，约有 10% 的人为他提供这一级别甚至更高级别的支持。

对于那些不希望参加传统粉丝活动的粉丝来说，比起朝圣或面对面的聚会，他们希望有更加多样的活动。例如，Patreon 的一些活动可以提供自我完善的机会。"走廊数字"作为 YouTube 视频创作团队，会在"视觉特效（VFX）学校"里提供技术支持，每个视频的售价为 20 美元。花 20 美元，粉丝便可获得一个关于如何制作视频特效的直播教程，还可以下载相关文件包。

通常，这类互动极具个人意义。罗森伯格的 2000 美元的里程碑目标被冠以"儿童自由行动"的名称。2000 美元是他将三个孩子送到日托所，腾出更多时间为粉丝作画所需要的最低资金。目前，康特的个人 Patreon 页面承诺："当我达到 7000 美元时，我会购买一台新的数码单反相机，我的视频看起来会更好。"赞助商不仅是在支持艺术，也是在支持艺术家创作出更多粉丝喜欢的作品。

"这是一支自我认同的团队，他们想要支持我、帮助我。这些人在我的日程表和心目中占有特殊的位置，是我想要确保他们快乐的人。"康特说。粉丝想要购买一种参与了创作的感受，但不是直接参与创作。他说："从某种意义上说，这就像是走进旧金山歌剧院，会看到墙上专门为一位捐赠了 400 万美元的人挂着的一个牌子。"

正如中世纪的赞助有利于提高赞助人的社会地位一样，在 Patreon 上赞助创作者，可以提升支持者的社会地位。它就是一枚徽章，如同国家公共广播电台为捐款人赠送的雨伞一样，是一个公开的标志。在粉丝圈里向同伴炫耀的资本是何其重要。"做一名赞助人，意味着建立某种关系，但给小费就不会。"康特说。大多数赞助人都有公开浏览的页面，在那里可以晒出他们支持的艺术家。

有幸在 Patreon 上得到超级粉丝支持的艺术家不多，这些超级粉丝是忠实的粉丝团成员，愿意投入时间、精力以及注意力来帮助和改善他们所迷恋的对象。得到消费者和粉丝的支持是一件好事，消费者想购买艺术家提供的"额外之物"，粉丝想要一种更加亲密的参与和自我提升的感觉，或者满足其他个人动机。得到超级粉丝的支持，确实非常有价值。

伯克希尔-哈撒韦公司的超级粉丝，是否愿意采用赞助模式来支持他们崇拜的跨国企业集团？在某种程度上，他们已经在这样做了。尽管会议大厅里有大量的商业活动，但购买商品并不是大多数股东出席会议的主要动机。他们当然也不是为确保能记住这家公司投资的收益或亏损数字，因为任何财务应用软件或预算网站都可以做到这一点。

像许多 Patreon 赞助人一样，大多数伯克希尔-哈撒韦的参与者在寻找机会，通过一个他们支持和钦佩的人，感受人生。有些人为了个人成长而参加大会，他们把这段经历作为学习的机会，通过一种哲学和一种他们希望有朝一日能实现的生活方式来提升自己。其他人则是在追寻社会地位，将此作为回去后向待在家里的朋友和同事吹嘘炫耀的资本。他们在大会上穿过的 T 恤，明年参加活动的时候可以继续穿，这将证明他们不再是新手。

2017 年春天的这个周末，奥马哈各处的粉丝参与了十多项活动，来加强他们与所喜爱的粉丝对象的情感联系。使他们真正有价值的，是他们积极追求与粉丝对象的亲密联系，而不是刷信用卡的次数。

第二章

创建粉丝语境

语境是一种围绕粉丝对象的“附加之物”，赋予粉丝对象超越商业实体的性质。关于粉丝对象的传闻、内部辩论、与之相关的社交媒体帖子、为之创作的或与之相关的内容、围绕它开发的仪式和专业词语、朝圣之旅以及旅行后的相关谈论与记录，所有这些都是粉丝语境。这种语境像一种黏合剂，把粉丝黏合在一起。

按下快门

2011 年初，埃里克 · 卡斯坦 · 史密斯决定带着两个年幼的孩子卢克和伊登去圣何塞公墓。孩子们的曾祖父母葬在那里，这也许是他们最后一次去看望曾祖父母。最近，史密斯丢了建筑公司项目经理的工作，作为一个全职爸爸，虽然颇有一些幸福感，但生活无疑很艰辛。几个星期之后，他们就要搬离圣何塞，一个他们 5 代人居住了 100 多年的城市。

两岁的伊登像个小公主，为了庆祝这个日子，她穿了一件短袖薄纱裙，后背还绑了蝴蝶翅膀。史密斯在她的眼睛周围画上了紫色和黄色的蝴蝶翅膀，像戴了面具一样。她的头发上别着两只蝴蝶，像两根天线，立在头顶。蝴蝶主题并非刻意而为，但它象征的意义却恰到好处。史密斯回忆道："我想在生活中体验破茧成蝶，因为我们即将经历这个过程，让这个家庭在新生活中得到重生。"

他们来到墓地，朝一个大喷泉走去，那里有四尊雕像，分别是马太、马可、路加和约翰。"我并不是一个虔诚的教徒，但我喜欢隐喻和象征学。伊登被约翰的雕像深深吸引了，因为我祖父的名字也叫约翰，所以我看到伊登被雕像迷住的样子，特别开心。我真的很爱我的祖父母，他们对我来说很特别。看到她走上前去，拥抱雕像，我感动不已。”

史密斯毫不犹豫地抓起了宝丽来 SX-70。这是一款可折叠的单镜头即时胶片相机。他把相机举到面前，对准镜头，按下了快门。

咔嗒。

她站在那里，凝视着右前方，抱着雕像的大理石褶边长袍，背后的翅膀张开着。这张泛黄的照片，虽然模糊不清，但仍然能够看到她身后的喷泉和广阔寂静的墓地。照片中，她站在一个白色正方形框架的中间，底边比其他三边略宽一点，顶部看上去黑乎乎、湿漉漉的。似乎胶片曝光了，正方形框架显得有点变形，仿佛一秒之后，那微妙的时刻就会永远消失。

这是一张原本不会存在的照片。2008 年 2 月，宝丽来公司郑重宣布，将停止生产相机即时胶片。作为摄影器材供应商巨头，宝丽来响当当的名号几乎是即拍即得的代名词，但它快要被数码拍照击垮了。数字技术有很多优势：相机内置自动对焦工具和白平衡工具，可即时预览照片，有十几个处理图像的滤镜，可快速上传照片到共享网站。如今，几乎所有的笔记本电脑和手机都有摄像头，胶片自然没有了用武之地。有了数码相机，谁还会买一部需要经过 90 秒曝光显影才能成像的照相机？

宝丽来的消费相机产品早在 2007 年就停产了，所以剩下的 5 家生产即时胶片的工厂很快也就没有存在的意义了。公司财务困难重重，没有理由继续生产不再有需求的产品。宝丽来的暗盒库存足够多，可以为消费者再供一年货，但一年之后，就不会有即时胶片了。摄影师将一盒胶片插入相机，按下快门，几秒钟后出现一张彩色照片的美好瞬间将不复存在。这种胶片是安塞尔·亚当斯和安迪·沃霍尔的大爱，是流浪者合唱团、布隆迪、史提利丹组合和死亡肯尼迪家族乐队传唱过的胶片，也曾是许多好莱坞电影中的情节点，还是记录三代人的求婚、结婚和婴儿出生等人生大事的工具，但现在却马上要不复存在了。

早先，宝丽来发布相机停产的声明，受到了社会关注，但是发布胶片停产的公告，却引起了全体粉丝的恐慌。一个月之内，粉丝呼声四起，摄影博客鼓励粉丝向公司总部发送宝丽来照片，以示抗议。有人致信宝丽来的竞争对手富士胶片公司，鼓励它生产可用于宝丽来相机的即时胶片。宝丽来的一个粉丝艾尔·凯洛格在网上发起了一项签名请愿活动，收集了 30513 个签名，用来阻止宝丽来胶片停产这一事件。

主流媒体的评论员也对此惋惜不已。“宝丽莱总会有一席之地的，因为它能创造出一种瞬间吸引人的感觉和情感。”摄影师卡伦·基茨深感痛惜道。“数码相机很无聊。”英国记者蒂姆·提曼抱怨道。

这些暖心而又近乎孩子气的情感宣泄反映出摄影在艺术景观中占据的重要地位。“既没有底片，也没有数码文件，你所拍的就是独一无二的照片，因此那种感觉很珍贵。如果你将它撕碎，揉皱，它就消失了，再也无法找回来。”记者克里斯托弗·博纳诺斯说，他花费了数年时间记录宝丽来的发展历史，“在某种程度上，它更像一幅画，而不是一张照片，因为每次按下快门都有成本。”

用即时胶片拍照是一种亲密互动。摁下按钮，相机前面的快门瞬间打开，让光线射到胶片上，胶片上的化学品吸收光的不同颜色而显影。胶片上标志性的白色边框中含有更多的化学品，这些化学品被冲洗到胶片的表面，在吸收了光线的区域着色。数码文件是由 1 和 0 组成的，传统摄影包括从相机到底片再到相纸的转换过程，而即时胶片的最终产物是一个物理对象，它吸收了被物体反射的光线，是一个回归起点的物理链接——一个定制的纪念品。

即时胶片可提供一种基本的社交体验，不同于在数字墙上贴照片或把照片发送给朋友，它能帮助人们更好地了解彼此。宝丽来是用来即时分享的，挥动照片，传递分发，标签分类，这都是建立人际关系的小互动，是一种社交仪式。这一过程甚至包括轻触照片，拿起它，欣赏它逐渐从白色变成黄色再到棕色，最后显现出各种彩色。当然，一张有伤风化的宝丽来照片，肯定比数码相机照片安全（因为它不易被快速传播）。

粉丝冲进商店，疯狂抢购最后一批胶片。在澳大利亚，宝丽来的胶片销售速度比预期的快 3.5 倍。宝丽来已经做好了准备，面对连珠炮似的投诉，公司总裁汤姆·博杜恩表示："我们正试图帮助忠实的宝丽来客户，尽我们所能提供各种类型的胶片。"他们的确在尽力满足客户需求。

弗洛里安·卡普斯是一名即时摄影爱好者，同时也是网上销售宝丽来胶片的卖家，他在早期就加入了拯救即时胶片的运动。如果宝丽来胶片消失了，不仅会让全世界近两亿的宝丽来相机失去价值，也会影响他的生意。卡普斯锲而不舍，希望能引起宝丽来管理层的注意。为了平息他的抗议，宝丽来邀请他参加 2008 年 6 月的纪念荷兰恩斯赫德的宝丽来工厂关闭的聚会活动，它是最后一批生产宝丽来胶片的工厂之一。

安德烈·博斯曼也参加了聚会。作为宝丽来的生产经理，他为宝丽来服务了 28 年，工厂关闭了，他将失去用武之地。聚会上，卡普斯和博斯曼对宝丽来胶片即将面临的损失表示惋惜，这真是错失良机，截至工厂关闭，宝丽来每年仍能销售 2400 万盒胶片。尽管这个数字与工厂年产一亿胶片的生产能力相比相差太远，但毕竟是一个不小的数字。

那么，办一家规模小点的公司会怎么样？庞大的组织需要庞大的消费群体，小型组织需要维持的部门要少得多。博斯曼、卡普斯和一些投资者参加聚会回来后，租下了已经倒闭的工厂，尽全力为宝丽来已经退出的市场服务。他们将自己从事的活动称为"无法完成的项目"。的确，项目目标几乎无法实现：将即时胶片带回给宝丽来相机，同时，造就新一代即时摄影爱好者。

起初，这个目标正如项目名称显示的那样，根本无法实现。要知道，暗盒中有 100 多种化学成分和几十种物理成分。"这将是一个非常疯狂的供应链，"如今的"无法完成的项目"首席执行官奥斯卡·斯莫洛科夫斯基解释说，"这不是一家工厂，更像是由 20 家工厂融合而成的。"

博纳诺斯说："胶片底部有一包白色化学物质，当相机把胶片从里面推出，从两个滚轴之间穿过的时候，这个小包被碾碎，化学物质涂在相纸上，然后显影成像过程就开始了。为了确保每次拍照的效果相同，这个小包的制作必须确保它的每一次破碎方式都完全相同，里面的化学液体必须覆盖整个照片的表面，而且还不能喷出照片框的顶部。可想而知，如果要拍很多照片，想要实现这一点，听起来似乎就不那么简单了。如果你要把胶片卖给想记录孩子生日派对的人，那你必须确保胶片质量，因为他们可不想因此而错过生日派对的美好瞬间。”

“无法完成的项目”团队在接手该项目时，几乎所有的物资早已转移到其他行业，工厂的大多数机器濒临报废，团队花了两年时间才推出第一个即时黑白胶片产品。

新胶片的质量不怎么好，拍出来的照片发暗、模糊，化学物质经常从胶片中泄漏出来，粘在相机内部的胶片上。它需要 10 分钟才能成像（此后发布的彩色胶片，可能需要更长时间），一旦在阳光下曝光，就会破坏成像。当然，拍出的照片也没办法自动分享到脸书上。

然而，这些糟糕的胶片竟然卖出去了。“无法完成的项目”将那些支持他们走过艰难重建过程的超级粉丝称为“先驱”，他们都是勇敢的即时摄影爱好者，是他们购买了“无法完成的项目”的早期胶片。这些胶片在斯莫洛科夫斯基看来，就是无用的产品。“铺天盖地的消息称，我们是在为保留宝贵的交流媒介而努力。我们的目标尚未实现，但如果大家不买胶片，目标就根本无法实现。”他说，“有很多人购买胶片，他们都清楚，胶片质量尚未达到预期水平。我们也明白，他们是在支持我们完成重塑产品的事业。”

推出一款几乎无用的产品，尤其是妄想替代一个经过了半个世纪发展完善的流行产品，这简直就是在冒险，传统组织不会以这种方式建立客户群。在将产品推向市场之前，老牌公司会花费数年甚至数十年的时间来研究和开发，像“无法完成的项目”这样的小公司，却不能奢望有如此长的研发周期。除了资金问题，客户也不会无限期等待，时间越长，使用宝丽来相机胶片的人就会越少。

“无法完成的项目”欣然接受了这个事实，没有隐瞒胶片发展的混乱局势。每一张糟糕的湿乎乎又发暗的照片都是进步的标志。粉丝拍了一张又一张照片，不断测试胶片的效果，然后向总部反馈意见。“胶片无法使用的事实，几乎变成了对技能的一个测试。”斯莫洛科夫斯基说。

最初，“无法完成的项目”大约有 3000 个先驱者。随着胶片质量的提高，用户范围扩大了，追寻新奇与怀旧的年轻粉丝出现了。结果是，时髦人士也喜欢上了即时相机。三年之内，“无法完成的项目”的化学专家团队利用粉丝反馈，创造出了一种全新的即时胶片，竭力保持与当初的宝丽来胶片一样的效果。实际上，照片更加清晰，成像更加快捷，颜色更加鲜亮。斯莫洛科夫斯基说：“它不再是宝丽来照片，而是‘无法完成的项目’照片。”

弗兰克罗德博士

埃里克 · 史密斯参观圣何塞公墓的那天，他在拍照时用的就是“无法完成的项目”早期生产的胶片。在阳光明媚的天气和潮湿的环境下，这是在冒险。但是，因为胶片的瑕疵，最终的拍摄效果却好得出奇，那种静谧的场景让人难以忘怀。

现在，史密斯更喜欢用“弗兰克罗德博士”这个网名。这个名号诞生于 21 世纪前 10 年的后期。一次，史密斯去看望祖父母，祖母拿出了她的老式宝丽来相机，用仅剩的宝丽来胶片拍了几张照片。

他回忆说：“我感觉失去了一切。我们发牢骚，经济竟然变得如此糟糕，少数人正在破坏这一切，他们卷跑了所有的钱。宝丽来破产了，这太让人伤心了，因为这个牌子的相机记录了我的形象，包括童年美好的回忆。他们这么狠心，摧毁的不是我们的生活，而是一种艺术形式！”

有了大把的闲暇时间，心怀明确的目标，史密斯开始挑战。“我要像伟大的科学怪人弗兰肯斯坦博士一样，拼接起一个巨大的怪兽，奋起斗争。我要把它当作工具，告诉人们这些相机的价值，以及宝丽来的历史。”

他开始研究和收集老式宝丽来相机，并很快创建了一个网上宝丽来博物馆。不到两年，他就自称为专家，社区里一旦有人需要了解老式宝丽来相机的信息，就会去找这个宝丽来超级粉丝。

当时，“无法完成的项目”刚迈出第一步。它创办了一场比赛，作为其“先驱者”计划的一部分。第一个获得“无法达到的地位”称号的人将获得免费参观恩斯赫德工厂的机会。“我的机会来了，”史密斯回忆道，“我已经生活潦倒，没有了事业，但我要证明自己是一个有价值的人，我要赢得这场比赛。”

比赛规定，参赛者要完成一系列粉丝活动，包括上传照片、招募粉丝购买胶片，以及参观一些“无法完成的项目”的实体店。史密斯已经不名一文，于是他开始出售收藏的相机，筹集参赛资金。到 2011 年 3 月，他完成了 99% 的任务，剩下的一项是参观东京的“无法完成的项目”实体店。于是，他把大部分剩余的钱用来买机票。

在他计划飞往日本的前几天，新闻媒体上全是日本发生海啸、民众逃离、大火焚烧建筑物的消息和画面。2011 年，日本东北部的地震和海啸，至今都以福岛第一核电站被烧毁而闻名。报纸头条的灰暗字样显示：超过 15000 人死亡，25 万人流离失所，日本似乎成了世界上人们最不愿意去的地方。

史密斯坚决要去，他带上妻子给他买的防辐射的碘化钾药片，登上了只有几个乘客的飞机去了日本。他回忆道：“我就在那儿，像个宝丽来大傻瓜，在飞机后面随手画着素描，只是想给自己找点事做。我的妻子和两个孩子在家里，而我却只身来到这儿，身无分文。”

抵达日本机场，他拍下了大厅里挤满逃往各地的日本人的景象。在出发去实体店时，他给出租车司机拍了照。从实体店回来的路上，他停在一家酒店门口，拍下了发呆的看门人。照片中的看门人面带微笑，手里拿着一本小册子，上面写着“无法完成的项目”，他的任务完成了。

现在，史密斯和他的家人住在加利福尼亚州的内华达山上，那里有许多农场、树木，空气非常清新。史密斯正在努力考取建筑师执照。

“摄影可以捕捉到很多值得回忆的场景，完全是个人化的。在以后的口了里，照片就成了你可以谈论或记住的客观事物。回忆就是那样，在脑海中挥之不去。它们不像数码照片那样清晰，是一种正在消逝的东西。它们会改变，难以捕捉，你必须仔细观察。我想，这是一件很奇妙的事情。”

史密斯没有赢得“先驱者”比赛，他最终输在了技术上。但他认为,“无法完成的项目”即时胶片帮他度过了一个艰难的时期。他说：“它给了我生命中需要的一些东西。”

宝丽来的未来

停止生产即时胶片未能挽救宝丽来，在经历了一系列所有权变更和管理不善之后，它还是于 2008 年末破产了。当它最终出现在法庭时，已经不是之前的公司了。先进的技术和曾使它家喻户晓的专业知识，已经了无踪影，工厂关闭了，专家都已另谋出路，分销网络全盘崩溃，空留一个名称和一点商誉给粉丝。

在很大程度上，新宝丽来是一家控股公司，其知识产权是在长达 80 年的运营中发展起来的，品牌名称、商标和标志性白色边框是公司最大的优势，很多太阳镜、T 恤、照相机和照片打印服务都有宝丽来的标志。

“无法完成的项目”只是在精神上与宝丽来联系在一起，是对它的模仿，既没有组织的许可，与宝丽来也没有合同关系。但宝丽来幸运地有了这个“无法完成的项目”，是它让宝丽来品牌与新消费者保持联系。在公众意识中保持活跃，这是最有价值的战略。

“宝丽来的光环——宝石、宝丽来的名头、标志性的边框，很有吸引力，无疑能够引起大家的共鸣。我认为，只不过大家并没有意识到这一点。很多人会说，‘哦，那是宝丽来’。人人都知道宝丽来，都为它所吸引。”杜夫·昆特说，他过去的工作大多与宝丽来品牌有关。

现代宝丽来相机是由一些二级工厂生产的，这些工厂向宝丽来公司支付品牌名称使用费。把相机冠名为宝丽来，等于是给它披上了历史的外衣，暗示着这款相机是经典摄影历史的一部分，但这实际上只是一种金钱关系。宝丽来 Pic-300 即时打印相机，已经成为少年儿童的宠儿。宝丽来 Socialmatic 是一款数码相机，不再使用即时胶片，而是将照片打印在纸上，这意味着它与经典的宝丽来相机已经没有技术上的联系了。事实上，很少有粉丝会关心，这些相机与旧式宝丽来相机是不是纯粹的契约关系。“年轻人从来没有用过老式的宝丽来相机，但听过父母或祖父母的故事，他们会说，‘哦，我的天，我需要一款这样的相机，这可是非常复古和经典的’。”杜夫·昆特说。

2011 年，宝丽来第二次宣布破产后的第三年，该公司在核心品牌影响力排行榜上位居第 82 名，比三星、威瑞森、万豪和亿贝的排名都要靠前，如今的宝丽来之所以成为世界上最有影响力的品牌之一，依赖的就是它的名头。

粉丝没能拯救宝丽来，因为热情不能取代基本专业知识、产品技术和完善的商业模式。如果一家公司的核心被破坏了，粉丝的热情无法使它维持下去。但如果公司有可能以一种新的形式存在，粉丝可以起到很大的作用。“它不再是一种畅销产品，”卡普斯在发起“无法完成的项目”后不久解释说，“但你却会为它着迷，为它庆祝。”

粉丝迷恋是一种商业活动

几乎每种粉丝迷恋的核心都是某样可以变现的东西，即一种商业产品，可能是一部电影、一本书，也可能是一种互动、一种体验，还有可能是一条特殊通道或一盒即时胶片。而且，最根本的是，粉丝对象是为赚钱而设计的。通常，粉丝对象的所有者会隐瞒或掩盖活动的商业意图，希望通过商誉带来的巨大影响实现其贪婪的金钱效应。

2013 年 3 月，可口可乐公司在印度和巴基斯坦的购物中心部署了“微型世界机器”——一种自动售货机，它可以让客户与相隔数百英里的消费者进行互动。该公司声称，它会促使两个不安定的地区进行友好的交流。通过互动屏幕“握手”的参与者，可获得免费的可乐。我们都知道，除了国家间的和平与友善，公司的营销部门肯定是以可口可乐的品牌知名度、社会认可度以及销量为标准，来衡量该项活动成功与否的。

即便粉丝对象是一个真实的存在，所需要的是有目共睹的爱心付出，道理也是一样的。“无法完成的项目”的创始人真心热爱即时胶片，从他们对细节的关注，对社区的支持，以及他们愿意承担的财务风险来看，他们的真心是显而易见的。如果“无法完成的项目”成功了，他们也赚到了钱，也不会改变他们对即时胶片的热爱。

粉丝迷恋的定义很广，如果只关注那些没有灵魂的商业性定义，其中的很多乐趣就没有了。而且这一定会消除个人热情的成分，而个人热情是粉丝从中获取的最大益处。一旦剔除所有的善意与内在的回报，我们留给粉丝的就只是一个纯粹的商业配方。

成功的粉丝迷恋 = 批判性大众 + 情感回应 + 展示平台

一个成功的粉丝迷恋，需要能够积极回应粉丝对象并拥有自由表达平台的人，而且人数要达到一定的量。换言之，粉丝迷恋是足够大的一个群体找到一个交流的平台，表达对粉丝对象的热爱程度，由此而自然形成的产物。

即时胶片的粉丝可以轻松地参与一个基本的商业活动，购买胶片，拍照，然后购买更多的胶片。但是，当即时胶片粉丝决定要与他们喜爱的对象建立更亲密的关系时，就会选择各种各样的狂热活动。他们可以在 photo.net 网站的论坛上谈论摄影，可以尝试使用新胶片，也可以让朋友尝试使用，甚至可以互相展示收藏的老式相机。

当有足够多的人认为，他们与粉丝对象的最基本的互动，不足以充分体现其情感的深度与多样性时，粉丝迷恋就产生了。

所有这些狂热活动的目的是什么？人们很容易把它们称为初级商业活动的附属品，是所有疯狂之人对事物过度投入的一种消遣方式，有趣而又奢侈，但粉丝迷恋活动并非无事瞎忙活。

创建粉丝语境

宝丽来是一个成功的粉丝对象，很多人对它充满热情，找到了展示激情的平台。粉丝创造的论坛、评论、实验、博物馆和转售市场，给了这个品牌重生的机会。粉丝不是以经理的身份走进宝丽来总部，通过提供服务来拯救它的，而是创造了一个让品牌继续存在的新语境。

语境是一种围绕粉丝对象的“附加之物”，赋予粉丝对象超越商业实体的性质。关于粉丝对象的传闻、内部辩论、与之相关的社交媒体帖子、为之创作的或与之相关的内容、围绕它开发的仪式和专业词语、朝圣之旅，以及旅行后的相关谈论与记录，所有这些都是粉丝语境，这种语境像一种黏合剂，把粉丝黏合在一起。作为人类，个体从事商业的能力有限，所需的衬衫、假期、MP3音乐播放器或苏打水是有限的。但是，当我们不积极参与购物活动时，粉丝语境可以使这些商业产品与我们相关联。即使粉丝的每一分钱都用来购买宝丽来产品，他们可支配的薪水也是有限的，然而，一种成功的粉丝语境的价值却是无法估量的。

给一只可爱的小狗拍张照片，只需要片刻时间。按下快门的那一刻，拍摄者会有一种愉悦的感觉，看到最终打印出的照片，也会心满意足。但是，除了你周围的少数人之外，没有人能分享你的快乐（这只小狗不算）。在宝丽来的论坛上公开上传这张照片，每个帖子都能使大家各抒己见，提供建议，并分享他们自己的小狗照片。对摄影师来说，这不仅是一种令人愉快的体验，还能激发其他人做同样的事。

在某些情况下，这种语境可能比它所包含的粉丝对象更具影响力。比如，名人是人吗？有些是，有些则是历史学家丹尼尔·布沃斯廷所说的“人类伪事件”，这些人的大部分生活是为了引起媒体的关注和报道。他们真正的影响力不在其唱歌、运动或造型等方面的技能，这些能力即便能达到非常专业的水准，在一个足够大的群体中也会显得不足为奇。他们的力量取决于他们所处的语境——他们的个人经历、所具备的资质，以及他们给人的感觉。大多数名人都是依靠复杂的谣言、时尚八卦、社会和政治观点，以及各类授权交易存活。

是不是每个人都必须依赖所有这些语境？可能没有这个必要。街头艺术家班克斯就是匿名创业的，也许他是孤身一人，也许他在一个艺术团体中，又或许在一个团队、一个社区中。卡罗琳·基恩以《南茜·朱尔》系列畅销作品闻名遐迩，但她的作品是由十多位作家共同创作的。很久以前，男孩乐队的创作者就已学会挑选音乐团体的语境——舞蹈风格、品牌搭配，以及表演者扮演的角色性格，早在歌手本人试镜之前，这些就已经被挑选过了。

市场营销竞赛

宝丽来作为相机制造商（复兴后作为一个授权品牌），有人对它的倒闭做了事后析误，批评它从来没有花时间去发展一个强有力的语境。“宝丽来的问题在于，它一直把自己当作相机，但‘品牌愿景’过程让我们明白，宝丽来不只是一个相机，而是一种社会润滑剂。”百比赫广告公司的营销主管约翰·赫加蒂这样说道。当宝丽来沾沾自喜的时候，越来越多的媒体已经把观众的视线引向发展的最前沿。

“‘老香料’意味着品质！”这是 1957 年的一则男性美容品牌电视广告的宣传语。一个英俊的白人男子站在浴室的水池边，正在往脸上涂须后水，一副心满意足的样子。下一个画面是，一瓶须后水放在滚动的海浪上，解说员说道：“你会很喜欢那种浓烈的老香料气味！”画面上的波浪渐渐隐退，解说员问道：“这样的奢华值多少钱？只要一美元！一美元从未这么值钱过！”“想为生活增添情趣，就买老香料须后水。”画面中，解说员带着须后水回家，特写镜头将瓶子上的商标放大。

“我们有一个好产品，你应该拥有它。”这类直截了当的广告，已经成为过去时。2010 年，老香料发起一个新的广告运动，其宣传语是“闻起来像个男人”。该广告运动首先从电视上开始，同时在 YouTube 上发布，美国国家橄榄球联盟退役球员赛亚·穆斯塔法是广告代言人。场景从浴室开始，赤裸着上身的赛亚·穆斯塔法说：“嘿，女士们，看看你的男人，再看看我，再看看你的男人，再看看我，可惜，他不是我。”穆斯塔法突然出现在游艇上。“你在一只小艇上，和一个男人在一起，他的味道，和你男人的一样。”他举起手，手里有一只牡蛎。“这是一只牡蛎和两张票，有了它们，你就可以得到喜欢的东西。再看看，现在票已经变成钻石。”最后，他在海滩上骑着一匹白马，手里拿着一瓶老香料沐浴露。“我在马上。”他指着商标说。

作为一个广告活动，“闻起来像个男人”引起了极大的轰动。其最初的商业广告获得了戛纳国际广告节国际电影大奖和艾美奖最佳商业奖，并在 YouTube 上被浏览了 5000 万次以上，它把一个与老一辈人联系密切的品牌现代化了。但是，正如一位评论家所说：“明年会怎样？”

消费群体渴望的联系越来越多、越来越复杂，这要求广告必须有吸引力、娱乐性、复杂性和智能性。达不到这样的标准，就吸引不了他们的注意力。每当广告商开发出新的技术、平台或策略时，消费者就会迅速规避。网络横幅广告或社交媒体等侵入性较小的广告，往往会被忽略，更具侵入性的视频广告也可以被跳过，电视广告可以用电视节目录制技术剔除。因此，只有真正令人快乐和兴奋的信息，才有可能在嘈杂中引起关注。即使这样，重复使用同样的策略，也会逐渐失效。

这是一种营销军备竞赛的结果，具有讽刺意味的是，有一些商业信息，很难判断它们在传达什么，看不出它们希望我们有何感受。一个时长 30 秒，内容是威尔·法瑞尔漫步于田野的视频，想让我们做什么？很难看出这是一个啤酒广告，它与“老香料香气迷人，价格便宜，所以你应该拥有”这样的广告相差甚远。即便这条信息是精心设计的，不想被观众讽刺，它也没有被很好地表达出来。纸质刊物的阅读人数不断减少，广播网络已经变为点播式服务，这些变化极大地改变了公众的参与模式。

当然，人人都会购买洗浴用品或啤酒，但消费者转变了购买方式。比起过去几代人，千禧一代和其他数字原生代更有可能先查看信息，然后再购买。这些信息通常来自评论网站、社交媒体、朋友、新闻报道、谣言八卦，以及某次聚会上某个家伙所说的话。34% 的千禧一代喜欢选择在社交媒体上分享品牌信息，而仅有16% 的年长者有同样的爱好。换言之，随着传统广告效应的减弱，消费者会根据品牌的语境决定把什么样的产品用到他们的腋下。

传统的品牌建设是由品牌自己的营销团队，通过自上而下的努力生产、拥有和管理的，它能够精确控制细节和时间，如果出现对广告观众的误判，可以撤回广告。

相比之下，对于语境的生成，任何人都有自己的观点，很难统一掌控。语境的覆盖范围更广，影响力也更强。对于粉丝对象的所有者来说，控制语境很难，除非抱着尝试的态度，“试试这个主意，希望事情能朝我们预期的方向发展”。语境的确会承载一个产品，赋予它故事，其效果会比任何一种内部生成的品牌建设的效果更好。

粉丝迷恋是外部生成的品牌建设，它允许粉丝将自我表达和交流的自然冲动融入至关重要的语境建设。从某种意义上说，粉丝迷恋的目的是将个人的意义投射到原本没有灵魂的商业产品中。

大浪运动

1996年，宝丽来推出第一台数码相机 PDC-2000，它的形状像一架军用飞机：扁平的长方体，加上未来主义色彩的突出部分，镜头在相机主体的正反两面都突了出来，每台售价 2000 美元。这些特点实际上并不新颖，不足以逆转公司日益下滑的局面，公司收入在 5 年前就已达到顶峰。

同年，可口可乐公司推出了大浪（Surge）牌苏打水。大浪是百事可乐公司最热销的激浪（Mountain Dew）的直接竞争对手。大浪灰绿色的包装上，印有爆炸状的红色图样和涂鸦风格的商标，瓶中的液体是草绿色的，酸酸的柠檬口味，含糖量很高，其宣传口号是："纯天然的柑橘苏打水和碳水化合物，快来尝尝吧！"

在能量饮料还未出现的时代，这是"极端"营销方式的一次绝佳机会（在 20 世纪 90 年代中期，从调味玉米片到计算机编程技术，几乎所有的事情都是极端的）。大浪做过各类广告，广告内容含有赛车比赛、滑板运动、军事演习和其他高能耗的活动。这些活动将在 10 年后，为含咖啡因的能量饮料打开一片市场。

对肖恩·谢里丹来说，大浪是高中时代的味道。"我和我的朋友总会挤进两三辆汽车或大篷车里，去我们想去的地方。我们走着同样的路线，一路绕城兜风，身子探出窗外，互相大喊大叫。我们会在沿途遇到的加油站停下来，加满油，带着大浪继续前进。"

与其他在个人成长过程中发现的粉丝对象一样，咖啡、酒精或苏打饮料很容易和个人成长期的故事与友谊联系在一起。对谢里丹和当时的许多青少年来说，大浪是一种新式饮料，给人以独立、自由和被接受的兴奋感。谢里丹说："我觉得它能拓展人的视野，这是一种有冒险性的对朋友亲密、忠诚的文化。当你和一群朋友在一起的时候，总能想起的东西之一，就是一罐或一瓶，两升或 10 升的大浪。"

大浪的低俗广告带来了意想不到的后果，许多教师和家长团体在学校与其他儿童场所禁止了它。有报道称，孩子们在课堂上极度活跃和兴奋。这对市场营销来说是好事，但对公共关系来说却很糟糕。美联社 1997 年的一篇文章警告说："它主要面向寻求刺激的年轻人，它会使学生变得好动，甚至是行为不端。"可口可乐公司则表示抗议，比起市场上的其他苏打饮料，实际上大浪所含的咖啡因较少，而且研究已经证明，糖与多动症没有关系。尽管如此，该产品的安慰剂效应还是太强大了。

2002 年，大浪的销量急剧下降。虽然没有官方消息，但粉丝们很快注意到，大浪正在从当地的货架和饮料冷却柜里逐渐消失。恐慌袭上心头，"我尽自己所能，竭力让它保持赢利，所到之处，我几乎把它全部买下来，并且让别人知道，那就是我去那家商店的目的。"谢里丹说。这样做的，并非只有他一人，随着库存量的减少，囤积大浪变成了普遍现象，然后，大浪真的消失了。

可口可乐推出了其他品牌，谢里丹将注意力转移到了 2005 年新推出的具有相同口味的胡椒博士饮料和新款沃特苏打水，以填补他内心的空缺，但是他并没有忘记自己喜欢的第一杯苏打汽水。10 年后，他还在网上寻找那些和自己有同样感受的人。

2011 年，沃特苏打水生产刚刚被叫停，重拾经典的时机似乎已经成熟，20 岁出头，来自加利福尼亚的埃文·卡尔创建了“大浪运动”脸书页面。他的目标很简单，就是让可口可乐恢复生产大浪。当谢里丹发现这个页面的时候，它已经受到 20 世纪 90 年代文化迷的极大关注。很快，谢里丹和一个名叫马特·南斯的粉丝开始担任页面管理员。

大浪运动的脸书社区，与其他以大浪为主题的网页和留言板不同。谢里丹回忆道：“许多其他页面的氛围，并不具备真正的领导力气息。总会有一些诸如‘这是我的页面，来看看吧，我想让大浪回来’的东西出现。这不是一件你来我往的事，我们的目标是保持个性化。它不是‘嘿，我们是喜欢大浪的人，你来支持我们吧’，更多的是‘嘿，这是属于你的斗争，让我们一起努力，共同合作吧’。我们把所有喜欢活动页面的人看作成员，所以他们的投入和我们的一样重要。如果你把它变得个人化，他们就会超常发挥，做出一番惊人之举。”

这种方法带来实际效果的途径之一，是所谓的“粉丝生成”客户服务。当粉丝询问该如何参与活动，或就某一政策提出质疑的时候，管理员还未现身，一些超级粉丝就已经解答了问题或平息了事态。若有局外人试图发帖找事，叫嚣着让社区成员去做点有益的事，同样是这些超级粉丝会回复“别再牢骚满腹了”“如果你觉得这是浪费时间，就滚出页面”之类的帖子，他们还警告其他粉丝不要上了圈套。他们在社区中花了大量时间，知道该如何回复帖子，而且他们熟悉社区的原则，并能将它们准确表达出来。

结果，大浪团结一致的消息迅速扩散开来。

同样是这些超级粉丝，向其他大浪粉丝论坛以及与20世纪90年代文化相关的论坛传播消息，吸引更多的粉丝加入大浪运动。他们创作了大量可分享的内容：手中持有老式大浪饮料罐的照片、有商标的图片、以大浪为主题的万圣节服装、食物搭配建议，当然还有猫的图片。他们甚至还会提出建议："一天，有个人说，我们应该买个广告牌，写上'嘿，来瓶大浪'。"谢里丹回忆道："我当时觉得这太棒了，然后也就不了了之。再后来，又有人说，'嘿，我们应该找个广告牌'，他并不知道前面有人提过这个建议。就这样，经过几个人提议，我们也觉得，也许我们应该这样做。"

当时的社区成员只有13000名，制作广告牌还有点不切实际。2013年初，他们在众筹网站Indiegogo上发起了一场社区创作活动，粉丝页面上的人都来支持，粉丝也奔走相告，有一名支持者捐赠了500美元。1月，已经筹集到3745美元。接下来的一个月，新的广告牌便出现在佐治亚州亚特兰大可口可乐总部外的马路上，上面写着："亲爱的可乐公司，我们买不到大浪，所以买了这块广告牌。"

另一条粉丝建议更是登峰造极，创造了"大浪日"。有人提议，应该打电话给可口可乐的客服热线，恳请他们恢复大浪生产。协商的结果是，粉丝统一行动。于是每月一次，粉丝的请求电话如海啸般涌入热线。"过了一段时间，当我们打电话过去的时候，可口可乐的客服代表就会说，'哦，今天是本月的最后一个星期五吗？'"许多人花大量的时间打电话，又是恳求，又是哄骗，偶尔还会威胁。当然，社区并不鼓励粉丝采取威胁手段。

"我们偶尔会遇到一些网络喷子说，'你们这是在浪费时间。如果你把所有这些努力都投入维护世界和平，人人都会感到很高兴'。我觉得，这就是一种借口，找借口什么都不去做。如果你不把精力集中在对你有意义的事情上，那么你就根本无法专注。"谢里丹说。

2014年9月，大浪又回来了。突然，它出现在亚马逊网站上，闪闪发光的绿色罐子，淡淡的柑橘味，充满气泡的草绿色甜味饮料。这次发布很低调，纯粹是依靠口口相传、粉丝文本和私人信息，没有任何电视广告，一点也不像15年前首次发布时那样大张旗鼓。多亏可口可乐公司北美总裁的一封私人邮件，卡尔作为拥有15万粉丝的"大浪运动"脸书页面创始人，有幸成为第一个得知消息的人。他和另外两名社群领袖一起，应邀出席了在可口可乐公司总部举行的重新启动仪式。

粉丝社区一片沸腾。"很多人打趣说，'别逗我，这不会是个玩笑吧，我可要找你算账'。"谢里丹回忆道。粉丝发来一张张截屏，显示亚马逊网站购物车里装满了大浪，第一批货很快就卖光了。几天之内，世界各地的大浪粉丝都自豪地晒出他们购买大浪的照片。尽管大浪货源紧缺，但许多照片显示，粉丝在朋友、配偶、孩子以及宠物面前晃动着饮料瓶，打开瓶子，大浪喷涌而出。这就是谢里丹高中时代那种令人快乐、友好的分享。一篇文章写道："那些怀旧之人，像是回到了一生中最留恋的某一天。"

昔日重现

大浪和宝丽来均得益于粉丝那梦幻般的回忆和联想，它们在粉丝早年的生活中打下了深深的烙印。对成年人来说，20世纪80年代和90年代是怀旧之源，这已经不是什么秘密了。出生在80年代初期生育高峰期的美国人，已步入成家立业、生儿育女的阶段，导致了青年人口的激增。“回声潮”世代（“echo boom” generation）在当今美国人口中所占的比例高达27%，他们充满好奇，独立自主，又恰逢繁荣经济浪潮末期，是独具风格的一代。对于营销人员来说，这是一个巨大的宝藏。

例如，自20世纪60年代以来，电视节目每周六早晨都会播放卡通片，这是广告客户为了吸引孩子而采取的策略，但直到新一代人出生后，市场营销人员才充分发挥了它的潜力。其结果是，广告产品达到了前所未有的水平，五花八门，应有尽有：含糖早餐谷物、其他休闲食品、快餐连锁店，以及各种各样的儿童玩具。

1983年，罗纳德·里根任命马克·福勒为联邦通信委员会主席，他是放松管制的倡导者，也是市场力量不可侵犯的坚定信奉者。福勒在任期间，恰逢商业性儿童电视节目不断增多之际，如《宇宙的巨人希曼》《彩虹小马》《特种部队》《变形金刚》《小熊软糖》。忽然间，许多儿童节目都推出了相关的商业产品。在最近的一部纪录片中，根据漫画改编而成的《忍者神龟》的创作者依稀回忆，有人鼓励他们与电视节目同时创作这些动画片，这样可以使它更加广为人知。这算不上勾结，因为电视制作公司和玩具制造商之间的密切合作并不违法，但它确实创造了一个非常强大的心理信号。当孩子们正津津有味地观看忍者龟多纳泰罗拯救纽约的故事时，立马就会有多纳泰罗塑料小雕像的广告插入。这时，电视节目和广告之间的界限变得模糊不清了。

星期六早上播放卡通片的文化传统，现在已不复从前了。监管的加强、点播媒体服务的兴起、针对儿童肥胖的倡议，以及儿童营销行业的自行削减，都预示着卡通片的消失。整个 20 世纪 90 年代和 2000 年初出生的人，都是在商业化节目环境中长大的，在许多 20~40 岁人的童年记忆中，充满了快乐儿童餐的附赠玩具、早餐麦片和苏打水，以及能够拯救整个宇宙的塑料动作玩偶。

这些记忆和商业化程度较低时期的老一辈人一样，都是合理的存在，所有粉丝迷恋都是以市场导向为核心的，这不会改变它的文化价值，它为怀旧和复古媒体创造了一个蓬勃发展的空间。随着星期六早上观看卡通片的一代人逐渐步入中年，并且有了高消费的能力，主流文化中开始充斥着曾经被看作“孩子的玩意”的东西，这不足为奇。曾经的星期六早晨节目重新出现，如大量针对怀旧父母及其孩子的卡通片《史酷比》《艾尔文和花栗鼠》《蓝精灵》《极速赛车手》《杰姆和全息图》。还有一些完全是基于孩提时代的玩具创作出来的，如《乐高大电影》、《超级战舰》和《特种部队》。电影《变形金刚》重播了不下 4 次。电视剧《彩虹小马》再一次热映，它的最出名的一个声乐粉丝群都是成年男子（自称为“布朗尼”）。

当然，严重商业化并不是推动怀旧情绪的唯一因素，与一个世纪以前相比，现代人的青年时期要长很多。以前，只要家里缺钱，就意味着孩子得早早独立。现在，16 岁或 18 岁以下的人都要接受义务教育，其初衷是把美国人培养成勤劳和守时的上班族，但它的一个副效应是，让青年人在步入社会之前，有了更长的时间去做各种尝试和自我发掘。

如今，随着高校招生人数的增加、研究生入学率的提高、临时工作的普及、旅游热潮的兴起、空档年传统的延续，以及其他职前活动的增加，青年人的安全空间不断扩大。其结果是，这一代人比以前更有趣，更善于社交，更勇于冒险，也可以说更具创造力。延迟承担家庭责任，使得他们有足够的钱用于娱乐和消费。与此同时，经济衰退和复苏的循环怪圈，使得大学毕业生在家里待业的时间，比前几代人更长。重返童年房间和日常生活，只能让刚成年的人再次陷入儿时的人际关系和习惯。

万能的互联网

在粉丝引领品牌的复兴热潮中，互联网不是诱因，而是催化剂。数字联通不能无中生有创造出热情，但它却能使粉丝轻而易举地将自己的热情付诸行动，而且还会给那些活动带来意想不到的形式和结果。

因为互联网改变了群体的活动方式，大浪才得以重新回归。数字网络降低了粉丝想要加入某个群体的门槛，只要点击几下鼠标，就可以随时随地通知任何地方的任何人，而不再依靠口口相传或传统的广告活动。如果人们想加入其他感兴趣的群体，互联网能够为他们提供捷径。

在互联网上随意加入粉丝迷恋群体，意味着粉丝迷恋的定义变得更宽泛了。大浪运动的成员可以通过监管评论、旅行跋涉前去拍广告牌，以及提交创作的内容，感受自己成为该组织的一分子的满足。此外，成员还可以轻松地在脸书上点赞，感受又添加了成员的喜悦之情，获得离重振可口可乐品牌的目标更近了一点的感觉。数字时代之前，很难有这种低摩擦的粉丝管理方式，寻找狂热爱好者就是第一个困难。

数字联通消除了地域障碍，虽然大浪运动社区的三名管理员共事多年，但他们在大浪的重启仪式上相互握手之前，并未见过面。互联网出现之前，为了解决地域分散问题，社区往往采用召集大规模见面会的方式，将粉丝聚集在一起，或者组织地方分会，支持不同区域的粉丝活动。无论采用哪种方式，都需要复杂的层级组织结构和领导力才能实现，而虚拟的集合空间几乎不需要这些。

因为不需要一个强大的、自上而下的管理机构来协调分散在不同地域的社区，互联网降低了一个群体生存和维持下去所需的最低人数。这个数字可能高达数百或者低至两个，但是不管多少，它都比过去的少。维持一个团队所需的努力越少，所需的参与人数也就越少，在粉丝迷恋的回报增长到足以吸引粉丝自愿加入之前，一直都是如此。

书呆子的污名

很少会有软饮料与某种特定的污名有联系，大多数摄影活动也不会。但对于许多粉丝群体来说，情况并非如此，被贴上浪漫小说粉丝、死亡金属音乐粉丝或《彩虹小马：友谊是魔法》电视剧粉丝等标签，就会有很多隐含的意义。一个秘密的漫画爱好者，或许不愿被人看见他走进当地的漫画商店，当然，这要视其所在的群体而定。对于那些名声更坏的群体来说，比如性怪癖爱好者，或者那些嗜好与其性别和年龄不符的人，肯定不愿被人发现。虽然粉丝可能不以自己的嗜好为耻，但他们会有向别人隐瞒嗜好的压力。

互联网的匿名特征使得这些粉丝感到安全，它使得个人生活与职业生活之间的交集减少，这意味着他们可以更加自由地探索和实验。同事可能会看到我们走进了一家漫画店，但要发现我们是否经常访问 comixology.com 就没那么容易了。匿名也有助于消除轻率的分类，避免它的污名。它还能扩大群体成员的范围，成员的多样性越突出，就越难给每个成员贴上标签。除了提供一个远离耻辱的避风港之外，互联网还有另外一个更加深远的影响，就是它有助于现代社会接受传统的粉丝迷恋活动。

20 世纪 80 年代的美国电脑迷，是大众文化中的小丑角色。一个年轻男人的笨拙形象深入人心：身穿白色衬衫，打着领结，格子裤几乎提到胸口，上衣兜里有好几支钢笔；有时甚至穿着吊带裤，中分的头发油腻发亮，长满青春痘的脸上架着一副厚重的黑色眼镜，声音高亢结巴。许多网络时代之前的情景喜剧中，都有这样一个标志性的书呆子人物，如《救命钟》里的斯克里奇、《凡人琐事》中的史蒂夫·厄克尔。他们喜欢漫画和电子游戏，都是以 1984 年的一部喜剧《书呆子复仇记》中的人物为原型演化出来的，这部喜剧讲述了一群想要体验大学社交生活的倒霉蛋的感人故事。

事实上，书呆子角色是一种对 20 多岁年轻人的刻板印象，源自把技术专家当作老学究或政府资助的科学实验室工作人员的时代。到 20 世纪 90 年代初，许多公司成立了技术部门以维护新式设备——计算机的运行，但其技术人员的社会地位，却往往更接近光荣的看门人：技术专家就是辅助支持人员。每家公司都需要这样的人，但他们绝对不是公司的核心人员，航空航天工程这样的一些特殊行业除外。技术部门经常位于地下室和密室里，或者位于公司总部的一个破旧、废弃的防空洞里，常常散发出烧焦的电线和过期薯片的味道，就连小学生在课间休息的时候也不会装扮成电脑程序员。

随着 20 世纪 90 年代末互联网的普及，市场上出现了成百上千种令人兴奋的高新技术就业机会。这些工作是公司的核心，很多公司由程序员创立，他们需要的第一批员工和最重要的职位，还是程序员和技术人员。总的来说，这类工作都有高风险，失败率也相当高，Fuckedcompany.com 这样的网站上的追踪记录可以得出这样的结论。

高风险的工作对于那些不担心明天就被炒鱿鱼的年轻员工来

说，再合适不过了。比起上涨的股票期权，迂腐刻板的电脑迷的平均年龄日益年轻化，速度之快远超股票期权增长的速度。电脑迷通常被认为是男的，而且绝对不是学者，充其量是从大学退学，自己出来赚钱的。但电脑迷是有教养的，衣着得体，发型前卫，年纪轻轻就与旧金山和西雅图技术中心有了联系，这意味着他可能在政治上秉持自由主义且生于城市。他还有适度的自尊，原因是较早取得了成功，业余时间里可能去攀岩或玩滑板。

随着互联网和相关技术的兴起，技术达人迅速获得了中上阶层地位，成为高薪和白领的代名词。对于一个青年或他的未来伴侣来说，技术类行业已经成为一种非常理想的职业。

与此同时，许多传统上与书呆子相联系的消遣方式，突然也变得异常体面，这已不足为怪。部分原因是，这个特殊群体刚刚获得了经济上的成功，他们有能力为自己的爱好消费，这反映了书呆子社会地位的新常态化，书呆子从看门人变成了摇滚巨星。科技达人现在已经被社会接受，他们的传统爱好，如电子游戏、漫画和科幻小说也已被接受。

有趣的是，与这一特殊群体无关的传统型“书呆子”的粉丝，地位却几乎没有提升。迷恋日本动漫的大多是年轻的粉丝，同人小说的创作主要是靠女性作家，她们受益于互联网创造的低门槛，的确在这一时期扩大了粉丝群，但社会对于她们的接受度，却没有太大变化。你如果说想写一部基于《邪恶力量》或《神秘博士》的同人小说，仍然会引来主流社会人士的嘲笑，但你若说自己昨晚看了最新的电影《复仇者联盟》，就不太可能会引发这种反应。

热情的粉丝让宝丽来家喻户晓，但现在的宝丽来已经不再是制造商了，它获得了新生，这要归功于富有的、爱玩的、社交广泛的一代人的怀旧情结。大浪也是受益者，它得益于童年怀旧情结、经济来源的增加、网络联通性和匿名性的提高，以及书呆子文化的兴起——一个与超级“能源”苏打水联系最密切的群体。

2015 年 9 月，可口可乐宣布大浪又一次回到实体店，美国的货架上装满了灰绿色的罐子。位于明尼苏达州圣克劳德市的一家大浪装瓶厂称，全年的供货在两周之内就销售一空。其销售总监为此表示歉意，他在接受采访时说：“我是罪魁祸首，我的预测失误了。我估计有 4000 箱就足够供货到年底，但没有意识到大浪粉丝群体的势力如此巨大。”

第三章

关注粉丝的个性表达

粉丝已经不再是渴望一个远离主流世界的安全空间，而是更多地关注个性表达。“例外主义”传递了一个宝贵的信息：在某个发展阶段，当我们对社会生活、未来前途甚至自己的身体感到无能为力时，控制、接受以及能力依然存在。挑战权威是现代故事的重要情节，“另类”不再意味着“危险与颠覆”，而是代表着“强大与独立”。

“这里有你一席之地”

第一天，我特别害羞。紧身马甲里揣着一个钱袋，嘴里吆喝着：“苹果，新鲜的苹果，快来买苹果，尝尝从我家树上摘下来的脆生生的鲜苹果！苹果！”一个男子走上前来，但我没敢看他。要知道，我很害羞。他递给我一枚 25 美分的硬币，我接过来，放进小钱袋，把小钱袋揣进紧身马甲，伸手拿起一个苹果，递给他，还是没敢看他一眼。然后，我听到他说：“我不要苹果。”这时，我终于抬起头来，看着他：“什么？”他说：“我不要苹果，我只是想看到你有所改变。”我把苹果放了回去。打那以后，我开始直视别人的眼睛。这件事似乎唤醒了我，让我拥有了美好时光。

——朱迪·科里在《集会：美国的文艺复兴》中扮演市长的妻子所说的台词

1963 年夏，常常可以看到洛杉矶市好莱坞山社区的居民在附近的山里敲打着木板，缝制五颜六色的布料，嬉皮风格的露营车漫山遍野。市区以北几英里处，在奥利弗·哈斯克尔农场里，出现一个巨大的建筑工地，似乎在那里干活的都是放荡不羁、多姿多彩的文化人。

按理说，这些才华横溢的年轻人应该去附近的电影世界打拼奋斗，可整个国家似乎还处在20世纪50年代“红色恐慌”的余悸之中，保守党政客大肆利用冷战时期对共产主义歇斯底里的恐慌，致使与电影相关的很多职业被禁止。60年代初期，洛杉矶的大量演员、装配厂、服装供应商以及其他创意人士忽然失业了。

他们中的很多人认为，应该去当地儿童剧院教师菲莉斯·帕特森创办的一个奇妙项目中施展才华。帕特森开设了一门独特的课程，内容有团体即兴表演、喜剧表演，也有道具制作，远近闻名。当这个儿童工作坊火起来的时候，适逢西好莱坞城郊月桂谷社区兴起了最新一轮的反共产主义浪潮，很多人下岗了，于是利用课堂制造政治宣言的想法便在帕特森的脑海中出现了。

春天来临之际，帕特森想出了用学生创作的道具和所学的技能打造“中世纪集会”的创意。她和丈夫通过当地一个激进的广播电台KPFK，为他们的创意做宣传、筹集资金。广播电台的律师对该创意提出了批评意见：中世纪并不是因为人权问题而闻名。于是，创意名称很快被改成了“文艺复兴节”，代表自由主义价值观的“重生”。

帕特森通过KPFK广播电台发布号召，从邻近地区招募了500名志愿者，联合学生家长及其失业的同事，共同搭建起6个场棚，制造出数以百计的服装。他们又从当地的艺术家团体中招募了一些手工艺人，在棚子里出售手工制作的陶器、毯子等，同时印刷了几百张迷幻风格的海报，“欢快地漫步在通往文艺复兴欢乐集会和五月市场的道路上”。

杂耍艺人！肚皮舞舞娘！女仆！爵士！傻子！伊丽莎白女王！第一周，前去参加集会的人多达3000。到第二年，集会的规模扩大一倍，集会的场地也更大了。KPFK广播电台把原来的宣传口号换成了“广播电台文艺复兴”。很快，美国其他城镇开始效仿创办自己的集会。

文艺复兴集会是美国独有的一种现象，不同于15世纪的欧洲文艺复兴。文艺复兴集会上的骑马比武大赛、手工艺品小商贩、竖琴音乐和古琵琶乐，以及林木丛生的集会场地，也许会让人想起“快乐英格兰”的乡村盛宴，但二者间的相似之处仅限于此。集会上，人们讲的是纯正的美式英语，偶尔能听到披头士乐队的口音，个别用词也是模仿英国斯图亚特王朝时期的措辞，如“*thous*”（古英语中的“你”）、“*prithees*”（古英语中的“请，请求您”）。表演者和流动艺人的装束，并不像中世纪的人在公共场合的穿着打扮，而是符合他们所扮演的人物角色的特点。半个世纪以来，熏火鸡腿已经成为文艺复兴集会的代名词，但坦率地讲，它实际上是新大陆的特产。

早期的文艺复兴集会，目的并不是精确地再现历史，在帕特森夫妇扩展概念、超越其最初的政治出发点时，就已经不是了。一开始，最受集会吸引的不是学者，而是叛逆者。

若说文艺复兴集会造就了20世纪60年代，可能有点言过其实，但它的确对60年代的发展起到了巨大的推动作用。对于当地的另类社区而言，集会是一个从不欢迎自己的世界中退隐的机会。集会大门内，他们与同类聚集一处，穿着花里胡哨的衣服，大胆尝试新的性爱方式，专心追求职业成就，恣意吸食毒品。艳丽的色彩、喧嚣的音乐、性感的舞者、声名狼藉的晚间派对，这一切都汇聚在集会中，成了反主流文化的庇护所。大门之外，留长发、蓄胡须也许会意味着不受信任，甚至还意味着被捕，而大门之内，却可以创造出侠盗罗宾汉式的人物。

集会上，嬉皮士第一次大胆尝试天鹅绒长袜和色彩艳丽、柔软飘逸的衬衫。很快，吉米·亨德里克斯之流的演艺者开始穿戴金色的锦缎夹克、红色的丝绸肩带和蝴蝶结。对于女性而言，穿上集会版的文艺复兴服饰，就可以不穿文胸，在显露性感的同时，体验前所未有的肢体自由。文艺复兴服饰的紧身衣和飘逸面料，比 60 年代《时尚》杂志里的服饰更具包容性，适合不同身材的人。詹娜·唐恩在与集会编年史作家瑞秋·李·鲁宾进行访谈时说："这是一种令人兴奋的经历。我第一次引起了男性的注意……我一下子幡然醒悟，是它拯救了我。" 1996 年，在音乐杂志 *Spin* 上，畅销书作家伊丽莎白·吉尔伯特的文章更是直言不讳。一位赞助人这样说："在生活中，我有很多自尊心方面的问题，主要是因为自己很胖，但是我一旦穿上戏装，便觉得自己美丽动人。" 在最初几年里，人们在集会上赤身露体也不罕见。

总的来说，在早期的文艺复兴集会上，性爱似乎非常自由随意，穿上戏装，戴上其他配饰，人们便大胆尝试，百无禁忌。在那个同性恋还不合法的年代，集会上出现了很多以演戏为幌子的早期同性恋现象。集会上的游戏式肢体惩罚，连同皮革销售商出售的产品，催生了一个庞大的绑缚调教与虐待（BDSM）社区，使之如雨后春笋般发展起来。

集会对各类职业的发展有很大的支持作用，首先是为失业演员提供了表演机会。在明尼苏达文艺复兴集会上，魔术师佩恩和特勒第一次合作表演。在北加利福尼亚文艺复兴欢乐集会上出道的飞翔的卡拉马耶夫兄弟，最终步入了百老汇殿堂。大苹果马戏团、太阳剧团的很多前成员，以及其他现代杂耍剧团的成员，都是从文艺复兴集会出道的。

集会的不断发展，场地的逐步扩张，催生了志趣相投的艺术家社区。卖陶器、瓷器、凉鞋、小饰品的手工艺人，振兴了正在走向衰败的美国工艺。有名的反主流文化报纸《洛杉矶自由报》就是原来的《集会自由报》。当年，创刊人阿特·昆金带着盛装打扮的两个年轻女儿和自己印刷的报纸，走进集会场所。《集会自由报》的内容，并非真实的社会新闻报道，而是关于集会中另类电影制片人和激进主义群体的消息，例如“莎士比亚因猥亵被捕”。

回顾文艺复兴集会的早期时光，粉丝的共同话题是自我发现与解脱，还有归属感。对有些人而言，生平第一次有了归属感。“对我们来说，到了星期天晚上，就会觉得，哇，又要离开我的小村庄了，我得到外面的世界去挣钱。有了钱，再回到小村庄。”肖恩·劳克林在近期制作的一个关于早期集会生活的纪录片中回忆道。

对很多人来说，集会有点像一个大家庭，那些被外部世界拒之门外的人聚集在这个大家庭里。集会的很多成员辞掉了外面的工作，在集会内开启了新的生活，与集会内的其他成员结婚生子，然后，他们的孩子也成为集会的成员。公鸡与羽毛表演集团的威廉·巴列特回忆说："在那里，你可以成为以前想都不敢想的人。"

多年从事集会纪录片摄制的制片人道格·雅各布森评论说："文艺复兴集会的格言是：你是另类，你是弃儿，你是窘人。你被社会遗弃，但我们接受你，我们这里有你的一席之地。"

粉丝迷恋即乌托邦

学者依靠对社会现象的再阐释而闻名，并以此安身立命。20世纪50年代以来，每隔几十年，就会出现有关粉丝现象的新阐释，掀起一股新的粉丝研究热潮，引发如何对待粉丝、支持粉丝的探究兴趣。

研究人员依据思维特征和粉丝行为表现，将粉丝文化研究大致分为三个历史阶段，分别称为第一波阐释、第二波阐释和第三波阐释。抑或我们可以重新命名，称之为"粉丝迷恋即乌托邦"、"粉丝迷恋即社会重构"和"粉丝迷恋即身份认同"。

"粉丝迷恋即乌托邦"是最早的粉丝行为阐释，它认为粉丝社群及其成员具有理想化的动机，把粉丝社群描绘为一个可以让边缘化社会成员远离他人批判，体验爱和友谊的地方。其根本原则是粉丝与众不同：粉丝社群是一个安全之地，善待彼此，比起外部人士，他们更加和蔼友善，更加风趣智慧，更加豁达大度，更加富有创造力，主流社会也许不理解他们，但他们的确构建了更加美好的社会。

1973 年，6000 多人会聚在纽约市科莫多酒店，参加“星际迷航生活”——最早的粉丝见面大会电视节目之一。访谈中，一位女性这样解释她的粉丝社群理念：“我们力图用包容思想衡量自己的行为。我们的理念是，人类可以共存，不同生活方式的人，不是被动地生活在一起，而是通过交往和互动，创造出一个人无法创造的伟大事物。”

科幻粉丝认为，科幻体裁的作品对未来世界抱有乐观主义思想，充满希望…… 但愿人人都这么认为。事实上，任何类型的亚文化群体都信奉这种理念，流行歌手 Lady Gaga 的粉丝视自己为民权的倡导者，瑜伽服饰品牌露露柠檬的粉丝持有一整套积极向上的信念，如保持积极的心态、平衡工作与生活、珍惜友谊、崇尚简约、善待子女以及练习瑜伽。

不同凡“想”

2001 年，苹果公司生产的随身播放器（iPod）上市，与之配套的白色耳机很快成为一种会员身份的象征。当时，有人在博客上这样写道：“只要你留心，就会发现这种耳机无所不在，像荣誉徽章一样被人佩戴。不管在汽车上，还是在邮局排队的人群中，携带苹果随身播放器的人，总会像熟人一般对视一眼，‘啊，这又是一个追随者’。”独特的白色耳机，就像佩戴者之间悄悄握手一样，似乎在无声地宣示："我们是同类，也许别人不理解我们，但我们确实独具特色，与众不同。"

1997年，苹果公司任命史蒂夫·乔布斯为新一任首席执行官，意欲扭转公司每况愈下的局势。那时，"思考"作为IBM的座右铭，已有近百年的历史。但是乔布斯上任后，发起了神话般的"不同凡想"市场营销活动，直接将苹果公司置于其他计算机公司的对立面。

不同凡"想"强调的，并不是苹果公司的技术优势，而是理念优势。它的纸质广告、广告牌、电视宣传片，只是出现一系列对人类进步做出过巨大贡献的英雄人物的黑白照片，如阿尔伯特·爱因斯坦、吉姆·汉森、穆罕默德·甘地、小马丁·路德·金以及杰基·罗宾森。苹果公司不想落人口实，被认为在利用这些英雄人物，所以为广告片中出现的所有人物成立的慈善机构，捐赠了资金和仪器设备。其中一个广告片中，人物照片的出现伴随着画外音："另类人士，叛逆之徒，惹是生非者。"画外音还说，他们"是用不同的眼光看待事物的人"，他们不容忽视，"因为他们改变了世界，推动了人类社会的进步"。

正当苹果公司的核心用户考虑转向Windows或Linux系统时，"不同凡想"市场营销运动给苹果公司带来了新的活力，而且还确立了这样一种观念：苹果用户优于其他计算机用户。苹果用户更有创造力，也更具智慧。苹果用户是不被了解的少数人，他们过人的天赋很快就会被世人赏识。更为重要的是，只要肯花钱购买苹果电脑，就可以跻身苹果精英行列。

营销运动结束后的很长一段时间里，“我们的用户与众不同”依然是苹果公司的一个重要主题。

乌托邦理论不无道理，的确，很多粉丝的根本想法就是逃避社会，他们迷恋的对象越另类，越会觉得自己很难被粉丝圈外的人接受，就越需要一个志趣相投的群体提供安全之所。

无疑，经常自诩为文艺复兴者的人很清楚，文艺复兴集会声名狼藉，他们也能感受到主流社会对它的强烈反对。早在1967年，菲莉斯·帕特森就面临重大的政治挑战，集会周围的主流社会人士，认为集会是吸毒场所、淫秽之地，提出了严正抗议。地方政府明令，集会上所有的手工艺人，都需录指纹。集会场地上刚刚立起“特殊用途许可”的牌子，便被当地宗教激进主义牧师遮挡掉。慷慨陈词的演讲者，恳请地方商会保护遵纪守法的公民，免受那些给家庭、财产带来威胁的“怪人”“不受欢迎之人”的危害。参加集会的人被捕率之高，引起了地方法官的关切。警方的直升机经常在集会上空盘旋，以至于集会上的演员学会了即兴发挥，指着空中的直升机大喊：“飞龙来了！”

文艺复兴者也许会说，他们所受的蔑视与谴责，针对的是他们的理想主义和反文化倾向。但归结起来，也许很简单，它就是一个社会等级问题。

一流粉丝，一流迷恋

高品位常常意味着有钱和资本。法国先锋派电影要比斯通纳喜剧有品位，因为有钱、有闲又受过教育的人，才能欣赏得了法国先锋派电影。有人周末去了迪士尼便刻意夸耀，有人在意大利美丽的托斯卡纳乡村度假一个月，却只是轻描淡写地提及。相比之下，后者方显低调奢华。比起香港各社区购物中心食物广场里的外卖，那些隐秘高档餐馆里的粤式食品，更显尊贵豪华。虽然购物中心的粤式食品味道也许更佳，但隐秘的高档餐厅，只有穿着礼服的圈内人士才能入内，无人引荐的圈外人士无法成为座上宾。

粉丝迷恋对象背负的污名与迷恋对象本身的价值没有太大关系，只与人们对粉丝的社会地位判定有直接关系。粉丝的地位越低，社会赋予迷恋对象的价值越低。

从严格的商业视角来看，与著名的塔卡契四重弦乐合奏乐团相比，恐怖说唱音乐二人组合“恐怖小丑波赛”的收入更高，但它的文化声誉却要低很多。世界摔跤娱乐公司的摔跤手，如同莎士比亚剧作的演员一样，都需要经过严格的技能训练，但二者当中，也许只有后者才能在上流社会的鸡尾酒会上受到欢迎，而前者，除非是因为人们的新奇感，才有可能受到欢迎。

从粉丝迷恋即乌托邦的视角来看，接纳廉价的流行文化虽然有失体面，但能够起到赋权增能的作用。因为缺乏社会、文化或金融资本而被排除在主流文化之外的人，只能从留给他们的唯一出口处挖掘个人价值。对他们来说，粉丝迷恋就是一种反叛。“主流社会认为，我们没资格观看高大上的歌剧表演，但我们在地方电影院观看午夜上演的雌雄同体《洛基恐怖秀》，一样能够享受快乐。在那里，我可以使用他们不屑一顾的工具，创造自己的乌托邦。”有粉丝这样说。

这种观点是否正确，难以判定，但可以肯定的是，这类问题在文艺复兴集会上大量存在。至今，集会上仍有不少流动工作人员和艺术家，随着季节的循环往复而由南至北，再由北至南迁徙往返。作为现代狂欢节的雇员，他们几乎没有其他经济来源，甚至有些人在淡季的时候连固定住所都没有。工人没有工资收入，没有经济安全网络，这意味着上流社会所享有的群体特征——良好的教育、健康的体魄、永葆青春的美貌，对他们来说遥不可及。

举一个生动的例子。在纽约文艺复兴集会上，肥胖的女粉丝有时被称为“斯洛茨”（sloats）。这是一语双关，表面上是戏谑她们穿的外衣太窄小，以至于紧身胸衣外露出来，还暗讽她们来自当地的斯洛茨堡村庄，一个坐落在塔克西多公园高门大院的富人区旁的中产阶级人士居住之地，往往因社会等级而成为偏见和歧视的目标。

脱离主流社会需要付出代价，正如史蒂文·吉利安在纪录片《集会：美国的文艺复兴》中所说：“你从大学辍学，磨破鞋底四处流浪，加入马戏团，却只在那里干了半年。结果，你发现自己成了送饮料的人，给人送冰块。67 岁了，你还没有医疗保险。也许在这种情况下你还会说，‘哇，我玩得很开心，我不在乎’。”诚然，别人把你标记为亚文化人士，把你当作一位批评家所说的“穿着奇装异服、行为古怪的肥胖中年人”，在这种情况下，“去他的”也算是一种不错的处世之道吧。

粉丝迷恋即社会重构

20 世纪七八十年代，文艺复兴集会开始设法增强吸引力。那时，几百个集会如雨后春笋般在全美各地冒出，小到地方性周末演出集会，大到可以持续几个月且有专门场地和固定设施的大型集会，不一而足。虽然集会几乎无处不在，但很多私人举办的集会因资金短缺而艰难挣扎。越来越多的集会开始转向公司所有制，控股公司很快在美国各地经营多个集会。其结果是，集会吸引了很多老年人，硬毒品也开始流入集会。这时，集会规范化、商业化的时机已经成熟。

经过改造，新型的集会有了严格的管理、组织结构和保险，迅速吸引了更多的公众，开始赢利。虽然大多数集会仍以地方手工艺人为主体，但部分集会已经向价格低廉的中国进口品开放。一些老牌商贩被挤出了集会，取而代之的是新的商贩，如贩卖拉斯维加斯风格的塑料饮水管的、贩卖带有机器印制的中世纪主题伏特加广告的 T 恤的。百事公司和达美航空公司等企业的赞助活动在集会上也是司空见惯。家庭折扣和主题周末吸引了更多主流社会中精打细算、无意购买价格昂贵、独一无二的手工艺品的客户。正如演员比利·斯卡德尔所说："过去，集会是一个让人迷恋之地。如今，它成了一个商业场所。"

早期集会所依赖的自由奔放的志愿者团体已经萎缩。原先，演员、音乐人士、艺术家只要愿意花费时间，就可以自由进入集会。现在，这种开放政策没有了。雅各布森说："这些人刚开始这样说，‘好吧，嘿，你知道，因为我想成为集会的一分子，所以哪怕是少挣钱或不挣钱，也愿意做那些破事，可你现在却告诉我，我没有价值了’。假如你创造了某种东西，在一定程度上它代表了你的身份，然后很快它火起来了，其他人开始掺和进来，他们原本与这个东西毫无关系，也不在乎它过去的规矩如何，那么你就会起来反抗，就会感到非常难过。”

乌托邦式粉丝迷恋具有反权威主义的性质。2004 年，北加利福尼亚文艺复兴集会属于文艺复兴娱乐公司，出于经济收益考虑，公司关闭了集会。集会社区成员丽莎·斯特尔视此为把权力还给手工艺人和员工的大好机会，设法将集会改为参与者所有制，保住了集会。然而不久，她发现自己和集会前任老板一样，需要面对大家的怒火。“这些人想要扼杀他们的救世主，”雅各布森说，“他们都是固执己见的人，非常富有戏剧性，很容易情绪失落，总是喜欢针对负责人发难。”憎恨是他们的文化范式，即使他们自己就是集会的所有者，似乎也于事无补。

沙漠不复从前

火人节是一个在黑石沙漠中举办的年度露营活动，兼具艺术展和野外生存挑战活动的性质。一直以来，它声名狼藉，争议颇多。每年，7 万多名参与者涌入内华达州北部黑石沙漠地带，进行为期一周的社交聚会活动，展示大型艺术项目。其中，很多项目是花费了整整一年时间创作出来的。

火人节从最初的篝火晚会，逐渐演变成一个自由思想者的临时之城。早期，除了禁止携带枪支，火人节唯一的规定是，“不要干扰其他人的直接体验”，友善、开放、分享是它倡导的理念。事实上，早期文艺复兴集会的所有特征，开放的性观念、赤身裸体、吸食毒品、个体创造力、享受美好时光，以及不受常规社会观念束缚，这里全都具备。

为了有别于其他同等规模的节日，如被指摘为流行文化之荒地的动漫展，黑石沙漠火人节的露营地上，除了销售通宵狂欢后所需的饮用水和咖啡之外，没有其他商业行为。很多参与者带了食物和手工艺品，分发给他人或做物物交换，但不进行金钱交易。一旦发现哪个人有销售行为，这个人会被立即驱逐。更有甚者，哪怕是设备上小小的商标，也会被参与者用胶带遮住。尽管硅谷参与了这里的很多活动，但除了小范围内的人际关系网络创建和招募活动之外，很少有迹象显示它参与了赞助。然而，即便在这样一个明令禁止商业行为的地方，变化也在悄然发生。

2014 年夏，《纽约时报》上一篇文章的副标题赫然写着，“科技精英——亮相火人节”。近年来，出现了“交钥匙露营”现象，即有钱人在到达沙漠之前，便雇人搭建好奢华的露营地，安装私人空调、淋浴房、卫生间以及娱乐中心等享乐设施。营地的居住者往往乘坐私人飞机前来，有时还带着私人管家、厨师、女按摩师以及付费娱乐团队。有时，他们还会预先定制艺术品，炫耀把玩。一次真正奢华的私人定制火人节体验，每人需要花费 2.5 万美元，甚至更多。

这种露营活动受到谴责，说它违背了火人节的精神，不符合露营活动自力更生、生态保护以及与人分享的基本原则。有时，为了不让路人进入营地，参与者用旅行房车将营地圈起来。有些人甚至还带来保镖，专门对付那些看上去不属于露营地的人。有些营地，因工作条件恶劣而受到指控，但很难断定，是工人们真的受到了剥削，还是这种露营活动违背了初衷，所以工人才觉得自己受到了剥削。

火人节在狂风肆虐、残酷无情的沙漠中举办，高达三四十摄氏度的高温和危险的沙尘暴司空见惯。前往营地的费用不菲，一周的生存不仅需要周详的计划、坚强的毅力，还需要一笔数目可观的花费。节日期间，在沙漠附近的里诺市，一辆旅行房车的租金已飙升到 8000 美元。即便是最简单的露营活动，也需要精心的准备、闲暇的时间，以及在偏远、无情的环境中生存所需的特殊装备和供给品，普通门票每张 390 美元。

参加火人节需要足够的经济实力，将家庭和社会责任在较长时间内外包给他人，这进一步限制了能够参加活动的人数。一周的假期，外加旅途的时间，是一种奢侈。通常情况下，只有那些带薪休假的人，或者那些有高超技艺不愁找不到一份新工作的人，才可以享受这份奢侈。那些一周三个晚上上夜班当侍者才能勉强糊口的单亲妈妈，永远没有机会看到火人节的帐篷。这种活动只对那些有稳定经济收入的人或者背后有富裕社团为其支付开销的人敞开大门。

2014 年的火人节调查统计结果表明，35% 的火人节参与者年收入 10 万美元，相比之下，美国总人口中仅有 8.5% 的人年收入能够达到这个数目。参与者当中，百万富翁占比偏高。

“现在，新兴科技公司开始参加火人节，吸食毒品，寻找新的最佳应用程序。”某个“交钥匙露营地”雇用的“夏尔巴向导”泰洛·汉森说，“火人节不再是一场反主流文化的革命，而是一面反映社会的镜子。”2016 年夏，一辆“交钥匙露营车”被一些心怀不满的参与者趁其富有的主人参加舞会之际恣意破坏，电线被剪断，饮用水被倒掉，车门被焊封。

其原因很简单，粉丝迷恋不是乌托邦，或者它不仅仅是乌托邦，当然也不是所有人的乌托邦，即便是，也不会长久。任何一个理想世界，都免不了因自身的成功而面临危险。当一种曾经是边缘化的文化空间被成功拓殖时，贵族化不可避免地会发生。

20 世纪八九十年代，关于粉丝现象的学术思维开始转变，出现了“第二波”粉丝研究，研究者开始重新思考粉丝群体的创生过程。显然，粉丝的动机比无私奉献的乌托邦式理想更多样、更复杂，对之进行解释，需要采用马基雅维利主义视角。

这便是“粉丝迷恋即社会重构”。根据新的阐释，粉丝团体不再是社会弃儿的庇护所；相反，它是一个用不同标准重构主流社会体系的机会，是要重建一种新的阶级制度，只不过这一次，创造者将可能成为上层阶级。如果一名高中生认为，自己被社会指摘、被爱情抛弃，是因为别人看重脑力胜过体力，那他可能会去参加国际象棋俱乐部。“在国际象棋俱乐部，”这个刻板的书呆子可能会想，“我可以欺负那些国际象棋初学者，这样，就会有人因为我的优秀而和我约会。”

几乎没有一种亚文化会放弃基于地位和影响力划分等级的机会。即便是在火人节这样一个社会平等主义堡垒中，对恶劣环境毫无准备的新手，有时会被称为“闪光的小马”，这绝非恭维。在游戏和技术领域，新鲜的面孔是“新手”。在文艺复兴时期，那些不做任何背景调查，仅凭购买整套装束就想挤入等级体系的人的下场是很惨的。

标记哪些粉丝更有经验、更真实、更地道或更“优秀”，这样做的结果就是精英主义。对于每一个因乌托邦理想而加入某种运动的粉丝而言，任何其他粉丝的动机都是现实主义动机，而有时，粉丝的动机与乌托邦和现实主义世界都有关系。尽管苹果计算机用户不一定是新构建的贵族体系的一分子，但他们非常注重展示他们所拥有的苹果这一最知名、最昂贵的技术品牌所带来的社会效益。苹果电脑的价格通常比竞争对手同等规格的电脑贵数百美元，戴尔、惠普、联想和华硕都有价格更便宜、处理器速度更快的笔记本电脑。苹果软件界面因简单易用而闻名，但它所激发的狂热与其技术属性似乎不成比例。与戴尔或联想电脑不同的是，苹果产品的外观一眼即可被识别，可向全世界宣告其高昂的身价。那些白色的耳机、发光的壳子、苹果手机或笔记本电脑的标志性颜色与商标，使之成为一种身份的象征，而不仅仅是一个设备。这是苹果产品设计的核心部分，几乎没有其他技术品牌采用这一级别的视觉设计。购买苹果电脑所显示出的经济优势，难以被人忽视。

就早期文艺复兴集会而言，一些粉丝的动机可能极为简单。在集会大门之外，获得社会地位、吸引一位符合自己性取向的人可能很困难。在大门之内，竞争则明显减少。正如简易版莎士比亚戏剧演出公司的杰斯·温菲尔德所说："这是一个极客、不合时宜者、异于常人者寻欢作乐的天地。"

无疑，"粉丝迷恋即社会重构"是对理想主义文艺复兴的全新阐释。20 世纪六七十年代的文艺复兴，对美国文化产生的影响重大而深远。

紫色头发引发的革命

"曾经一度，穿迷你短裙的人会被看作妓女。哪儿都买不到细高跟鞋，要么得去旧货店里淘，要么得像我们一样，到那些老字号鞋店的地下室去翻，因为它们有可能忘了清理 20 世纪 60 年代的旧货。"蒂什·贝洛莫看起来 50 多岁的样子，她和她的姐姐艾琳（艺名叫"史努姬"）在过去 40 多年里拍的大多数照片中，都是满头狂野的荧光色头发。80 年代以来，主要是火红色蓬松长发，向后梳着，层次感很强，还装饰着羽毛。现在，又变成了鲜艳的粉色，前面带几缕挑染的绿色。

"过去，我们常去脱衣舞商店，"史努姬说，"我们找到了很多尖头的披头士靴，其他地方都没有，还发现了一大堆黑色牛仔裤。大家知道了这个消息，都跑去买。后来，我们又发现了一大堆高跟鞋。"

"还有一个装满了摇摆靴的地下室，我们在那儿找到了大本营。"蒂什回忆道。

70年代中期，当文艺复兴集会逐步融入主流文化边缘的时候，蒂什和史努姬住在纽约市东村。当时，雷蒙斯乐队和帕蒂·史密斯等表演者成为美国朋克风的先锋人物，乡村、蓝草、布鲁斯摇滚俱乐部则成为朋克运动的中心（对此还颇有争议）。俱乐部位于波威里和布里克街交会的拐角处，讲话头乐队、我行我素乐队、警察乐队的所有成员都在那里举办过演唱会。从1974年起，蒂什和史努姬在夜晚时经常去那里，变成了金发女郎乐队的后备歌手。

朋克与10年前的嬉皮士很相似——同样是年轻的叛逆者，有着惹眼的服装和夸张的发型，以及自创式音乐创作方法，对毒品文化持宽容态度，喜欢绑缚调教与虐待风格的用品。

一个个乐队如雨后春笋般冒出来，音乐供给已经不是问题。但是，朋克生活所需的地道都市服饰的供给成为一个难题。在当时的美国，几乎没有批量生产皮革、尖钉、高跟鞋的商家。当情景表演者问及蒂什和史努姬姐妹，从哪里可以买到她们经典风格的服饰时，这对姐妹做了一个重大决定——自己供应。她们从家人那里借了250美元，从史努姬的存款中拿出了250美元，并从朋友吉娜·富兰克林那里租了一家位于圣马克斯广场的临街小店，开了一家朋克精品服饰店，它也许是美国的第一家朋克商店。在妈妈的建议下，她们把商店命名为"狂躁恐慌"。

由于缺乏商业经验，姐妹二人只能依靠自己的个人品位挑选货物。"人们试图向我们推销他们认为畅销的东西，也许它以前卖得很好，但如果我们不喜欢，我们就不会卖它。”史努姬回忆道，“强尼·桑德斯走进来，想把一个马鞍卖给我们，因为他需要钱。但我们拒绝了，因为我们不想卖马鞍。现在，我倒是希望有那样一个马鞍。”

她们挑选的一个产自英格兰的半永久性亮色染发剂系列，先是吸引了纽约东村人的眼球，然后又引起了媒体的关注。很快，购物者纷纷从纽约上城、新泽西、日本以及荷兰朝圣般赶来。“所有这些人都跑来了。当时，我们没有多少资金，所以几乎没有什么东西可以卖。”史努姬回忆道，“我说，噢，天啊，怎么了？这些人怎么都跑到我们这儿来了？”

到 20 世纪 80 年代初期，“狂躁恐慌”成为疯狂染发的代名词，还被用作动词：“狂躁恐慌”某人的头发，就是把它染成野火红或原子绿松石的颜色，好比“谷歌”已经意味着上网搜索一样。“狂躁恐慌”店铺备受追捧，连电视节目《周六夜现场》1980—1981季的片头，都有它的身影。几年后，当音乐电视出现时，谁想要让自己看起来像是从音乐视频中走出来的人，那他就只有一个去处——“狂躁恐慌”店。

与此同时，圣马克斯广场的“狂躁恐慌”店也成为朋克文化的中心。在 B-52s 乐队成员的记忆中，他们会定期去那里。辛迪·劳佩和雷蒙斯乐队成员也一样去那里，它给人以家的感觉。蒂什说：“我们的店不仅仅是一家商店，它更像一个会所，一个聚会的场所。因为它很酷，所以人们会到这里来社交，它是乐队和歌迷的聚会场所。”在圣诞节前夕，商店会延迟关门，朋友和音乐家会带着酒水和纸杯蛋糕涌进来。她的姐姐回忆道："人人都是百感交集，热泪盈眶。"

"狂躁恐慌"作为一种概念，无疑会唤起嬉皮士所谓的一种良好感觉，或者就像蒂什所说的那样，"这是一种让人感觉良好的染发"。多年来，姐妹俩一直坚持在西柯法克乐队表演，参与了乐队的很多慈善工作。

如今，纽约蒂什与史努姬公司是"狂躁恐慌"旗下的一家姊妹公司，主营染发剂，公司位于长岛市。她们在曼哈顿区的服装店早已关闭，主要是因为曼哈顿的房租上涨，公司租不起仓库，但她们保留了皇后区的一个小零售店，店里的一面墙上挂满了心存感激的粉丝的赠品和礼物。一位顾客给她们雕了一个巨大的"狂躁恐慌"洗发池，一些粉丝为她们手工制作了首饰，还有一些粉丝为她们作了画，其中很多是肖像画。尽管蒂什觉得"它们看上去有点可怕"，但她和姐姐还是把它们挂了起来。

墙上还有很多留言，记录着顾客的个人经历。"有个女孩写信给我们，说她有自杀倾向，但自从染了头发，她感觉很开心，不再总想那些麻烦事了，这让她感觉良好。"蒂什说。她还回忆起一名年老的加拿大女子，把头发染成紫色以前，她总觉得别人无视自己，常常感到很孤独。"她说，染发改变了她的生活。突然，人们开始跟她说话，想和她一起拍照，每个人都对她很友善，生活平添了很多乐趣。这是最甜蜜的事情。"

"改变头发的颜色，的确能够改变一个人的感觉。我喜欢把头发染成粉色，来这儿上班的时候，我看看四周，至少有一半的工作人员把头发染成了漂亮的颜色。每天早上，漂亮的发色让我感觉棒极了，脸上会自然流露出笑容。我看到这些漂亮的颜色，感觉真的很好。”史努姬说。

粉丝迷恋即个性表达

“狂躁恐慌”的故事听起来有点像乌托邦式粉丝迷恋，但事实并非如此，至少不完全是。尽管朋克运动的初衷可能是创造一个美好的乌托邦，尽管有很多人获得了归属感和庇护所的感人故事，但到 20 世纪 80 年代晚期，毒品、艾滋病和精神健康问题，对第一代朋克人群造成了重创，这并非理想主义的景象。

也许，正因为如此，“狂躁恐慌”的产品意义，在 90 年代开始发生戏剧性转变。受模特和体育明星的影响，对普通大众来说，将头发染成鲜艳的颜色，成了一种无伤大雅的做法。也许，人们还记得早期的朋克风，但“狂躁恐慌”的粉丝对染发的诠释发生了重大变化。首先，色彩艳丽的染发所包含的意义变得更加丰富。如今，我们已经不会因为某个人将头发染成明亮的绿色，而把他划归为某一类人。也许，他是在表达自己作为都市青年的身份，抑或是为了庆祝圣帕特里克节。一名乐队成员把头发染成橙、蓝两色，也许是为了表达她对另类社会规范的忠诚，但也许是因为她是佛罗里达大学足球队的粉丝。

当然，这不完全是社会重构，尽管它含有一定的社会重构成分。因为朋克运动，“poser”（装腔作势之人）这个词在英语中得以普及。“poser”源自法语单词“*poseur*”，是装模作样的意思。指责某人装模作样，就是挑战他的粉丝忠诚度，指责他在走过场，并非一个真正的粉丝。这是一种对“低人一等”的人，尤其是那些在性别、种族、阶层方面处于劣势的人，摆架子、耍大牌的典型做法。然而，在发型这个问题上，主流社会的人将头发染成不寻常的颜色，在很大程度上已经能够完全为人所接受，甚至连朋克也能被接受。

通常，一个有几十年历史的事物，总会背负很多包袱，但如今的“狂躁恐慌”似乎没有太多包袱。虽然标志着公司原创性的实体店——最初在曼哈顿区租赁的那个店面关闭了，但公司却生存了下来，而且粉丝对它的钟爱丝毫没有减少。

在曼哈顿区，传统购物中心已经消失，所以刚开始，订购“狂躁恐慌”产品的主要是新兴的大众连锁店，如“斯宾塞礼品店”和“热门话题”青少年服装店。然后，美国所有郊区购物中心都有了“狂躁恐慌”的产品，甚至偶尔还有一些商家寻求和“狂躁恐慌”进行授权交易，被授权的商家或产品包括日本的美发沙龙、化妆品、葡萄酒，还有T恤衫。当然，总体上，“狂躁恐慌”这个名字还是染发剂的代名词，当初蒂什和史努姬也正是因为染发剂才让“狂躁恐慌”火了起来。一切迹象表明，“狂躁恐慌”不仅经受住了严峻的商业考验，而且已经开始打入主流社会。

“狂躁恐慌”反映的是一个极具个性化的历程，不是大众共同做出的选择。现代粉丝使用“狂躁恐慌”产品的目的，和他们的朋克前辈一样，是为了炫耀自己独特的品位。但是人的独特性的定义与含义，已经大大拓展了。

于是出现了第三波粉丝研究，把粉丝迷恋看作个性表达。这种最新的粉丝理论不接受已有的粉丝理论——美好的乌托邦愿景，下层社会人士的沙漠绿洲，自我提升、重塑等级的社会重构。事实上，当很多现代粉丝听到有人将粉丝的爱好和热情，与社会阶层或地位联系起来的时候，他们会感到非常惊讶，但这并不意味着，现代粉丝并没有受排斥的感觉，也不意味着，他们不会为了树立自信而牺牲他人的利益。所以，当前对粉丝迷恋的定义——学者们称之为“第三波”粉丝研究——更多地关注粉丝迷恋能为每个参与者带来什么。粉丝已经不再渴望一个远离主流世界的安全空间，而是更多地关注个性表达，至于其他人如何看待他们的个性表达，已经无关紧要。

对粉丝的生活方式、社会阶层地位或动机进行分类，并不像以前想象的那么简单。我们明白，如今每个人都参与一个或多个亚文化群体，而且往往是同时参与多个。一组特定的部落色彩，不再仅仅属于某一个特定群体的成员。换言之，社会阶层依然是一股强大的力量，但是要确定什么样的符号代表哪一个阶层却比以前困难得多。例如，一条有裂缝的牛仔裤，人们穿它也许是为了表达对现代一次性商品潮流的尖锐批判，但也许，它是一条古驰天才牌的仿旧牛仔裤（其零售价一度高达 3134 美元），标志着对奢侈品的追求。

最近有一项研究，题目很有趣——“负向频率相关偏好与男性面部毛发的变化”。文中举了一个很好的例子：社会上蓄胡须的人越少，长着胡子的人对潜在伴侣的吸引力就越大，因为胡须是与众不同的表现。这时，蓄胡须与社会的主流趋势是对立的，所以它象征着一种另类哲学，成为另类生活方式的符号。然而，当有太多人蓄胡须时，情况就会恰恰相反，胡子刮得干干净净就会成为叛逆的象征。甚至，可能存在一个节点，就是所谓的“胡须巅峰”，社会在这个节点上来回摇摆，越过这个节点，蓄胡须就会从叛逆的象征转变为传统的象征，然后，又会变回叛逆的象征。这对于任何一个根据面部毛发来判断男人是否特立独行的人来说，无疑是搅浑了水，让人难以下定论。

更为复杂的是，在一个社会，如果每个人都在选择某些叛逆形式的同时，又选择某些传统的形式，那就很难知道，谁是主流，谁不是主流。几乎没有哪个粉丝会符合严格的“我们与他们”相对立的哲学，因为，尽管互联网使“我们”的界定变得相对容易（通过互联网寻找与自己有共同爱好或特征的人），但确定谁是“他们”中的一分子，却变得越来越困难。用 20 世纪 60 年代的语言来说，反对“另类之人”的斗争比以前复杂得多，因为以前朋克群体与特立独行的群体之间是有界限的。在现代社会，极少有人能够符合所有人定义的主流人士的特征。

另类之人

J.K. 罗琳的系列小说《哈利 · 波特》讲述了一个不受人喜爱的孤儿的故事。有一天，故事中的男孩突然发现，自己是一位注定要拯救世界的巫师，不仅受人欢迎，而且法力强大。苏珊·柯林斯的《饥饿游戏》三部曲，讲述了一个穷苦少女的故事。她突然发现自己拥有天赋，并因此成为引领叛逆和拯救世界的最佳人选，至少可以拯救自己的祖国。在斯蒂芬妮·梅尔的《暮光之城》系列丛书中，一个内向害羞的女孩突然发现，自己身上的奇妙气味可以让她成为一群强大的吸血鬼和狼人的朋友，可以影响他们，并且还能拯救世界（至少是她所在的那个世界）。电视连续剧《汉娜·蒙塔娜》讲述了一个笨拙的高中生的故事，她实际上是一个受百万人追捧的秘密超级巨星。虽然她没有拯救世界，但也许她有这个能力。

“例外主义”幻想故事情节往往描绘青少年如何实现自己的愿望。通常，情节是这样的：一个年轻、不招人待见或备受欺凌的圈外人，突然发现自己实际上是一个不为人知的公主、巫师、名人、救世主、女巫、男神、超级英雄或外星人，或者自己拥有意想不到的能力，异于常人。这些角色被扔进一个激动人心的全新世界，在那里备受欢迎和敬仰。故事里，常有一个浪漫的三角恋情，结局往往是他们最终拯救了宇宙，被一群真正理解他们的新朋友接受。

例外主义传递了一个宝贵的信息：在某个发展阶段，当我们对社会生活、未来前途甚至自己的身体感到无能为力时，控制能力、接受能力以及力量依然伴随着我们。在大多数例外主义情节中，还有一个对敢于低估自己的人进行报复的幻想。这种情节始终是科幻小说和奇幻写作的主题，最早可以追溯到苏珊·库珀的《黑暗崛起》和奥森·斯科特·卡德的《安德的游戏》。出乎很多观察家意料的是，这种故事情节突然在青少年小说中流行了起来。究其原因，有多种解释：迷恋名人文化的出现，电视真人秀的崛起，社交媒体的空想效应，或者上述原因都有。

不论原因何在，反主流文化人士大获成功，这已是当今一大主题。以迪士尼电影的演变为例，早期的迪士尼动画电影，如《灰姑娘》《白雪公主》《匹诺曹》，主题都是突出善良、耐心、勇敢和忠诚。但在 20 世纪八九十年代，迪士尼文艺复兴时期，《小美人鱼》《阿拉丁》《美女与野兽》《花木兰》等电影中的价值观发生了很大变化，主题都是突出英雄人物的独立自主、自力更生，以及不惜蔑视权威也要拥抱梦想的精神。迪士尼电影《冰雪奇缘》的主题曲《随它吧》，映射出一种任由世界万劫不复的处世态度，如今已是声名狼藉，因为它传递出的是一种任性而为、释放自我的信息，但同时，它也让迪士尼赚得盆满钵满。截至 2016 年，《冰雪奇缘》一直高居动画电影票房排行榜榜首，几乎所有 2~12 岁孩子的父母至少看过一遍。

1967 年，好莱坞山的居民向地方商会请愿，集体抗议富有反叛精神的嬉皮士。那时，他们也许想不到，将来会有一天，这种反叛会被中产阶级欣然接受，甚至，不仅是被欣然接受，而且成为有益的元素。挑战权威是现代故事的重要情节，“另类”不再意味着“危险与颠覆”，而是代表着“强大与独立”。

与此同时，出售反叛风格的服饰，已经成为一宗大买卖。文艺复兴风格的紧身胸衣，在维密品牌内衣店里比比皆是，细高跟鞋和镶满钉饰的黑色皮革，定期亮相米兰的时装表演，地方药店的货架上，蓝色、紫色和粉红色染发剂与铂金色和棕色染发剂比邻摆放。

我们给粉丝迷恋贴上了污名标签，可谁又知道，当前受人鄙视的粉丝迷恋运动，哪一种将会成为未来经济的支柱。

为了保护自己创造的文艺复兴集会，菲莉斯·帕特森花费很长时间，突破了重重阻碍，才使集会得以蓬勃发展。当地居民经历了更长的时间才认识到集会对旅游业、土地价格、舞台表演、手工艺加工以及现代文化的正面影响，承认它是有价值的商业活动。

短短几十年里，经济形势发生了巨大转变。2007 年，下面这封信抵达了“狂躁恐慌”总部。

亲爱的朋友们：

祝贺“狂躁恐慌”成立 30 周年！

纽约是世界上最令人激动的城市，这里是朋克摇滚的发源地，有形形色色的人物，这里的生活时而会变得狂躁恐慌，任何在高峰时刻走进车水马龙的街道的人，都知道这一点。我们的居民非常喜欢你们的染发剂、服装和化妆品，这毫不令人惊讶，你们极大地推动了地方经济的发展！…… 我知道，在未来几年里，你们将会让我们的城市变得更加令人自豪。我谨代表纽约市，为你们献上最美好的祝愿，祝愿你们辉煌永续。

市长迈克尔·R. 布隆伯格谨上

第四章
给予粉丝应有的身份认同

个体可以通过对某个组织的认同，与之建立有益身心健康的联系。人与人基于共性形成朋友圈，并保持紧密联系，具有巨大的优势。我们既想要一种独特、与众不同的感觉，又想获得一种归属感。粉丝迷恋很好地跨越了这个悖论，允许我们既能展示独特的个性，同时又受到一个更强大的组织的支持和保护。

弗里达的玛格丽塔

弗里达·卡罗公司在免费发放玛格丽塔酒。雪融机中柠檬色的冰状混合物在不停地搅动，哗哗撞击着塑料容器壁，它的味道很好，纯净而不失柠檬香，完全可以进入“五月五日节”的高档酒吧。弗里达·卡罗龙舌兰酒的宣传网页上这样写道：“100% 的蓝色龙舌兰，上好的白色龙舌兰，黄色龙舌兰，陈年龙舌兰！墨西哥文化的精髓，激发弗里达的生活激情，满足您的味蕾……享受了弗里达的代表画作，接着享受她对生活的激情吧——龙舌兰酒！”

在一张招贴画中，艺术家弗里达·卡罗在聚光灯的强光照射下，衣着绚丽，黑色一字眉，双目圆睁。一个基座上，摆放着弗里达·卡罗雕塑。一双匡威运动鞋上，印有她的签名。一双牛仔靴上，也有她的签名。亮光纸印刷的弗里达·卡罗公司授权产品宣传册上，有啤酒、磁铁、鼠标垫和日历。意大利著名内衣品牌拉佩拉出品了弗里达·卡罗胸衣，万事达信用卡专门设计了弗里达·卡罗信用卡，流行服装品牌飒拉的女式衬衫上印有弗里达·卡罗的头像。到处贴满了公司的官方口号——“弗里达·卡罗对生活充满激情”。

真实的弗里达·卡罗是一个颇为复杂的人物，她是女权主义者、政治活动家、墨西哥爱国主义者，当然还是成就辉煌、饱经磨难的艺术家。她在年幼时患上了小儿麻痹症，后来又遭遇车祸，全身多处粉碎性骨折，余生中伤痛如影随形。她与声名显赫的墨西哥艺术家迭戈·里维拉的婚姻错乱纠缠，两人风流韵事不断，弗里达与无数男性、女性有染，迭戈也与很多人发生关系，甚至包括弗里达的妹妹。弗里达是忠诚的共产主义者、斯大林的积极支持者，同时也热爱斯大林的对手——列昂·托洛茨基。她的画作以反映悲惨、孤独生活的自画像为主：仅有露齿微笑的头骨、没有完整头部的年轻弗里达·卡罗，腿部和脚部鲜血淋淋的弗里达·卡罗，戴着荆棘项链的弗里达·卡罗，流产后躺在病床上浑身是血的弗里达·卡罗。她 47 岁去世，死因至今存在争议，官方结论是死于肺血栓，而有的说法是死于药物过量。

天然护肤品公司官媒发布的一则消息称："弗里达·卡罗非常喜欢芳香疗法。"该公司的招牌产品 Omega-3 抗衰老抗皱面霜含有迷迭香精油和日本绿茶等成分。2007 年，天然护肤品公司从弗里达·卡罗公司获得授权，以弗里达·卡罗冠名它的产品，并使用宣传语——"对生活充满激情"。

内华达州拉斯维加斯曼德勒海湾会议中心举行品牌授权博览会[①]的第二天，弗里达·卡罗公司极力招揽更多天然护肤品公司这样的授权生产商。公司的展厅在"人物和娱乐"区，色彩与图像都是墨西哥风格的，因为墨西哥是卡罗的出生地。销售代表

① 书中所提到的品牌授权展览会活动主要指 2014 年展览会，但有部分报价和特定活动是在 2013 年展览会上进行的。

将小册子和玛格丽特酒分发给经过展厅的人，他们大多是从“超能战士”展厅那边过来，前往楼上“海底世界”展厅的人。“听说过弗里达·卡罗吗？她在年轻人中很火啊，已经在推特上风靡了。我们公司特别受18~25岁年轻人的欢迎。”一名销售代表这样说。

粉丝买卖

拉斯维加斯品牌授权展览会在会议中心举行，在展览馆的旁边是一个名为“鲨鱼礁”的160万加仑水族馆展示柜。室外烈日炎炎，空气似乎要燃烧起来。入口处，孩子们蜂拥进入会议中心冰凉的空调世界，拥挤着乘上自动扶梯，去参观水族馆。成千上万的生产商、品牌所有者、媒体分析师朝着相反的方向，经过“托马斯和他的朋友们”（Thomas & Friends）以及邦乔维（Bon Jovi）摇滚乐队的海报和雕像，进入宽敞的南会议厅。南会议厅就像一个高级跳蚤市场，不同之处在于，这里的商家没有携带大量货物。品牌授权展览会看上去类似圣迭戈国际动漫展之类的流行文化主题展览会，但是销售的商品却大相径庭。

这里是买卖粉丝的地方。

授权即是粉丝商业化。对于很多品牌、名人以及媒体而言，最有价值的资产往往不是产品，而是受众。当受众规模发展到足够大时，对生产商和品牌所有者来说，他们就非常有价值了。授权是为其他商家提供购买品牌产权，将之用于生产新商品的权利。

授权已经非常普遍，人们早已司空见惯。将“芝加哥熊”商标或“米老鼠”的头像印在一个衬衫或棒球帽上，对所有参与方来说都是双赢的事。授权商几乎不需要付出任何额外劳动即可获利，通常是产品批发价的3%~22%。作为回报，生产商获得一款畅销服装产品，同时还获得现成的粉丝群体，作为产品销售的对象。消费者则能买到一件时髦的T恤。

对于一部电影来说，一个热情洋溢而又有钱的粉丝群体，也许比票务销售更有价值。动画故事片《神偷奶爸》票房大获成功，全球总收入高达5.43亿美元。但在品牌授权展览会上，它又化身为可以出售的品牌。影片中有两样独特之物赢得了消费者的喜爱：一只独角兽毛绒公仔（影片中年轻的艾格尼斯为之惊呼：“它毛茸茸的，我爱死它了！”），一群口齿不清的小黄人仆从。二者都出现在各式各样的商品上，包括万圣节服饰、胶带、折叠椅、背包、清凉薄荷糖，当然还有T恤。

“好像人人都有一件蜘蛛侠T恤。以前，我上中学时，谁都不想穿一件印有漫画或卡通图像的T恤去出丑，那简直会要了人命。但是，1990年以后出生的人，不会为此感到耻辱。他们一点都不觉得尴尬，反而非常喜欢。我想，你甚至会因为没有一件美国队长图案的T恤受到排斥，它在全球范围内太受喜爱和欢迎了。如果穿一件没有美国队长图案的T恤，你就成了怪人。一件运动衫，要是没有美国队长图案，连上帝都会禁止你穿。”先锋娱乐公司的杰西·德斯塔西奥说。作为公司的业务发展副总裁，他的工作是帮助被授权商（粉丝对象所有者）和寻求产品冠名品牌的潜在授权方建立联系。

杰西·德斯塔西奥说："在我职业生涯的早期，我经手的最大品牌之一是电影《暮光之城》的系列产品。之前，没有人想到它会火起来。但现在，它在全球名声大噪，具有极高的商业价值。《暮光之城》的作者斯蒂芬妮·梅尔捕捉到了最普遍的东西。《暮光之城》讲述的是第一次爱上某人时那种抑制不住的新奇感和欲望，这通常发生在进入青春期的时候，它令人困惑、压抑又痴迷。贝拉对爱德华的渴望，对雅各布的困惑，这些感受我们都曾有过，无论男女。

"最终，女孩子对贝拉产生了身份认同感。我想，她们在日常生活中或多或少体会到了读《暮光之城》小说或看电影时的感受。也许这会让你想到图腾，没错，消费者产品就是图腾，它就是你喜欢的一个品牌或一个角色的图腾，就是要提醒你，让你想起它。"

用授权术语来说，《暮光之城：新月》或者《神偷奶爸》这一类电影，就是一个广告、一个诱饵，把广大消费者诱惑到一个赚大钱的行当之中。最初，相关消费品仅仅是T恤和招贴画，现在则是包罗万象，各种产品都有。有"暮光之城"钥匙链、戒指、项链、饭盒、首饰盒、智力玩具、水瓶、钱包、人偶、蜡烛、腰带、收藏卡、抱枕、雨伞、手表、大手提袋、羽绒被、电吹风和化妆品，还有"暮光之城"婚纱。

截至2015年7月，《神偷奶爸3》上映之际，环球影业公司通过该电影的产品授权，收益已达25亿美元。虽然环球影业公司认为，其中只有一部分是来自特许权使用费，但它依然是个相当可观的数字。

当然，授权商和被授权商梦寐以求的是经久不衰的产权，即一个永远知名的品牌。“一想到经久不衰，进入我脑海的便是《星球大战》。我觉得凯蒂猫和乐高是万古长青的品牌，与它们相关的一切都无比美妙，总是惹人喜爱，商店的货架上从来都少不了它们。它们不受流行趋势的影响，将永远存在。有些品牌可能会经历盛衰浮沉，但最终，总会有感兴趣的买家。”德斯塔西奥解释说。

470 名授权商出席了会议，带来 5000 多个品牌、名人、媒体产权、艺术作品，以及其他所有生产商有意愿投资的东西。所有展厅，其中不乏耗费了数万美元才搭建而成，都在宣传某个特定产权的授权优势。墙壁上贴着艺术作品、关于粉丝团规模与热情的统计数据，以及未来开拓与宣传广告计划。相比之下，弗里达·卡罗公司的展厅要简易得多，它的许多展台上只放着一个精美的徽标，白色墙壁上没有张贴物，保安也只有一个。要想进入卡通网络、英国全球广播公司、不爽猫或精灵宝可梦等抢手品牌的展厅，通常需要预约。

“人物和娱乐”区还推出了很多其他与知名人士、媒体以及风云人物相关的产权。恩德莫尔授权公司的展厅推出的是电视节目《老大哥》《成交不成交》《恐惧元素》，以及著名电视节目主持人史蒂夫·哈维。核心媒体集团力推的是猫王埃尔维斯与他的雅园、真人秀节目《舞魅天下》、拳王穆罕默德·阿里。在“人物和娱乐”区的角落位置，现场音乐演出承办商现场国度推出的是涅槃乐队、酷玩乐队、林纳德·斯金纳德乐队和武当派乐队。

玩具制造商孩之宝的双层展厅，配有水晶吊灯和定制木地板，墙上贴着动画片《小马宝莉》的大幅剧照。照片前，两位身穿粉色礼服的女士在演示《小马宝莉》主题化妆。6位身穿职业西装的中年女性在排队等候，想要给她们颜色暗沉的鬈发和娃娃头式短发接上粉色和紫色的头发。

有机酸奶生产商石田正在给很多寻找知名母品牌的食品公司授权，它的授权代理商真实品牌公司（“今天我们可以把你的品牌带到哪里？”）同时还代理了倍儿乐女性用品、历史频道和茱莉亚学院。授权产品年销售额高达13亿美元的可口可乐公司的展厅面积很大，很多人围在那里，高高举起手机，为正在唱企业歌曲的合唱团拍照。视频游戏《俄罗斯方块》正在高调展示，它在内衣、马克杯、压力球和刮刮彩票等授权产品中取得了巨大成功。童子军组织在招徕更多的客户加入已有的150个被授权商中，其中包括即食麦片、炊具和手杖生产商。商业营销资源公司的展厅里（吉普汽车公司、希尔比利饮料公司和美国步枪协会都在里面），展出了很多枪支系列的冠名产品，有宠物用品、太阳镜、打火机，以及名为“美国步枪协会胖男孩”的枪械保险柜。两个露脐女模站在展品前，摆好姿势，供人拍照。

从展览会展厅的一端，沿着铺了地毯的走廊走到另一端，需要花半个小时。作为一个行业展会，参展的人基本都是中年人，安静、务实、高效。他们大都身形矫健，戴着时尚眼镜，穿梭于各个会议厅之间，连走在自动人行道上的时候，都低头盯着平板电脑或产品目录。有些人不惜弄皱衣服，蹲在电源插座周围的地毯上，给平板电脑和手机充电。窃窃私语的人群中，传来断断续续的谈话声：“尝试说点含而不露的威胁性话语，比如‘那我们再考虑一下美国之外的地方，或其他什么地方’‘我们还是再去找都市服装店吧’。”

阅读每日会讯，便可了解私人会议的会谈结果。《花生漫画》和运动品牌茵宝将打造《花生漫画》冠名的史努比系列足球服。世嘉电子游戏公司欧洲分公司对《刺猬索尼克》复古系列的吸引力寄予厚望。“1928 珠宝公司”刚刚签约，要创建《唐顿庄园》系列的项链和耳环。美国防止虐待动物协会的动物福利活动家希望把协会会标授权给各类玩具、家居用品和珠宝品牌。女演员格温妮斯·帕特洛就品牌全球化的重要性发表了演说：“我希望，继续让世界上更多地方的更多人，接触到我们喜欢并且想要分享的东西。”她的这句话很醒目地出现在会讯中。

“也许，仅凭授权商品的认可度，只要零售店把商品拿出来摆在顾客面前，就能保证其销量达到原来的 10 倍。”德斯塔西奥这样评论，“每个产品、每个包装，货架上摆的每样东西，都是品牌的小广告牌。只要有人从热门话题公司的货架旁走过，看到你的商标，就构成了一种面对面的互动，它是非常有价值的，在日益数字化的世界中，尤其重要。”

展览会的头号赢家是谁，不难预料。2015 年，位列第一的授权商是迪士尼公司，销售额高达 450 亿美元，名列前 10 的还有美泰公司、三丽鸥公司、华纳兄弟电影公司和美国职业棒球大联盟。通用汽车公司和法拉利汽车公司等汽车制造商也表现不俗，和著名的安德鲁·威尔医生的“威尔生活方式”保健品一样，收入高达上亿美元。

对于授权商而言，品牌授权展览会是“购买”新个性的最佳机会，必须精心选择与哪种产品合作。在未来一年里，他们的品牌就要借这些产品获利。虽然每份合约都企图利用品牌授权商的粉丝，但它同时也会改变品牌的含义。“书呆子”糖果是一盒覆盖着酸味糖衣的水晶糖，一旦该品牌与服装公司签署授权合同，它就多了一层含义，摇身一变成为时尚的代言。

会议中心北侧拐角处，有一个宽敞的白色展厅，正在展示教皇方济各的照片。照片挂满了一面墙，上面配有“世界末日教皇”的标语。几位魅力十足的意大利女士，穿着搭配相宜的裙子和浅口鞋，站在那里，似乎随时会伸出援手。“这是我们的一大亮点，它会把那些本不会进入这里的人吸引过来。”其中一位说。教皇已被列入“人物和娱乐”名录，他把自己的名字、签名、照片和官方口号（“为我祈祷”）作为产权，授权给他最喜爱的圣洛伦佐橄榄球队，当作给球队的福祉。他授权的产品包括背包、衬衫、运动衫、笔记本和橡胶手环。

看到自己的热情、回忆、忠诚甚至精神与金钱挂钩，我们也许会心有不安。对许多人来说，这些产权以及它们代表的事物，全都与个人体验相联系。我们会说：这是我们第一次观看《星球大战》或者第一次参加迪士尼世界的春季之旅；这是和奶奶一起烘焙“陶尔之家”饼干的记忆；这是我们的社区，我们的精神家园。从商业价值来考量这些联系，把它们当作可以出售给出价最高的人的商品，会有一种反乌托邦的感觉。我们很容易想象这样的情景：会议室里，影影绰绰有几个人，在秘密策划着，决定下一年被推崇和热爱的是什么。但事实并非如此。

“我刚刚从照片墙（Instagram）上买了一双拖鞋，这是我买过的最好的鞋子。如果它的牌子是‘合金装备’，我是不是更愿意购买？是的，一定是百分之百愿意，我恐怕会飞快地点击鼠标购买。”德斯塔西奥说。

“我们生活在一个混沌的世界里，任由各种可变因素摆布，甚至连生或死都无法自己掌控。这种集体强制性，即组织和展示事物的概念，是在无序的宇宙中保持有序的方式。”他若有所思地说，“它时刻提醒大家，品牌对个人有什么意义。”

从某种意义上说，粉丝产生迷恋的主要原因之一，是与产品建立一种积极的情感联系。若非出于对授权品牌的迷恋，粉丝对那些产品恐怕看都不会看一眼，这是百分之百确定的。粉丝体验、身份认同以及成员感受是很真实的。事实上，有时这种体验不过是商人之间握手交易的结果，它几乎不会影响粉丝的感受。粉丝很擅长从授权产品中获得他们想要的东西，擅长从自己的目的出发对之进行诠释。对于大众而言，粉丝迷恋意味着什么，在自我表达中起到什么作用，都是很个性化、很真实的，即便它的起源可能是人为策划的。

拯救英国

大众根据自己在不同发展阶段的需求，进入或退出粉丝团体。学者马特·希尔斯构想了一篇粉丝发展传记，用一张图展示了一个人的粉丝迷恋程度如何与个人的变化、冲突以及成长相生相伴。青少年时期，身体内第一波激素分泌，我们也许会成为重金属摇滚乐的粉丝；初为人父人母之际，我们开始寻找育儿指导，由此可能成为婴儿玩具品牌“跳跳”的粉丝；退休以后，为了打发时光，我们可能会成为美国早期的一个玫瑰品种哈里森黄玫瑰的粉丝。

不论是一时之热，还是长久着迷，粉丝迷恋总是及时出现在人生的各个阶段。在这种情况下，粉丝迷恋几乎就是一种自我帮助，一种经历或体验人生新阶段的方式，一条“做更好的你”的途径。

英国与二战的关系错综复杂，二战虽未毁掉英国，但足以让这个处境悲惨的国度再次蒙羞。具有强烈文化优越感的英国人，在比自己装备更加精良、训练更加有素、组织更加得力的敌人的毁灭性打击中，勉强幸存下来。前去救援它的，是它曾经的殖民地，一个没有文化的后起之国。重创之后的英国，人民失去阳光充足的土地，家园一片残垣断壁，连吃的食物也要依靠外国援助。

绝妙之事恰逢其时地出现了。在 20 世纪 50 年代灰色苦楚的英国文学中，詹姆斯·邦德诞生了。邦德，一个典型的超级间谍；邦德，一位国际游客；邦德，一个超级致命武器大师；邦德，一个衣着考究，讲究美食与美酒的女性诱惑者；邦德，一个强悍而训练有素的战略家，永远逢凶化吉的大赢家。邦德系列丛书中的第一本《皇家赌场》，大部分故事情节发生在法国，当时去法国旅行超出大多数英国人的经济能力。邦德入围扑克锦标赛，美国人为了表示对其高超技艺的敬重，愉快地递给他一个圆鼓鼓装满现金的信封。在极尽奢华的一幕中，邦德居然在吃鳄梨[①]。

“对于一个陷入困境的国家，《皇家赌场》就是一剂治愈伤痛的良药。”作家、史学家西蒙·温德在《拯救英国之人》一书中这样写道。这不仅仅是逃避现实，詹姆斯·邦德开启了展示英国强大力量的全新叙事方式。迅捷快速、振奋人心、无限荣耀的间谍活动，与二战期间英国国力的损耗恰恰相反。在这种新版的英国霸权故事中，英国虽小，但默默无闻地干着了不起的大事。邦德没有像超级英雄或约翰·韦恩扮演的牛仔人物那样，受到游行庆祝和群众的赞誉，他总是在幕后秘密地工作。“也许，邦德只是一个孤胆英雄，但是，当他巡回于英国割让给美国的殖民地时，英国的读者感到欣慰，至少他保持了自己的风格，体现了英国人对不平等的英美联盟关系的自我安慰式假想。他们觉得，虽然美国佬是无可争议的老大，但只有英国人才知道如何举止得体。”威廉·库克在《新政治家》中如是写道。

伊恩·弗莱明的创作对英国文化复兴所起的作用，无论怎样评价都不为过。他是在正确的时间、正确的地方出现的正确的人，

① 鳄梨产自热带，1939 年之前在英国市场上几乎买不到，二战期间开始有少量进口，在整个 20 世纪 50 年代，一般人是吃不起的。

制造了一个让英国人坚持下去的理由。

人类一直探究世界的运行方式，探究应该如何行动才能生存并取得成功。我们应该怎样行事？我们属于哪里？我们身上正在发生什么？传统上，对这些问题的回答，靠的是神话、宗教、当地社区以及家庭提供的故事和警示。神话是教授文化规范的便捷方式，敲木头警告嫉妒的仙女这类神话故事提醒我们，“不要把好运视为理所当然”。

在现代社会，人们并不满意这些答案。在运输无处不及、住所变更极其普遍的时代，大家庭、传统的社区关系以及宗教等信息源的影响，已经比以前微弱了。我们现在明白，没有任何一种单一的信息来源是可靠的。对许多人来说，对家庭、故乡、童年精神的反叛，是他们“长大成人”的重要组成部分。随着传统神话的渐渐淡出，我们有理由寻找这些人性化问题的其他答案。

1986 年上映的电影《魔幻迷宫》受到生于 20 世纪 60 年代的很多人狂热追捧。这是一个年轻女子从小精灵国王的魔爪中救出弟弟的故事，情节简单却引人入胜，女主角萨拉成为很多人的首个迷恋对象。在线资源库 fanfiction.net 中有近万部《魔幻迷宫》跨界粉丝小说，即根据电影编写的萨拉及其勇敢的另类朋友们的后续冒险故事。

每个粉丝续写的故事中，只要有影片中的人物与一个新出现的恶棍发生争斗的情节，就会有 5 个关于萨拉如何与日常生活中的困难抗争的细节。每搬迁到一个新的精灵小镇，萨拉就面临着精灵恶霸、性欲、抑郁症、焦虑、虐待等问题，第一次怀上小精灵，身体出现并发症，萨拉感到无比紧张。精灵医生坚持要求她卧床休息，萨拉会是什么感受？很显然，当这些故事出现时，无论情节如何，它们都已经完全个性化了，不再是原来的那个冒险故事。

伊恩·弗莱明创作詹姆斯·邦德的原因，不是什么秘密。他本人是战争中的活跃分子，但对胜利者而言，二战后暗淡的新世界并非战利品。“如果说弗莱明出生在大英帝国的巅峰时期，”库克写道，“那么邦德则出生在大英帝国走向衰败之际。”面对新的社会现实，英国民众急需一个现实主义英雄，詹姆斯·邦德的出现，恰恰迎合了民众心理。

邦德名声大噪，邦德系列电影成为英国重要的出口产品，连同世界范围内大获成功的甲壳虫乐队一起，迅速改变了世界人民眼中的英国人形象，也改变了英国人民眼中的英国人形象。温德写道：“不论是作家，还是作家笔下的人物，没有任何人能比弗莱明更有力地推动英国，让英国实现了从皇家帝国向欧洲国家的巨大转变。弗莱明设法做到了，他对战时英雄形象的刻画，激励着每个人前进。”

某种事物之所以能够成为粉丝迷恋的对象，是因为它满足了粉丝生活中某种根深蒂固的需求。也许，粉丝在寻找一种新的哲学或视角，一个新的朋友圈，抑或一种打发时间的新方式。在这个意义上，粉丝迷恋与粉丝的生活现状及其对生活的感受密切相连。随着粉丝生活的起落变化，粉丝迷恋也随之变化。粉丝迷恋对象创作了现代神话故事，告诉每个人，该如何应对当下的世界。

粉丝迷恋是健康的

选择粉丝团体时，我们有多大的自主能动性？涉及我们喜欢的事物，我们有多大程度的控制力？也许，我们大多数人并不关心归属关系的根本性质，就像我们可能从不会有意识地考虑这种归属关系带来的生理、心理或社会性益处。人们为何在困惑时期选择一种新的粉丝迷恋，对之进行解读也许很简单，但在现实中，人的选择过程往往是潜意识的，只有大脑知道我们需要什么，并会为我们做出选择。

2005 年前后，研究人员丹尼尔 · L. 万恩和他的合作者，针对体育粉丝会员身份的益处，开展了多项研究。在其中一项研究中，万恩选择了肯塔基州的 155 名大学生（男生 59 名，女生 96 名），调查他们在一支地方球队粉丝团体中的参与度与身份认同度。他要求这些大学生填写量表，对自己的社会自尊和总体生活满意度进行评分。为了对照，他们问学生，对一支自己比较关注，但因距离遥远而无法深度参与其粉丝团体活动的球队，有何感受。

研究结果非常明确，团队身份认同程度越高，即“粉丝视所在团队为个体的延伸”的程度越高，带来的社会尊重和个人自尊程度越高，幸福感和其他积极情感越多。整体上，粉丝感到自己被疏远或感到生气的可能性较低，向人述说自己孤独、抑郁或疲劳的可能性较低。这些结果，不是因为对体育运动感兴趣才意外产生的。一个粉丝，如果关心球队，并能接触一批和自己一样的粉丝，就会真正感到更加快乐，也会更加健康，尤其是当球队连连获胜时，更会如此。

尼尔·L. 万恩提出了一个复杂的回馈互动假设，他称之为“团队身份认同—社会心理健康模型”。根据该模型，球队粉丝会因为粉丝团体归属关系，过上更幸福、更充实的生活，虽然他们不是有意为之。粉丝往往因追随一支地方球队，而产生归属感和友情。乌鸦队所在城市巴尔的摩，到处都是乌鸦队的粉丝。大街上，很多人穿戴着有乌鸦队徽标的球衣和帽子，谈话经常提及乌鸦队的活动。当地形成了许多与乌鸦队相关的风俗习惯，比如观看球赛、开车尾派对，或举办观看活动等。“在这种环境下，地方球队的粉丝感到自己属于一个比自我更强大的团体，是其中的一分子，由此建立了与社区中其他人的重要联系，获得友情感。”万恩解释说。

在团队环境中，球队输球，教练离队，丑闻发生，这类事件让粉丝学会了有价值的心理补偿技巧，包括如何远离压力源，如何进行“悲观主义追溯”（感到失望之后，修正记忆中原先抱有的希望）和群外减损（把沮丧情绪发泄到对手身上，而不是发泄到自己身上或者与同伴相互发泄）。在团队环境中，当自己支持的球队获胜时，粉丝会自我感觉良好；当球队未能取胜时，粉丝则学习如何控制自己的情绪。

我们是类人猿的后裔，之所以能够幸存，是因为我们具有为实现共同目的而成群结队的意愿。虽然我们进化得越来越复杂，但这种意愿从未消失。个体可以通过对某个社团组织的认同，与之建立有益身心健康的联系。如今，人类无须再因为求偶或狩猎猛犸象，依赖宗教力量召集部落群体，但是基于共性形成朋友圈，并保持紧密联系——社会学家称之为“自己选择的家庭”，仍然具有巨大的策略优势。

如第一章所述，社交分享是最基本的粉丝迷恋活动。社交分享是一种快捷方式，可以利用已有的亚文化框架，在安全的环境中建立信任，获得认可，传递重要信息，学习新技能。任何一个曾经参加过粉丝大会的人都能证明，粉丝大会的确可以为求偶创造宝贵的机会。

市场营销学教授伯纳德·科瓦、罗伯特·科齐内斯和阿维·尚卡尔称粉丝迷恋为从众性超越，这是一种在成为某个比自己更强大的团体中的一分子时产生的曼妙感觉，一种既振奋又舒适的感觉。成为新的宗教或政治运动的成员，在地方运动队活动中参与度的提升，或者加入柯基犬国家队（威尔士短腿小牧羊犬的粉丝团体），都能够触发这种感受。所有这些粉丝团体，都是在利用人类祖先早已懂得的回馈循环，所以获得同样的心理益处，也不足为奇。

团体由个体会聚而成

电视动画剧集《南方公园》中有这样一个片段：小学生斯坦问一群哥特孩子，怎样才能像他们那样，成为对抗主流社会的另类分子。染着黑发的哥特孩子告诉斯坦：“若想成为另类分子，就要穿和我们一样的衣服，听我们的这类音乐。”尽管这只是为搞笑而写，但不无道理。没有多少行为比选择一个意想不到的团体并按照它的规矩行事更具个人主义色彩了。如果背后有一个更大的团体的支持，让我们确信自己依然是被社会认可的，那么表达个性就容易得多。

粉丝迷恋有两种截然不同的动机，一个是在个体层面上认同粉丝迷恋对象的需求，另一个是想要成为某个更大团体的一员的冲动，这个团体与自己往往拥有相似的特征和共同的目标。我们既想要一种独特、与众不同的感觉，又想获得一种归属感。粉丝迷恋很好地跨越了这个悖论，允许我们既能展示独特的个性，同时又得到一个更强大的组织的支持和保护。

“身份认同休闲”（identity leisure）描述的是通过多种尝试寻找最合适的个性的过程。很多人，一生中经历了对数十种不同阶段的不同亚文化的身份认同，如哥特阶段、嬉皮阶段、独立音乐阶段，可能还有十几个其他阶段，个性才得以定型（至少，在下一个剧变期之前定型了）。

每个粉丝对象都伴随着新的社会团体、活动、道德规范、社会规范和价值观的出现而出现，粉丝迷恋则涉及对不同粉丝对象的认同，尝试不同的粉丝迷恋，就是要找到“哪里适合我”的答案。它允许我们迅速从一个自我概念转向另一个概念，允许我们在一系列支持性环境中尝试新的哲学、政治、爱情、友谊和叛逆。

向团体成员显示，自己和他们同属于一个团体，这是建立身份认同的重要部分。当我们选择粉丝迷恋，将自我意识与之联系起来时，哪怕是一种暂时的联系，我们都是在寻找方式，表达自己与外部世界的归属关系。虽然铁杆粉丝可能会尽自己所能，自行制作粉丝行头——服装、配饰、艺术品，但是大多数传统消费者情愿购买他们的部落色彩。

品牌授权展览会可以为粉丝提供他们所需的这一切。供应商正是凭借粉丝团体的忠诚，出售它们的T恤、招贴画、耳环、钱包、腰带、玩具以及冷冻食品。粉丝则仰仗供应商提供的贴心产品，以此炫耀自己的归属关系。

哈利·波特与巧克力公平贸易

随着粉丝迷恋成为身份认同的核心，粉丝自然而然地开始探索其所在团体的意义和目的，也就是开始探索身份的意义。一个共享的身份是非常强大的，可以赋予个人力量。

很多粉丝团体都有内在的理想主义神话，作为他们乐善好施的自然出发点，我们姑且称之为乌托邦式粉丝迷恋的意外收获。兄弟会、基瓦尼斯俱乐部、共济会这样的社区组织，召集聚会常常是为了支持某些社会事业，而这些社会事业与它们的核心活动基本无关。实际上，粉丝团体已经意想不到地成为看似与之无关的社会事业的聚集点。

有时，粉丝对象所参与的社会与正义问题，对他们自身有利。比如，流行歌手Lady Gaga作为女同性恋、男同性恋、双性恋、变性人及酷儿等公民权利运动的代表人物，为自己赢得了不少观众（之前，歌手麦当娜也是如此）。她的粉丝数量，已经超过了她原有身份所吸引的粉丝，显然，这具有积极的潜在收益。

巧克力奴隶制，即在生产和收获可可豆时非法使用童工，是极其残忍的。年仅 5 岁的孩子被诱拐或贩卖，成为西非可可种植园的劳动力，在那里为世界各地的糖果爱好者供给原料。巧克力产业的价值高达 1000 亿美元，所以试图报道这种儿童奴役现象的活动家和记者时常受到恐吓或暴力威胁。尽管如此，2014 年底，一个叫“哈利·波特联盟”的组织开展了一项“不要打着哈利的幌子”的运动，在揭露巧克力奴隶制方面取得了一点进展。

乍看之下，可可农场与美国的哈利·波特媒体帝国之间似乎没有多少联系。实际上，华纳兄弟电影公司掌握着《哈利·波特》电影特许经营的授权，在自己的商店和主题公园里销售哈利·波特系列的巧克力青蛙，去哈利·波特主题公园游玩的粉丝有时会吃巧克力。当然，这不是一种直接的关联。尽管如此，近 5 年来，哈利·波特联盟开展了一场轰轰烈烈的活动，力图说服华纳兄弟电影公司将巧克力青蛙和其他哈利·波特系列的巧克力商品变为公平交易。

对于许多千禧一代而言，首次阅读《哈利·波特》是具有历史意义的时刻。这是一个真正风靡全球的粉丝迷恋，影响范围极其广泛。几乎每个人都可以用自己希望的任何方式与之发生关联。失败者、成功者、服装供应商、厨师、手工艺人、演员、学者、运动员、反叛者、浪漫主义者、不善交际者等，不论是谁，都能在书中找到与自己相关的内容。2005 年前后，《哈利·波特》掀起一股迷恋热潮，粉丝对故事人物西弗勒斯·斯内普、幻象术、占卜术的崇拜，达到了近似宗教般的狂热，还出现了大批修女般虔诚的追随者，被很多人戏称为斯内普夫人。

2005 年，一群哈利 · 波特超级粉丝创立了哈利 · 波特联盟，其成员包括喜剧演员安德鲁 · 斯拉克以及翻唱乐队哈利与波特的成员（该乐队以《伏地魔无法阻止摇滚乐》和《巫师世界的经济毫无意义》等歌曲而闻名）。他们表示，哈利 · 波特联盟致力于传播《哈利 · 波特》系列小说中的高尚道德与理想，还召开了“格兰杰领导力学会”会议，会议以小说中循规蹈矩、乐善好施的人物赫敏 · 格兰杰的名字命名。“你的一生都在听别人讲述伟大英雄的故事，现在，是你自己成为一位伟大英雄的时候了！”联盟网站上这样写道。

保罗 · 德乔治是联盟的联合创始人之一。“我们不是只关心某一个特定问题，哈利 · 波特联盟不仅致力于女同性恋、男同性恋、双性恋、变性人及酷儿权利或其他某个问题，还关注很多问题。我们在努力探究这些问题与我们的工作之间有什么联系，为什么粉丝应该参与其中。”

哈利 · 波特联盟和哈利 · 波特授权商之间的联系可谓千丝万缕。粉丝想要提升影响力，大可不必在消费层面反对一个品牌，比如抵制该品牌的产品。也许，在外人看来，粉丝似乎是想鱼和熊掌兼得，但事实并非如此。对于消费者来说，若想让自己的声音被别人听见，只需选择另一个优质的产品，需求即可得到满足。但粉丝却不同，他们不一定有这样的选择。

哈利 · 波特联盟呼吁华纳兄弟电影公司调查劳工问题，但华纳兄弟电影公司回复说，有一份报告可以证明，公司在雇用劳工方面不存在问题，于是，哈利·波特联盟要求公布那份报告。也许是感到情况不妙，华纳兄弟电影公司拒绝了联盟的要求。于是，出现了一个广为传播的视频请愿运动。“阿不思·邓布利多要求我们在做正确的事和做容易的事之间做出选择。现在，我们对你们提出同样的要求，请出示报告。”请愿书中写道。最后，不得不由律师出面解决这一问题，甚至 J. K. 罗琳也被卷入争端。

12 月 22 日，华纳兄弟电影公司致信哈利·波特联盟，默认存在劳工问题。信件内容言简意赅：“感谢在这个重大问题的讨论中，有你们的参与。我们珍惜并感谢哈利·波特联盟成员以及全球哈利·波特粉丝的集体发声，感谢粉丝对哈利·波特世界的热情与厚爱。”自此以后，所有的巧克力都将经过国际互世认证组织（UTZ）或公平贸易组织的认证。

“我们赢了！”到处都是宣告胜利的博文。

华纳兄弟的资产高达数十亿美元，哈利·波特系列巧克力是它诸多经营活动中微不足道的一个，公司有能力回应那些力图对其商业模式做微小改变的粉丝，只需付出小小的代价，就可以让数百万忠诚的哈利·波特狂热粉丝，继续涌向它的主题公园，使用它的钥匙链，穿戴它的项链、手镯和 T 恤，挥舞它的仿制魔杖，观看它的电影，当然，还会吃它的巧克力。

你喜欢史密斯乐团吗？我喜欢

“你喜欢史密斯乐团的莫里西吗？你喜欢亲热举止吗？倘若你

对这些问题的回答中，有一个‘是’，那你应该来参加‘天知道我现在很痛苦’活动——一个史密斯乐团、莫里西音乐与闪电约会完美结合的魔幻夜晚……”

接下来，响起一阵布鲁克林特有的高音，高音结束后便是，“快来吧，否则我会刺伤你”。这是一个闪电约会的现场。所谓闪电约会，就是花几分钟时间与多位异性轮流交谈，循环约会，这种情节在很多浪漫喜剧和情景喜剧中都出现过。闪电约会各种各样，如犹太人闪电约会、运动员闪电约会、社交舞者闪电约会和厨师闪电约会，有一个主题公园还举办了过山车闪电约会，约会时间正好是乘坐一次过山车的时间，只有 49 秒。

也许，忧郁摇滚歌手史蒂文·莫里西的粉丝举办的闪电约会，并没多少独特之处，但它是最具严肃浪漫意义的闪电约会。在过山车上闪电约会，随着地心引力的升级，过山车车友双双坠入爱河，也许不无可能，但史密斯乐团的粉丝在选择约会对象时，更有可能选择与自己有共同特征的人。

参加这项特殊活动的人，都是有文身、非常害羞，而且穿着入时的人。换句话说，这群人过于害羞，如果没有一个合适的机会，很难聚在一起。一些潜在约会者跨越两条河流，从新泽西州远道而来。活动参与者轻松愉快地谈论着家长里短和流言蜚语，至少有一对夫妇，是在这里的闪电约会上谈到伤心流泪的故事，最终走到了一起。

虽然基于对音乐的共同爱好而约会是一个新生事物，但通过粉丝迷恋活动挑选约会对象却是由来已久的做法。

克里斯蒂安·鲁德尔是世界上最大、最活跃的约会网站OkCupid的联合创始人。当初，在开发OkCupid的工具之时，他与其他创始人都希望能够根据详细而重要的性格特征匹配约会者，这样的细节在个人资料中往往不易看到。于是，他们设计了一系列个人测验和问题，并要求用户解释做出每项选择的原因。

在个人资料区，他们鼓励约会者填写比较详细的个人信息，充分展示个性，如“我最喜欢的书、电影、表演、音乐和食物”“我很擅长……”“对我来说，永远不可或缺的6样东西”等。结果，约会者的个人资料中，简单的自我描述（如“我很好”“我很有趣”“我喜欢旅行”）减少了，而用事实细节证明自我的内容增多了（如“我在施粥所做义工”“我的业余爱好是脱口秀”“我刚刚从蒙古徒步旅行回来”）。这就是小学作文教师所说的，“要示例证明，不要平铺直叙”。

“42号发动机”[①]是一个寻找女伴的男性，他希望全世界都知道他多么热爱克林特·伊斯特伍德的电影，他说自己近来正在阅读中医书籍，还涉猎梭罗、凯鲁亚克和亨特·S. 汤普森等人的著作。“巡回者”说，他花了很长时间思考蝙蝠侠的政治思想。“独角兽”主办过游戏大会，而且还拥有一副谷歌眼镜，但很快又澄清，自己还是一位亲女权主义者。“W博士”在个人资料区发的照片上，身穿“神秘博士”系列T恤衫。“75号观察者”在扬基队比赛现场。“爱音乐播放人”正在播放音乐。“34号高科技”写

① 为保护个人隐私，此处出现的并非真实姓名或网名。

道：“如果你对《黑客帝国》百看不厌，而且想遇到一个懂《黑客帝国》哲学的人，那我就是你的女人。”

这绝非意外，鲁德尔说：“在马丘比丘或者埃及金字塔前面拍摄的照片，简单明了地向潜在约会对象宣示，‘我喜欢旅行’或‘我愿意继续旅行’。当人们分享激情时，相互联系的可能性就增大了。”

根据2012年的一项非正式研究，男性查看约会对象的个人资料用不了一分钟，而女性则会花费近一分半钟，比过山车闪电约会的时间稍长一点。

社交网络的兴起，使我们每天结识新朋友的数量成倍增长。一个世纪以前，除了城市中心地带，城里来位陌生人就像是天外来客，人们可以谈论好几个星期。在OkCupid上，只要点击鼠标的速度够快，一小时之内就有可能“遇到”数百名陌生人。但是，在结识新人数量飞速增长的同时，我们接触每位新人的时间却在显著减少。

简·奥斯汀的《傲慢与偏见》中，主人公伊丽莎白·贝内特花费数月时间去了解一位刚搬到附近的年轻绅士。在漫长的交往历程中，有流言蜚语、鸿雁传书，也有窃窃私语、情话绵绵，还有浪漫求婚、高雅长谈。经历了这一切，最终，在叔叔、婶婶、四个姐妹、几位密友、热心的仆人以及父母的帮助下，伊丽莎白才真正了解了他。而现在人们谈恋爱，仅仅发几张照片、几行文字。如果2012年的调查研究结果可靠，这大约只需花费60秒。要想在如此短暂的时间里交流足够多的细节，吸引约会对象，需要一点帮助。

粉丝迷恋即身份标记

狩猎季节，橙色夹克有助于狩猎者区分远足者和鹿。世界上的许多地方，使用绑腿可以起到保暖和防止擦伤的作用。棒球帽能够为佩戴者遮阳，再贵的手表也是用以确认时间。在雪地滑行，抛物形滑板比直板更好，直板比在脚上绑块板子更好，绑块板子好过什么都没有，否则就会直接从山上摔下来。

其实，对于大多数人而言，产品的颜色和设计，除了具有实用功能之外，还映射出个人的品位，宣示并保持他在团体中的地位。我们依据产品向世人言说的故事，选择自己使用的产品。任何衬衫都可以帮助我们保暖，但带有美国国家航空航天局标识的衬衫，标志着我们对科学探索的支持，或者只是一种讽刺意味的复古时尚而已。产品的价值不在其自身，而在于它向世人讲述的故事。一条女士头巾、一个眉心贴、一个六面体星形吊坠，都在宣示一种非常独特的归属关系，黑色口红、绿湾包装工橄榄球队的球衣、爱马仕铂金包也是这样。

抛开实用性考虑（当一件 T 恤衫失去了包裹穿衣人胸部的基本功能时，它已经走向了极端），购物决定是高度个性化的自我表达形式，了解自己要选择的品牌、商标以及风格，是重要的时尚表达方式，同时也是向世人、向自己炫耀身份的重要标识。

品牌装备，即作为粉丝迷恋的商业基础的产品，既是身份与会员资格的标记，也是入场券，它能够证明持有者对某一亚文化了解至深，有资格佩戴这个身份标志，这些“功能性产品”是一个团体识别成员的部落色彩。而且，这种部落色彩不像传统的文身和其他会员标记那样，必须通过加入仪式才能获得，而是可以直接购买。

身份标记是指一种向外界快速、有效宣示身份的方式，它并非一个新概念，互联网使它得以普及。在互联网上，年龄、阶级、财富、教育、政治和地理位置等传统标记都不复存在，个人喜好取而代之，成为向他人展示自我的方式。一个精心列出的最喜爱媒体清单，不仅是发起交谈的由头，还能够反映我们如何描绘自己，或者至少可以反映我们希望成为什么样的人。

简·奥斯汀在《傲慢与偏见》的很多段落中描写了伊丽莎白·贝内特的个性，如“她生性活泼好动，任何可笑之事都令她开心不已”，她“被认为是当地的美人儿”，有着“漂亮的眼睛”和“轻盈的、赏心悦目的身材”。如果用现代的简洁表达方式，我们可能会这样描述：“她很喜欢阿彻、美容博客以及瑜伽。”在个人资料中填写最喜欢的图书时，填写《傲慢与偏见》与填写《地球战栗》和《圣经》，传递出的个人信息完全不同。

社交媒体最大的成功之一是，人人都会尽力美化个人资料，这被学者克莱·舍基称为“玩具屋迷恋乐趣”。我们精心打造数字化的自我，精心挑选个人资料中展示的项目，正如贝内特小姐仔细、专注地为那位令人激动的年轻绅士挑选物件一样。在脸书之类的网站上，尤其如此，我们需要通过自己的“喜好”向世界展示自我。

具有讽刺意味的是，在当今如此注重打破刻板印象之际，许多亚文化的一个主要目的，恰恰是提供一条接触潜在朋友群体的通道。对于这个群体，我们往往已经形成某些既定的想法。换言之，粉丝是通过自己的个人爱好挑选他们想要打交道的人。毕竟，如果已经有了一个共同点，我们可能还会有其他共同的观念和生活方式，何不拭目以待呢？

当然，身份标记还有助于剔除那些可能浪费你时间的人。正如克里斯蒂安·鲁德尔所说："如果《魔兽世界》游戏对你来说真的很重要，那你绝不应该隐瞒这个事实。否则，结果会适得其反。有很多人不喜欢《魔兽世界》，在紧要关头，这些人不会喜欢你。可以约会的人有很多，不论你是喜欢举重，还是喜欢旅行，或者是喜欢《魔兽世界》，抑或是喜欢绑缚调教与虐待或别的什么东西，写得越具体越好。"

所有粉丝迷恋都表明，它是一个在极端之间寻找平衡的游戏。在个人资料中剔除有可能带来污名的迷恋活动（例如对简·奥斯汀深厚持久的热情），有助于我们吸引更多的潜在伴侣。至少，我们可以彰显个性。如果个人爱好部分写得太笼统，那它几乎不能给潜在伴侣提供任何信息。但是，如果太具体，就会面临被划归成某类人的风险，而且可能意味着潜在的约会对象会减少。然而，一旦对方被吸引，双方就有可能和谐共处，所以这需要认真权衡。"我认为，应该把自己最好的一面放在网上的个人资料中，但同时，应该确保它的真实性，不能虚构。"鲁德尔说。

有一个广为流传的故事，一名梦幻卡牌游戏万智牌的世界冠军头脑发昏，忘记在 OkCupid 网站个人资料中填写个人爱好。尽管他魅力十足，事业成功，社交活跃，但有一位约会对象却感到自己被他深深伤害了，以致她愤然在科技博客吉斯摩多上公开披露自己的痛苦。我们可以想象一个类似的故事，在早期公民权利运动时代，一位约会者突然发现自己“上当受骗”了，正在与自己无法接受的某些种族、宗教或阶层的人士共进晚餐。不管是什么原因导致了冠军的失误，他带给我们的教训是深刻的：最好在面对面接触之前，把大多数喜欢评头论足之人筛除掉。

粉丝经常通过选择冠名商品传递个人特征信息。个人资料照片中，一名身穿《星球大战》主角汉·索洛图案背心装的女子可能让人产生一系列遐想：她是一个科幻粉丝，有点前卫，很可能精通技术，重视独立。而一名女子如果身穿的是《星际迷航》中皮卡德船长图案的衬衫，也许传递出的信息略有不同：她所迷恋的是一个非主流人物，所以尽管她同样是科幻迷，但有点令人讨厌，不受欢迎，而且很理想化。也许，她对科学很痴迷。或者，就像授权代理人杰西·德斯塔西奥说的那样：“一个穿着达拉斯小牛队 T 恤衫的女孩和一个穿着蝙蝠侠 T 恤衫的女孩会让你产生不同的看法。”

“你的交友档案传递出一种行为准则。”弗吉尼亚·罗伯茨说。她是一名职业个人资料设计师，主要工作是帮助不懂浪漫的人打造自己的个人资料，捕获希望吸引的人。她的原则是，不论什么私密特征，都要晒出来让别人知道。

她的一个诀窍是复活节彩蛋法，就是在个人资料中，填写圈内人一看就明白，但圈外人却不会注意的特征。例如，硬核素食主义者可能会提及自己喜欢面筋，铁杆苹果粉丝可能会圆滑地提到自己收到了蓝色苹果短信。这给人发出的信号是，这是一个苹果粉丝团的人，不是一个听起来很无聊的科技博主。热门电视节目《发展受阻》的粉丝可能会不经意地写上一句台词——“香蕉摊上也会有钱赚”。亮出这些粉丝元素，就是发出一个信号，表示“我们可能有某些共同特征”。

只要有最新研究证明到底是什么能激起爱的火花，约会者就会据此精心打造他们意欲示人的形象。OkTrends 是一个专门统计分析 OkCupid 约会网站用户群的交友行为的博客，它近期宣布，个人资料中的照片，对读者意见的影响力比想象的更大，它还声称，“你的照片会传递大量虚构的信息，但你的真话却几乎一文不值”。难怪有那么多用户乐此不疲地将自己最重要的迷恋元素直接嵌入最主要的个人资料照片，它也许是未来配偶可能看到的第一张照片。

一个名叫“宇宙空间”的用户在个人资料中晒出自己的照片，身穿印有美国国家航空航天局标志的 T 恤，这说明他意欲寻觅一位探索知识的自由派左翼女士。

挖掘粉丝迷恋的价值

社交活动，尤其是约会，极大地助推了粉丝迷恋的身份标记作用。购买一件自认为奇特的穿戴品，与购买一件可以向人宣示个人独特性的穿戴品，二者是有区别的。

并非所有粉丝迷恋都别具一格，都能标识其追随者的身份，真正能够成为身份象征的粉丝迷恋是被精心策划过的，具有圈内人才懂的粉丝语境，往往以 T 恤、标语或商标等为交流媒介。对于粉丝迷恋对象所有者而言，这是终极目标，他们需要一个高度专一、始终能够自创语境的粉丝团体。毕竟，如果没有伤痕累累、渴望受到激励的英国民众，詹姆斯·邦德不过就是一名普通特工。

媒体有大量生动的人物和富有感染力的故事，所以比较容易引起身份认同，其中的反叛故事和例外主义情节，为联手对付潜在的挑战提供了一种方法。根据故事人物分类，我们可以选择哪个人物特征最具吸引力：是叛逆的飞行员，还是恪尽职守的上尉。不可否认，所有粉丝对象都具有构建身份的潜质，如对体育团队的迷恋，可以将传奇历史融入地方社区，因为每位名人都有一些能让我们产生共鸣的个人故事，每个选择都有其内在特征，可供我们向全世界宣扬。

打造一种可以像徽章一样佩戴、能够显示身份的粉丝迷恋，需要具体的语境，好比打造约会网站上最佳的个人资料一样，必须找到笼统与具体之间的美妙平衡点。过于笼统，意味着什么也没说。过于具体，则只有本人才能解释它的含义。粉丝迷恋需要粉丝创造的语境，能够让某个品牌的 T 恤畅销的，是粉丝赋予它的意义。

回顾在拉斯维加斯举行的世界品牌授权展览会，身着商业套装的男男女女喋喋不休地讨论明年哪个商标将会为他们的 T 恤、帽子、项链、手表和午餐盒增辉。《草原小屋》决定将其品名授权给某个纺织企业。《神奇宝贝》里的皮卡丘被授权给“熊熊工作室”。滑板巨星托尼·霍克的名字将出现在沃尔玛超市的男童服装、鞋子和配饰上。到处都是签署合同、资金转手的热闹场面，商标从一个买主转手到另一个买主，而约会网站 OkCupid 的 350 万用户正在热切期待自己做出正确的选择。

第五章

建构粉丝间的等级制度

归属一个团体就是展示自我——自己的知识、品位以及能力，也是拿自己与别人做比较，还能被其他粉丝评价为“优秀粉丝”，只有同伴的评价才是唯一重要的。几乎所有重要的社区都有某种架构，公开的或者是不易觉察的，它可以促使粉丝为社会等级而竞争。

掉进兔子洞

白兔正在行动，一大群身穿摩托车马甲和黑色T恤的人冲出派对，闯入布埃纳维斯塔大街，开着玩笑，互相推搡。他们大多数人有文身，蓄着胡子，身上还有各种穿孔，头发或剃光，或凌乱，或染色。他们一行大约20人，在路中间蜂拥而行，一对深夜出行的游客夫妇紧紧靠着已经关闭的临街铺面的门，为他们让道。

“人们显然害怕咱们。”走在人群中间的一个人开玩笑道。

“害怕咱们？作为一个俱乐部成员，我非常友善！”一位身材健壮，脖子上有巨大的科迪亚克熊头文身的金发女子大声说道。

他们从一道道大门中穿过，到达出口处的旋转栅门时，彼此保持很近的距离。在等待队伍后面的人赶上来的空当，他们伸手摸出香烟和打火机，其中一个人弯腰拾起一张被人丢在地上的糖果包装纸，规规矩矩地扔进垃圾桶。

“人都到齐了吗？好，出发！”从队伍前面传来喊声。踩灭香烟后，一行人奔向迪士尼乐园，他们有23张快速通行卡，无须排队便可乘坐太空山的过山车。

白兔是数百个迪士尼主题社交俱乐部中的一个，活跃在加利福尼亚州阿纳海姆的迪士尼乐园度假村。在加州迪士尼探险乐园的吸烟区和酒吧，可以看到他们成群结队在一起。观看《迪士尼的阿拉丁：一场音乐盛会》演出时，他们坐满好几排座位。在幽灵公馆，他们坐满了整列火车。他们知道迪士尼乐园铁路上的莉莉贝尔车，知道传说中马特洪峰顶部的篮球场，知道灰姑娘城堡里难以发现的空调房间。他们知道在一天当中的任何时间，哪个卫生间最干净、最空闲。他们成群结队，从周末来迪士尼玩得汗流浃背的人群中穿过，犹如海豚从虾群中游过一般。他们抄捷径出入于商店和餐馆，因为有长时间积累的经验而显得信心满满。

除了外表相似，他们与摩托车帮是不同的。事实上，一听到“帮派”字眼，他们会立刻纠正。但是，他们采用传统摩托车帮的行话，使用“见习”“临时接入或撤出”“队长”等术语。当然，还有类似的摩托车马甲——减掉袖子的牛仔夹克，摩托车帮风格的背标。背标向全世界宣示，他们是白兔、安纳金之子、米奇的小怪兽、搭车人、迪士尼的罗宾汉或特里顿的美人鱼等俱乐部的正式会员。

迪士尼公司在严密注视。“假如你是一个新入园的俱乐部会员，你会碰到着便衣的迪士尼‘联邦调查局’或‘中情局’密探，他会看似不经意地说，‘嘿，我知道你是某个俱乐部的会员，很酷啊！我兄弟也是一个俱乐部的会员。你是否介意转过身来，让我给你的背标拍张照？’然后，他会拍下你的背标，把你记录在档。”

说这话的是杰克·菲特，他年约40岁，身材高大魁梧，一脸大胡子，笑容满面，像一头友善的豪猪。从孩提时代起，他就一直来这里，事实上，南加利福尼亚州的大多数人和他一样，从小就来迪士尼乐园，但菲特与他们不同的是，他掌管着一个有 150 名成员的团体。作为迪士尼乐园中最大的社交俱乐部之一的白兔俱乐部的领袖，他需要花费周末时间，在公园里管理他的文身部落：计划俱乐部的活动，维持秩序，必要的时候主持伸张正义。“一切都需要管理。”他说，“俱乐部里有些人以为，一切都是神奇地自然发生的。实际上，这就是我在俱乐部中的作用，让这一切发生。他们要做的，就是来到这里，开心地玩。”

当他们从等待观看夜光秀的家庭游客中穿过的时候，菲特比画着给大家介绍主要的景点：这里是一个历史名胜，那边的人行道上藏着一个米奇图像，这个骑乘设施总是出问题，那边的从来不用排队。他熟悉他的迪士尼。“杰克，等一下！”有人在后面喊道。

“这就是我的生活，”菲特说，“我刚走出 10 步远，后面就会有人喊，‘嘿，杰克’。”

在明日乐园主题园里，等着乘坐太空山过山车的人看到这么一大群人过来，错愕不已。菲特采用校园常用的办法，要求每个人举起手臂，然后一个个清点通过大门的人数，看着他们鱼贯而入的时候，开玩笑说：“我可以加入您的团队吗？”

他们聊着自己收集的迪士尼系列物品，谈论着骑乘项目。“我的指甲要掉下来了。”“我不能喝伏特加酒。”“我就是说，等你嘴上长毛了再来。”“她竟然这么轻巧。”接下来，他们排到了等候线跟前，整个上车区域充满了牛仔背心和没有恶意的胡扯闲聊。整整三辆火车才把他们全部载走，过山车进入轨道，然后没入黑暗之中。

迪士尼乐园的帮派

迪士尼乐园是都市主题乐园，在交通顺畅的情况下，从洛杉矶市中心到这里只有半小时车程。用南加州人的驾驶术语来说，几乎就在隔壁。乐园周边地区有几百万人口，这使得加州迪士尼乐园的游人有别于它在奥兰多、巴黎的姊妹乐园的游人，这里的迪士尼社交俱乐部几乎是阿纳海姆迪士尼乐园度假村独有的现象。乐园中相当多的一部分游人是持有季票的当地人，而不是一生也许只来玩一次的游客。仅仅为了某一个特定表演或吃一顿午餐而来的游客，并不罕见。

与奥兰多的迪士尼世界相比，阿纳海姆的乐园很小。据估计，在新的加州迪士尼探险乐园建成之前，把整个加州迪士尼乐园搬进奥兰多度假村的停车场，还会有空间剩余。加州迪士尼乐园的核心景点睡美人城堡比附近的许多酒店都要小。这是一个很小的旅游景点，友好但不壮观。公园虽然已经老化，但创始人沃尔特当年缔造的紧凑、舒适的怀旧感却没有改变。

所以在本已痴迷的迪士尼粉丝圈，出现了一大批超级忠诚的粉丝团体。他们在加州迪士尼乐园里创建了“复古日”——一个一年两度的节日盛事，节日里游园者都是一身复古装扮。他们还创建了盖莉日——一个非官方的《神秘博士》主题装扮日，还有蒂基日、哈利·波特日和狂欢日。盛装打扮是公园文化不可或缺的一部分，每个穿着灰姑娘服饰的女孩身边都会跟随着一对十几岁的男孩和女孩，穿着配对的 T 恤衫，上面分别写着“他是我的阿纳金”和“她是我的帕德梅”，或者整个家庭装扮成《超人总动员》中的超人。

这是一个衣着自由的乐园，因过于大胆不能在公园之外穿的服饰，如摩托车帮的马甲，在这里尽可上身。据最新的统计数字，这里有 300 多个社交俱乐部，部分已经停止运行，还有一部分只有几个会员。迪士尼的主题语境如此广阔，以至于专业化成为必然。皮克斯帕克社交俱乐部专门面向迷恋皮克斯公司的会员，黑暗势力社交俱乐部和安纳金之子社交俱乐部都是面向《星球大战》粉丝的，米奇帝国社交俱乐部是以海盗为主题的，巫毒帮据称是以家庭为导向的，白兔则主要吸收来自服务行业的会员。

马甲的背部印有各种标识，前部则留给各种显示等级、职位、诨号或具有收藏意义的花样繁多的徽章。很多会员的马甲上密密麻麻地挂满了各种金属徽章，几乎可以用来防弹。迪士尼度假村的每一个商店里都有徽章出售，公园各处都会定期发售限量版徽章。亿贝网站也做徽章二级销售。会员佩戴的徽章，除了体现徽章自身的价值外，还透露出很多会员信息，如他们的自我形象、投入程度以及个人历史。与某项活动相关的徽章，例如迪士尼乐园 60 周年钻石庆典活动的徽章则向外界宣示“没错，当时我就在那儿”。

还有一些是比较廉价的圆形小徽章——用小型个人机器印制

的简易圆形徽章，社交俱乐部会员用它们做交易，也向好奇的游客分发。一些小徽章和官方徽章一样，具有收藏价值。在一场游戏比赛中，一大群人在出售印有“IDRYBSSC”字样的达斯·维德徽章，“IDRYBSSC”代表着“我不知道你们的狗屁社交俱乐部”。

整个马甲含有浓厚的象征意义，足以与佩戴奖牌最多的军装相提并论，因为它既有团体会员的浪漫气息，又反映自我表现的极度兴奋。它是粉丝迷恋反映身份认同的物理表现。而且它看起来很酷，正如一位安纳金之子俱乐部的会员所说：“大家走到我跟前，说‘我们喜欢你的衣服，从哪里可以买到？’这种关注非常讨人喜欢。你觉得我在近39摄氏度的天气里，穿这种马甲只是为了好玩吗？”

道路规则

这位身材高大的年轻人，8个月以前刚刚加入米奇帝国社交俱乐部，大臂上文着一个很大的爱丽儿，这是动画电影《小美人鱼》中的人物。实际上，他的文身图案来自一个徽章，一个特别稀有且昂贵的徽章。总有一天，徽章将会属于他。此外，他的马甲上挂满了其他《小美人鱼》系列纪念品。“我喜欢《小美人鱼》电影中的叛逆精神，”他说，“对我而言，爱丽儿真的很重要。”

他所在的俱乐部的会员正在沃尔特·迪士尼雕像对面的阴影中，与安纳金之子俱乐部的会员交谈。这里的文身和穿孔较少，但不同颜色的染发更多，如蓝色的、紫色的和荧光红的。一些会员不堪酷暑，脱掉了马甲。塑料光剑是安纳金之子俱乐部会员服饰的一部分——该俱乐部的网站上要求，所有正式成员都要有一把标准版的红色达斯·维德光剑——时不时会有会员把光剑拔出来，比画着指向某个东西。“我想要一杯橘子冰茶！”一位成员说道，然后嗖的一声，拔出光剑，指着他想要的冰茶。

“我正在南瓜面前拍照，这家伙说，‘哦，这些帮派分子’。”一名安纳金之子俱乐部会员抱怨说，“我说，‘这是社交俱乐部’。”在外面的城堡前，游客摆姿势，玩自拍，脸晒得通红，防晒霜和汗水顺着脸颊流下。

“大家都到齐了吧？好，我们去见公主！”这群人高举着光剑，朝皇家剧院出发。

曾有传言说，乐园中有俱乐部之间的暴力行为和地盘争夺战，而俱乐部会员都矢口否认。俱乐部会员结交甚广，但很少有俱乐部之间会结交。据说，至少有一个俱乐部——主街精英俱乐部，是不允许会员和其他社交俱乐部的会员交往的，传言是这么说的。然后，似乎在很长一段时间里，没有人再见过那个俱乐部。

埃琳娜·萨尔塞多是米奇帝国俱乐部的会员，她身材娇小，一头紫发，看起来像一个甜甜的小妹妹，而不像潜在的帮派成员。她正穿行在梦幻乐园，前去和其他会员会合，一起观看“米奇和魔法地图”的现场演出。

“多年以来，我的家人有迪士尼乐园年卡，他们总是喋喋不休地谈论迪士尼，迪士尼，迪士尼，”她回忆说，“等我长大，开始自己挣钱了，我就给自己购买了通卡。就是在那个时候，我迷上了迪士尼电影、音乐和演出。刚开始是我的家人都为它着迷，然后我也迷上了。突然，我注意到，很多人穿的马甲，背部几乎没有什么设计。我就开始想，那是什么呢？”

照片墙是大多数俱乐部会员选择的平台，也正是在那里，米奇帝国俱乐部引起了萨尔塞多的注意。默默关注了两个月之后，她终于采取行动，“我走到会员跟前，问他们，‘我跟随你们好久了，我很想和你们交往。我想成为你们中的一员，我想归属于一个和我一样信奉、热爱迪士尼的团体’。”一个穿着芭蕾舞裙的小女孩的水瓶掉了，她跑过主大街的人行道去寻找。没有丝毫犹豫，萨尔塞多捡起水瓶，交给了小女孩。“没有人评判你，你会有很棒的伙伴。它只是让你快乐，知道吗？”

米奇帝国的会员是有义务的：只要是在迪士尼园区内，必须始终穿着马甲；每周星期日下午5点，必须参加会议，讨论俱乐部事务；参与骑乘项目时，必须让家庭游客优先乘坐；所有与海盗有关的东西都是他们的挚爱。“我们经常做的一件事，就是乘坐加勒比海盗船，”她说，“那也是我们的一个仪式。”它的组织架构也采用了海员人事结构，有三个船长、一个大副，他们的会徽很显眼，是一幅戴着海盗帽和眼罩、配着剑的米奇图像。

俱乐部的会员坐满了圆形剧场第三排的长凳，前面一排有个小男孩，在座位上转过身来，眼睛瞪得很大。他的妈妈不停地回头扫视这一排蔚为壮观的马甲人士，竭力想要分散被深深迷住的儿子的注意力，但小男孩根本不为她所动。米奇登上舞台介绍剧情，剧情安排得比较松散，为的是让6部迪士尼电影的主人公都能露面，做个简短的音乐表演。演出针对的是5岁左右的观众，但显然对于米奇帝国俱乐部的会员来说，他们来看演出似乎不是具有讽刺意味的事件。俱乐部的一位船长摇头晃脑地听着电影《小美人鱼》的主题曲《海底》。坐在不远处的一位留着寸头的彪形大汉，一看到《风中奇缘》中的波卡洪塔斯公主出现，嘴里便嘟囔着“我见过的最美的公主”，表示欢迎她出场。

米奇学了重要的一课，要做真实的自己，要包容。彩色纸带从观众头顶上方飘落下来，帝国俱乐部的船长收集起落在身上的彩带，递给欣喜若狂的小男孩，然后帮他把彩带环绕在脖子上，做成一个大大的花环。这肯定是小男孩一生中最幸福的一天。

米奇的私人俱乐部

33 号俱乐部是阿纳海姆迪士尼乐园内唯一供应酒水的地方。它是一个私人俱乐部，从字面意义讲，是因为它坐落在新奥尔良广场上方一个不为人知的角落；从隐喻意义讲，是因为相传它的基本会费高达每年 1.2 万美元，而且等待入会者的名单已经排到 10 年以后（假如这样一个名单真的存在）。据称，其会员包括汤姆·汉克斯、艾尔顿·约翰这样的一线明星。一位 84 岁高龄的会员近期被禁止入内，因为他允许别人将一套俱乐部用餐通行证拍卖掉去做慈善。

通过门边的一个小型铜制对讲机，可以获得进入俱乐部的权限。如果访客没有按照穿衣标准着装，俱乐部可能会提供一条“遮羞披肩”，让他们遮住裸露的肩膀。披肩好似一个红字，将他们标识为无知的圈外人。作为一个隐秘之所，33 号俱乐部虽然没有梵蒂冈图书馆的奥秘，但绝不缺乏神秘感。

主餐厅无疑异常华美，彩色玻璃、水晶、黄金、流线型深色木线，像舞台道具一样的大型古董摆满大厅。黑暗的小角落全部装点着绘画作品，如果等待足够长的时间，它们就会动起来。所有东西都比日常生活中的尺寸稍大一点，好比一个舒适的音乐舞台或一个剧院布景。的确非常华美！与 33 号俱乐部同样华美的餐厅有很多，但却没有一个像它那样，需要缴纳高额的会费方可入内，它的会费相当于美国本土学生在本州上公立大学的学费。毋庸置疑，这里的诱惑力，不在于那些华丽的吊灯。

这天下午的来客都是富有的中年人士，他们发型优雅，身着套装，戴着含蓄的珍珠饰品、雅致的手表或超大号的钻戒。空气中时而飘来浓郁、甜蜜的芳香气味，只有异常昂贵的纯威士忌才会散发出这种气味。有些会员身上，偶尔会佩戴显示身份归属的标志，例如一只精美的迪士尼金手镯，或者一顶 33 号俱乐部的棒球帽，但是很难想象他们当中会有人在鼻子上穿孔。

这个下午，我们应邀而来。这么多白兔俱乐部的会员，似乎难免有人与拥有进入 33 号俱乐部权限的人交好。“最早，我们来这里的时候，确实都穿着马甲，而且也没想太多，”菲特说，“但是坊间传言，一些会员感觉不太自在，于是我向俱乐部的所有人声明，‘嘿，要是有人碰巧可以到那上面去，就别穿马甲了，要么把它放进储物箱里，要么叠起来搭在胳膊上，要尽量多融进去一点’。我认为，稍稍掩饰一下身份，是符合俱乐部的利益的。”

米茜 · L. 菲特，杰克 · 菲特的另一半，同样也是一个白兔会员，也赞同这种说法。她说："我觉得刚开始有一种误解，也许一开始人们被我们吓着了，但是当他们真正了解我们的时候，就会觉得，'噢，这些人都很棒啊'。"

在外面，我们从两个戴着闪光老鼠耳朵的女大学生身旁走过，她们正在一个白、金两色的大牌子旁边拍照，牌子上有数字"33"。她们找错了地方，这个牌子只不过是个掩人耳目的圈套而已，真正的入口是一扇毫不起眼的门，就在立交桥下面，往前走经过几扇门就是。虽然那扇门不是很显眼，但彩色门玻璃上的"33"还是显而易见的。33 号俱乐部位置隐秘，也许是为了远离好奇的大众，但是要保持它的诱惑力，又必须让大众好奇。像其他极少数人一样，沃尔特·迪士尼明白如何激发神秘感。"有了 33，你所看到的和其他游客所看到的就不一样了，因为不是每个客人都可以进入 33。它很特别，能到那里，你就会感觉很特别，而且你还很感激它。"米茜说。

特伦特·瓦内加斯，安纳金之子俱乐部的队长，有一些朋友受邀去过 33 号俱乐部，偶尔也会邀请他跟着一起去，但到目前为止，他都拒绝了。"那样做有点虚夸，"他说，"对我来说，33 号俱乐部好比圣杯一样尊贵，但我想取用正确的手段，想要感觉对头。"后来，我们问及一些很有魅力的迪士尼粉丝，他们的确是一提到 33 号俱乐部就露出一副痴迷的样子。还有一些人提到，曾萌生过用金钱或雪茄贿赂的手段进入俱乐部的念头。

特伦特团队的人坐在挂着"迪士尼乐园故事展现与林肯先生在一起的伟大时刻"标语的那一层的地板上，这里是园区内极少数既位于骑乘项目旁，又有空调的大片空间。瓦内加斯正在早期迪士尼景点分布图前转悠。他 40 多岁，发型时髦，脖子上有一个大大的明星文身。日间，他是一个名人八卦博主。

瓦内加斯和其他几位成员很紧张。他们即将和首领谈话，讨论他们长期以来面临的“内部问题”。副首领昨天因发烧回家卧床休息，但今天他会拖着病躯冒着炎炎烈日前来参加面谈。他拒绝透露首领的动向，不论首领在做什么，都不可随意透露。

各个团体的纪律、规章制度以及执行情况都不相同，有些团体强令实施一些很具体的行为守则，有些团体禁酒，几乎所有团体都要求会员严格遵守园区的规章制度。

违反规章制度的后果也各不相同。“绝大多数时候，惩罚主要是留会察看。这意味着，在园区内，这些会员不能再穿他们的马甲。”瓦内加斯解释说。对于严重的违规行为，结果就是驱逐出会。所有安纳金之子的成员，在入会时都要签一份合同，声明自己并未真正拥有背标，如果俱乐部将他们开除，他们必须将背标交回来，才能获得 50% 的退款。每位会员都很清楚，迪士尼公园可能会重新考虑它对社交俱乐部的放任自由的态度，没有人愿意制造麻烦，导致俱乐部被取缔。“从来没有出现过争斗、拘捕或类似事件，”瓦内加斯说，“这是迪士尼乐园。如果你想在迪士尼乐园和人打一架，那你就大错特错了。”

人人皆朋友

这天下午，白兔占据了整个索诺玛平台，它位于加州迪士尼探险乐园的太平洋码头对面。5 张桌子并在了一起，大批穿马甲的会员从四面八方聚拢过来，相互打招呼，“嘿，兄弟”，“很高兴见到你，伙计”。尽管这是一个多元群体，但大多数人都爱好乡村摇滚乐。吧台后面还有一只“白兔”，但他没有穿马甲，有些会员是在这里工作。

白兔俱乐部的等级观念比较薄弱，分层也不明显。一个 A 级别的背标标志着其主人是最初的 12 个创始成员之一。许多资历老的会员，马甲上印有他们的诨号，背标上写着“流浪汉”和“北美灰熊”之类的。除此之外，要挑出谁更有影响力就很难了。用纸牌术语来讲，菲特是红桃 A，他有四个副会长，都是老 K，分别是梅花 K、黑桃 K、红桃 K 和方块 K。还有一些为慈善事业和俱乐部活动做过贡献的会员，他们则是 Q 和 J。

这些名号有助于体系维护。“如果只是一个人对另一个人说，‘嘿，别这样干’，他们可以怼回来说，‘你算老几呀，凭什么告诉我该怎么做？’有了等级，他们就比你级别高。如果有人做了出格的事，他们就可以制止，‘嘿，听着，你不能那么干’，或者‘你喝多了，表现太糟糕。摘掉你的背标吧，因为你给整个俱乐部丢脸了’。”

三名新会员挤在餐桌的另一头，小心翼翼地从塑料杯中啜饮啤酒，他们是到这儿来入会的。一对衣着考究的年轻夫妻看上去有点不知所措，那个笑容满面、一头黑发的男子正在与身边的人一一握手，介绍自己。

“我刚从部队退役时，很难交到朋友。”艾文说，他是入会不到一年的“新兔子”。他之前从佐治亚州搬到圣迭戈，但不久就失业了，生活一片黑暗。然后，2016 年万圣节前，他熟识的一对夫妇邀请他同游迪士尼乐园。“我惊呆了。当时是 11 月，那儿的圣诞节装饰就已经挂上了，”他回忆说，“我突然感觉回到了自己的家，我就属于这个家。一看到这儿的孩子快乐无比，我就感觉走出了生活的阴霾。”当天，他把自己的门票升级为季票，尽管没有工作，他还是把 130 美元砸了进去。

“我想要一个像家一样的团体，也想在别人需要帮助的时候提供帮助。就是这样，我才遇到了杰克。我感觉，这是一个不错的团体，这就是我为什么选择了白兔俱乐部，因为我认可的价值观就是助人为乐，拥有家庭。没有家庭，你不会感觉良好。”他说。

“家庭”这个主题在很多入会故事中常常被提及。“你得跟着一个大的朋友圈混，每个人都是身边人的朋友，”另外一只“兔子”这样解释道，“在我成长的过程中，没有兄弟姐妹。圈子里的纽带和联系把我吸引进来了。”他们一起去打球，或一起去野营。得了重伤风或遇到爆胎，他们会相互救助。他们轮流为那些不能经常玩骑乘项目的会员录制乘坐视频。

这三个新来的会员怎么样？“嗯，目前为止，他们看上去很酷，”一个老会员在说话的同时，朝着他们三人点点头，表示鼓励，“只要不是探子，我们什么人都接受。”

相比之下，有些俱乐部的入会仪式则近似共济会入会仪式，需要长达几个月的时间才能完成所有程序。米奇的夺宝奇兵是一个印第安纳·琼斯主题的社交俱乐部，它的一位会员这样描述他当初入会的经历："为了成为正式会员，我必须找出三个隐藏的米奇。我找到了藏在烟花中的一个和藏在建筑物里的一个。然后，他们还给我们安排了小任务，比如，乘坐你最不喜欢的迪士尼骑乘项目。我最不喜欢的是恐怖电梯。"该俱乐部根据电影《夺宝奇兵》命名，如同电影一样，它带有很强的寻宝色彩。"我们就是财宝，就是会员迷失的家庭，他们如果接受财宝，就会变得富有。"他解释说。

在外面，皮克斯冒险游行正在进行，有水中游的鱼，有蚂蚁和毛毛虫，还有毛茸茸的怪兽。酒吧里，正在制订晚间计划。先去柯切纳·库卡蒙加墨西哥烤肉餐厅用餐，接下来，可能会去玩爱丽儿的海底探险，然后去参加疯狂 T（Mad T）派对。

"我为什么要选择白兔俱乐部？其他俱乐部都是假正经，都很幼稚，"一个喝着啤酒的白兔会员解释说，"它们只是收集小徽章而已。"

我被闪电般击中

成为一名粉丝，是一个脱胎换骨的经历，具有深刻的个人意义，还有可能改变人生。如何寻找可以承载我们的粉丝身份的对象，与如何寻找我们的重要伴侣或选择职业一样，都是个人神话中的故事。

关于如何成为粉丝的故事，大致可以分为两类，最常见的是很多迪士尼社交俱乐部的会员经历过的情节——"社交第一模式"。

某个人与某一团体交往，如家庭、扩展的朋友圈或同事，随着交往越来越密切，他们发现自己被这个团体所喜欢的东西吸引了，最终，发现自己也很享受这些东西。社交分享是最基本的粉丝活动，我们与粉丝同伴的共性越多，就越容易成为亲密的朋友。我们为自己打上这个团体的部落色彩，戴上它的象征符号，向其他成员显示我们的归属。

当米奇帝国俱乐部的埃琳娜·萨尔塞多最初接触到家人对迪士尼的热爱时，她还知之甚少。多年来，在见证了家人的狂热后，她才渐渐有了如今的热情。堪萨斯大学的一名新生可能会发现自己也变成了松鸦鹰队的粉丝，你的朋友在玩《精灵宝可梦 GO》游戏，那你一定也很想学着玩。一个刚刚加入歌剧迷团体的人，一定会渐渐喜欢上帕瓦罗蒂。固然，他们对这些粉丝对象有很深的感情，但最重要的是，粉丝迷恋把粉丝与其所在的团体联系在一起。

还有另外一类粉丝故事。一个人，也许偶然地获得了接触粉丝对象的第一次经历。一个偶然的机会，身陷“黑暗之中”的艾文在圣诞季游览了迪士尼乐园。嘭！突然，就像一道闪电，那种感觉就出现了，那是一种瞬间的联系，一种情感的迅速流露。一个少年，第一次看蝙蝠侠漫画书，便立刻迷上了勇敢反叛与追求正义的主题。二战期间，在法国的美国军人写信给家里人，描述第一次吃美食大餐时对烹饪的顿悟。当一个粉丝对象触动了我们的心弦时，就会创造一种恰当的感觉，一种深刻的联系。不仅仅是意外地击中了我们，而且是深深触及我们内心的自我感知。

“一道闪电”式的粉丝迷恋故事，常常发生在一个固有社区之外，因此，一个新来的粉丝，在与其他志趣相投的人建立联系之前，会经历一个孤立无伴的时期。一旦联系建立起来，他就会发现自己不是唯一珍视这种新嗜好的人，从而会无比欣慰。互联网的出现，大大缩短了这种潜伏期，因为在网上寻找粉丝同伴，只是一个选择恰当搜索词的简单问题。当然，这时，潜伏期依然是存在的。

为何痴迷

创建一个强大的粉丝团体，需要研究是什么让潜在的团体成员产生迷恋。他们是如何开始着迷的？他们想在与粉丝对象的亲近感中寻找什么？虽然这种亲近感只是单向的，但却一点也不会不真实。加入一个粉丝团体，成员一定要先受益，而且这种受益必须在本质上与成员加入团体的动机相一致。没有一个人纯粹为了玩而参加粉丝活动。

迪士尼社交俱乐部的任何成员都可以告诉你，加入俱乐部如何帮助他们克服羞怯，赶走阴霾，或提升自尊。对很多粉丝而言，找到迷恋的事物是一个改变人生的事件，可以帮助他们找到自我，感受更完美的自我。那些能够鼓励粉丝改进自我的“你真行”一类的粉丝迷恋活动，如聆听新世纪音乐或宗教音乐、参加益智活动，或跑步跳舞等健身活动，效果尤其明显。

常有一些学者提及“神话般的奇迹”，即一些粉丝把貌似神奇的积极力量归结为粉丝对象的功劳：那个乐队的音乐陪我走出了痛苦的分手阴霾；看到那个运动员如此努力地训练，我在他的激励下终于攻克了一个医疗难题；当我对生活感到绝望时，那本漫画拯救了我。

对于部分人来说，粉丝迷恋就是技能开发。内容创作、领导力、传播，这一切都是粉丝迷恋的重要部分。很多人在迷恋粉丝对象的活动中培养了技能，大大充实了他们的职业简历，更不用说，粉丝知识和社交分享是树立自信和建立人脉的重要方式。不难想象，有这么多在服务行业工作的“白兔”，一个正在寻找新工作的会员可以主动获取“兔子同伴”的建议。

对于另外一部分人来说，吸引力在于好玩。粉丝迷恋是一个可以让人暂时摆脱成人规则束缚的活动，我们可以丢掉成人的面具，陶醉于梦幻、神秘和幻想的快乐之中，找到一个可以远离世俗的空间，体验那些原本无法触及的天真、愉快的情感。

此外，还有人为了寻找家庭。几乎所有关系密切的粉丝团体，都会使用家庭语言，并在彼此的生活中扮演家庭角色。当然，粉丝团体是一片浪漫的沃土，有时候真正意义上的“家庭”也会组建成功。仅在 2016 年，白兔俱乐部就计划举行五场婚礼，全都是会员结合在一起。

爱的轰炸

对杰克·菲特而言，把白兔俱乐部建设到能够自主开展活动、实现自我维系的程度，是一个不断创建内容和持续互动的过程。

“我们为俱乐部会员建了一个脸书群，还不断点击照片墙。我知道，要想让它发挥作用，它就必须有趣，能吸引人。我天天都会进入这个群。如果你进了一个群，看看群里的动静。第二天，你又进来了，发现没有什么新东西，你就不会再进入那个群。我花了很长时间，才走到今天这个地步。也许我现在可以走开了，因为群里的活动足够多，完全可以自我维系。”

粉丝团体发展是一种“突现行为”，这里借用了一个科学术语，它可以解释为什么没有单一菜品的食谱。只有在一个组织形成后，才能回顾和分析使之成为可能的条件有哪些。创造基本条件，比如个性展示和粉丝互动平台，才有可能形成一个有凝聚力的组织。当然，不一定总是这样。无论通过何种路径，任何一个新的粉丝团体所面临的第一个挑战，是如何达到实现自我维系所需的基础成员数量。

粉丝迷恋具有社会性。一个没有其他粉丝伙伴的粉丝，当不了长久的粉丝。一个好的粉丝团体知道，要实现自足，需要时间，它会寻找让其成员受益的方式，而且不设最低数量要求。早期的活动，门槛应该很低，即便没有其他成员的创意，活动自身就应该很有趣。

鼓励早期群体成员是创建粉丝团体最重要的法宝。很多群主诉诸“爱的轰炸”，这是一个从偶像语言中借来的术语，用来描述群主为了保持早期成员的参与度，给予他们的轰炸式赞许和关注。

为粉丝提供多样化参与方式，提出不同程度的投入要求，可以帮助粉丝加速自我维系的进程，也有助于增加粉丝迷恋活动的整体活力，不再依赖“爱的轰炸”，以便更加适应变化。一个高山滑雪粉丝，如果收入的缩减导致她买不起滑雪设备，或者她的膝盖受伤了，又或者她搬到了一个没有高山的地方，那她很难继续当滑雪粉丝。一个患上了糖尿病的可口可乐粉丝则不同。高山滑雪是一种随着健康、身份、收入、住址、年龄以及品位的变化而变化的粉丝迷恋活动。一个人如果不能再喝可口可乐，他还可以继续收集可口可乐系列的填充动物，用旧可乐瓶标签做拼贴画，参加可口可乐粉丝见面大会，或者用可乐去除油渍，清洁生锈的硬币，嫩滑牛排，或者用于地板防滑。可口可乐是一个真正强大的粉丝迷恋。

对于一个人的迷恋程度，一个直接而又简单的衡量标准是他投入的时间。评判一个粉丝在团体中的社会地位同样很简单，只需留意他在与粉丝对象相关的活动中投入的时间。如果他总是参与活动，如制作东西，做事情，或与别人交流，很可能他是超级粉丝。粉丝投入的时间越多，拥有的粉丝级别就越高。难怪很多迪士尼社交俱乐部都有出勤要求，目的就是保证粉丝的积极性和参与度。

团队凝聚活动

主街精英俱乐部怎么了？这个问题似乎没有人知道完整的答案。主街精英是最早成立的俱乐部之一，谣传它曾经有上百个活跃会员。然后，他们突然都不见了，已经有好几个月，园区里看不到它的复古米奇商标图案的背标了。

一位前成员称，主街精英关于会员资格的规定越来越复杂，对于年轻领袖来说，管理俱乐部需要耗费的精力太大了。另有谣言说，它的入会仪式要求入会者在公园里行窃，结果导致俱乐部被禁。或许，它的会员只是丧失了兴趣。当然，这都是传闻和八卦。

“有些俱乐部，你看到它的会员在公园里行走，看起来都像是从商场的同一家店里出来的，如热门话题俱乐部之类的。他们的样子和感觉看起来很像，都留着超酷的胡子，它……”菲特稍作停顿，“好吧，我也有超酷的胡子，但他们的样子和感觉都是一模一样。”他说：“我觉得，那种超级严格、领导者完全掌控和指挥一切的俱乐部，已经消失了。”

粉丝团队用来凝聚粉丝的技巧被称作团队凝聚活动。它们是黏合剂，激励团队成员在初次接触后继续参与，它们有助于定义粉丝团体的特征，可以巩固人际关系，起到凝聚作用。要保持一个团队的活力，团队领袖就应该支持这类活动。

为地位而奋斗

在一定意义上，归属一个团体就是展示自我——自己的知识、品位以及能力，也是拿自己与别人做比较，还可能被其他粉丝评价为“优秀粉丝”，毕竟只有同伴的评价才是唯一重要的。几乎所有重要的社区都有某种架构，公开的或者是不易观察的，它可以促使粉丝为社会等级而竞争。粉丝需要一种视自己为团体成员的方式，一种给自己在团体中定位的方式，一种可以用来判断自己是否达到团体文化规范的方式。这种相互认可的动力，促使粉丝团体团结统一，且专注于目标。粉丝越是符合团体的成功理念，团体中的其他粉丝就越尊重他们。

成年迪士尼粉丝被告诫，不要穿全副演出装出现在迪士尼园区，以免被误认为是演职人员。众所周知，迪士尼公司非常重视知识产权保护，所以出现了“迪士尼搭配”现象，就是把与迪士尼电影人物服饰近似的服装搜集搭配起来。紧身绿色牛仔裤、浅绿色 polo 衫和米色靴子让人联想起彼得·潘，蓝色毛衣、黄色飘逸长裙和亮闪闪的红色心形钱包，会唤起对白雪公主的记忆。

选择小人物角色来做“迪士尼搭配”（例如《小飞象》中的蒂莫西老鼠）比选择大人物角色（例如《冰雪奇缘》中的艾莎皇后）需要更多的技巧。对于粉丝圈外的人而言，搭配的结果就是多姿多彩又不失可爱的全套服装，而对于粉丝圈内的人而言，这却是显示会员身份的举动。莱斯利·凯是最初在博客上提出“迪士尼搭配”概念的粉丝，她本人已经在迪士尼粉丝圈内成为偶像级人物。“新式迪士尼真人秀比原来的少了一点点尴尬。”Time.com 网站上的一条标题这样调侃。

在粉丝迷恋中，身份构建可以采取任何形式，但是对于迪士尼这样有大量视觉粉丝文本的迷恋活动，个性化展示最受欢迎，“迪士尼搭配”只是显示投入程度日益增强的方式之一。当社交俱乐部的会员在马甲上挂满特别稀有的徽标或某些主题活动的徽标时，他们是在展示自己的身份；显示粉丝在俱乐部内职位的背标，如老 A、老 Q 和老 J，也有同样的功能。当然，如果徽标本身很昂贵，它还可以反映佩戴者的真实经济状况，但总体上，它们只代表粉丝对粉丝对象的投入程度：长时间的排队等候，寻找最后一套徽标的专门技巧，等等。任何时候，精心收藏的徽标都会完胜官方出售的迪士尼“徽章交易首发套装”，即便二者完全等值。除了真正理解其含义的人，这些东西对其他任何人都毫无意义。

正如克莱·舍基所说，个体创造某样东西，比接受专业人士制作的东西更具吸引力，尽管专业人士制作的比自制的更好。也许，我们熟识的人能在几个小时之内打完极具挑战性的手机游戏，但这并不意味着我们愿意让他代替我们玩游戏，我们还是想自己花三周时间打完游戏。再说服装，不论是万圣节还是粉丝见面大会，手工缝制的服装比商店里购买的更有价值，尽管批量生产的服饰也许更好。有些迪士尼社交俱乐部会员的马甲上的背标非常精美，有些则没那么漂亮，还有些看起来非常不专业，但是手工绘制的背标永远是社交俱乐部会员交谈时的首选话题之一，比如，“这是我们的一个会员自己绘制的”。谁都不想从剪贴画上复制粘贴过来的背标。内容创作的真正“质量”永远不及制作它所花的时间和精力有价值。

迪士尼公司注意到了“迪士尼搭配”现象，所以最近扩大了知识产权的保护范围，开始授权经营迪士尼搭配风格的服饰，即那些使人联想起迪士尼人物的服装。也许，迪士尼公司想要牢记在心的是，时间付出和创造性在粉丝团体内具有重要地位。就此而言，粉丝付出的努力完胜金钱。想要用“花钱购买”的方式获得身份地位的粉丝常常被嘲笑为“妄想之人”。精明的粉丝对象懂得，对于粉丝为争得地位而开展的活动，应该何时放手不去干预。如果有干预，也只是为粉丝提供排名榜和积分卡，或者组织竞赛，以便给予付出最多的人官方认可。

交换信息和礼物

水分子通过氢原子和氧原子之间的电子传导而凝聚在一起，足球运动员相互传球，他们的跑动范围不会超出其射程范围。粉丝团体通过相互传递关心、物件和信息而团结一心。成员在团体内确立地位的同时，也是在建立社会资本，即成员团结在一起，分享人际网络、合作和信任，分享使团队成为一个整体。

有时，“分享”指的是其字面意思，社交俱乐部分发的圆形小徽章是受尊重的重要标志，因为不是任何人都能得到它。同人艺术授权书、珠宝、实情调查或简略指南等，不论是实物还是电子物，都是很好的“传递”材料。同样，回答其他粉丝的问题，对失恋者表示同情，或为他人在社交媒体上的帖子点赞，这些也都是。在网上晒出“迪士尼搭配”服饰时，提供购买这些服饰的链接是很好的做法。这不仅仅是炫耀个人的能力，也是提示他人去尝试。

致谢与恭维

俗话说，人们会为爱而做不会为金钱而做的事。在某种意义上，粉丝团体中的分享活动是无价的，因为它们的价值无法量化。为分享活动贴上标价，等于把两名粉丝之间的交流互动变成了买

家 / 卖家的互动关系。许多品牌已经误入陷阱，用金钱补偿的方式鼓励那些大牌粉丝。这绝对违背了至关重要的团体成就感的本质，团体成就感是在一名成员付出的努力给整个团体带来收益时才产生的。千万不要给爱明码标价，人们为荣誉和地位做事，从不考虑金钱奖励。

致谢和恭维是保持团体成员积极性的两种强大力量。最佳的鼓励方式是，对参与者为自己所做的事表示关注和认可，对他们为团队所做的事情表示感谢和赞许。为社交俱乐部设计背标的粉丝，可以得到他人的敬佩和称赞，他们的艺术技巧会受到他人关注。同时，他们还会收到俱乐部其他会员的感谢，因为他们做了让每个人都会受益的事。

聪明的团队领导者还会设法确保创造者得到显赫的社会地位，例如，在白兔俱乐部，可以将他们升到 Q 或 J 级别。这不同于“爱的轰炸”，这是一种动力，来自我们敬重的高层人士的激励。

惩罚违规者

近期，有人指责白兔俱乐部的一些会员，在徽章发行活动长达 36 小时的排队等候过程中乱扔垃圾。其他社交俱乐部很快就散布了消息。“他们说，‘哎呀，瞧那些白兔会员，他们以为自己可以为所欲为呢’。”菲特回忆说。白兔俱乐部立即在社交媒体上致歉，每一位受指责的白兔会员为国家公园基金会捐了 120 美元。这样做，是为了避免自己被贴上“社交俱乐部的害群之马”的标签，是为了表明俱乐部的社会规范是彬彬有礼的。总体上，目前为止，迪士尼社交俱乐部没有被官方谴责过，主要原因是它们善于自我管理。合同、罚金以及“严肃谈话”，这些俱乐部顶层人员用来维持秩序的措施，在圈外人眼里看来未免夸张，却是俱乐部保持长期稳定的关键。

从理论上讲，任何级别的团队忠诚，都能吸引粉丝，但事实上，粉丝往往是围绕核心成员，自我组织成一个圈子，即投入程度较低的边缘成员围绕着超级粉丝。一些超级粉丝获得了很高的地位，以至于他们本身也成为一个小的粉丝对象。

可以炫耀粉丝忠诚度的方法越来越多，超级粉丝对于团队凝聚力起着至关重要的作用。随着团队的发展，用强制力团结成员变得越来越困难。管理员或群主可以通过监管，确保所有的互动都符合团体规则和粉丝对象的原则，但是如果超过一定的人数上限，这种监管就没有意义了。当团队规模发展到无法依靠自上而下的管理模式时，就得依靠团队成员自觉内化团队的社会规范，互相监督并遵守规范。

由于超级粉丝受团队文化熏陶最多，这是他们获得社会地位的基础，所以他们最适合做团队内社会规范的守护者，决定什么可接受、什么不可接受，创建新的传统，选择团队语境。比如，音乐家汤姆·佩蒂的粉丝严格遵守一系列社会规范，包括虔诚、家庭和生活卫生。在美国，大麻是可以接受的团队讨论话题，海洛因则不是。假如有人在粉丝论坛上发帖，将会话引向禁忌话题，佩蒂的粉丝就会立刻出来指责，尽管据说目前佩蒂本人有时也对海洛因上瘾。

团队成员的相似度越高，他们之间的细小差异就越重要。当团队成员追求标新立异、彰显个性时，团队就会分化成更小的团体。分化过程可能非常激烈。一个团队，有时可以承受尖酸刻薄的批评，有时则不能。往往是超级粉丝在约束和管理团队，当内讧严重时，他们会决定哪些行为可以接受、哪些不可接受。至关重要的是，当内部争论偏离主题太远时，超级粉丝有能力重新聚焦话题，把大家为争取地位等级所做的努力，控制在团队可接受的范围。对违反团队内部规定的成员的惩罚，好比一种黏合剂，把整个团队团结在一起。这不是说，内讧毫无乐趣，惩罚叛离者才是乐趣。这是从第二波粉丝迷恋研究中借用的一个概念，从我们提到过的粉丝研究历史可以看出，当人迫使他人按照自己的规则玩游戏时（哪怕是很任性的规则），可以获得满足感。

参与仪式化争论

当然，有时争论本身也是一种仪式。《暮光之城》系列电影的粉丝自然而然分成两大阵营：一边支持年轻的女主角贝拉和英俊迷人、忧郁沉静的狼人雅各布约会，一边支持她与同样英俊迷人、忧郁沉静的吸血鬼爱德华约会。爱德华阵营和雅各布阵营的粉丝，都积极地争论他们作为男友的优缺点（爱德华的经验更丰富，雅各布更有爱）。他们还创作了模因、艺术、同人小说，在博客和社交媒体上发布了上千个帖子，支持各自的观点。

记住，粉丝面对的是剧本中的虚构角色。我们假装，两个人物中的一个更适合做贝拉的男友，当然贝拉也是一个虚构的人物。两个情敌真的会为了她的爱而打架吗？在摄影棚中，扮演电影中这两个角色的演员真的需要被分开吗？他们当中，是不是有一位更“擅长”约会？这两位成年人当中，是不是有一位会考虑和《暮光之城》青少年粉丝群中的一个人确立关系？恐怕不会！但是，一个好的团体懂得，应该在什么时候鼓励以友好的方式进行这种仪式化的竞争。

去过前文提到的索诺玛平台一周后，白兔俱乐部的一位会员在脸书上受到羞辱，有传言说，他和一位演职人员说了另一位白兔会员的闲话。虽然社交俱乐部会员都很友善，但他们毕竟也是人。在任何团体内，故事都是保持活力和兴趣的必要部分。

“社会系统有两个模式——动态的和死亡的。”舍基说。社群的内部分歧可以分裂一个团体，但故事则几乎不会。打个比方，一个有很多内讧、权力争斗和戏剧性故事的粉丝团队是最健康的。它意味着，成员关心自己的社群，愿意为之战斗。

很多人在拥抱

迪士尼乐园似乎并不在意那些社交俱乐部。演职人员刻意寻找机会与俱乐部会员互动的情况并不罕见。（“为什么安纳金·天行者穿过马路？”一位园区官方摄影师朝着一群正在聚会的安纳金之子俱乐部的会员大喊道。“到黑暗中去！”所有人应声回答。）有时演职人员会在网上抱怨插队、恐吓以及其他粗鲁行为，迪士尼粉丝论坛上也有愤怒的季票持有者，但很多时候，连最义愤填膺的人都承认，很多其他公园的游客的表现更糟糕。不管怎样，目前，社交俱乐部似乎都还安然无恙。

在加州迪士尼探险乐园，每个星期天的晚上，“疯狂 T 派对”在怪物公司“迈克与萨利大营救”骑乘项目旁拉开帷幕。它是不同俱乐部会员之间的每周必谈话题。“你是去 T 吗？”“那儿有女孩子！”“我过会儿去 T。”当然，周内其他时间也有演出，但星期天是所有俱乐部聚集的日子。

在舞台上，一位身穿朋克风格服饰的《爱丽丝梦游仙境》表演者正在热情地表演经典歌曲大联唱，她和昨天扮演爱丽丝的歌手不是一个人，但是人群尖叫着，好像是她多年的追随者一样。他们当中，有些人露营好几个小时，就是为了占据一个离舞台近的位置，寻找近一点的地点。表演者小心谨慎地表演一系列朋克风格的动作，有一种明显的模仿痕迹，就像百老汇音乐剧复现一场粗俗的摇滚秀。

疯狂 T 派对很容易受到冷嘲热讽——虚假的躁动和精心设计的音乐剧院，但是这些嘲讽似乎没有切中要点，因为它的初衷就不是真实，这是迪士尼。为一位假扮公主的演员欢呼并不可笑，为假扮朋克歌手的演员欢呼同样不可笑，观众需要欢呼。与夜夜吸引如此大批量的观众相比，做到“真实”也许很容易，

那边，在第二个舞池边，米奇的夺宝奇兵社交俱乐部的一名会员正在与特龙城市守护者社交俱乐部的会员在交易小徽章。守法生活俱乐部的会员聚集在后排拍手鼓掌。一名米奇的夺宝奇兵会员正在拥抱一名米奇帝国的会员，一名安纳金之子的会员在拥

抱另一名安纳金之子的会员。有很多人在拥抱。广场的另一头，一曲《正是我所需要的》刚结束，紧接着是《蜘蛛网》。

白兔俱乐部的会员占据了冰球桌旁一个隔离板后的吸烟区，他们靠在花架上，站在路边，扎成堆，紧紧围在一起，背标朝外对着夜空。他们有很多人，后面就是黑夜。

“人都说，‘他们可能是一个团伙，他们可能很粗野’。他们只不过是看我们穿了马甲而已。”一个白兔会员说，“现代社会可能对我们有先入为主的偏见，但我想，大部分人可能被吓到了。我们的文身，我们剃光的头，可能让他们觉得，‘哦，看上去好可怕’。然后，真的遇上他，他只不过就是一只大泰迪熊。就好像说，我就是穿着红色无袖衫，其实没那么粗野。”在他身旁，一个留着寸头的俱乐部会员在和一个小女孩跳舞，女孩穿着芭蕾舞裙，背着天使翅膀。他俩手舞足蹈，笑逐颜开，可爱极了。

乐队开始演奏朋克风格的《对着星星许愿》，当乐曲渐渐舒缓下来的时候，所有人走向欢呼的人群边缘。舞台后面，两层楼高的屏幕上播放着存档影片，是沃尔特·迪士尼在乐园开张当日的镜头。音乐家们不遗余力地演奏着，疯狂拨弄着乐器，个个浓妆淡抹，汗流浃背。观众尖叫着，挥舞着拳头，挥动着光剑。整个场面，好似台上谢幕的，是世界上最有名的乐队。

“有点荒谬，不是吗？”菲特笑着说。的确，但是也很好玩。好似我们都在开一个荒诞不经的大玩笑，一大群人一起做这样一个荒诞不经的事情，但这的确很美妙。

第六章
提升粉丝凝聚力

粉丝想要获得一种能够发挥作用的感觉，因为他们的爱和关注，某些原本不可能实现的事，成为现实。如果事实证明，粉丝所有的支持和努力都被浪费了，那么粉丝就有理由感到愤怒。粉丝迷恋有一个原则，即它永远不需要众包、众筹或任何与“众”字有关的事物。粉丝与粉丝对象之间是准社会关系，是完全单向的。

掌控 ________ 者，掌控世界

凯伦·伊渥克：

“4 月 27 日是我大婚之日，我们要在婚宴上玩反人类卡牌游戏！”

反人类卡牌游戏客服回复：

“你知道吗？ 50% 的婚姻以离婚告终。”

弗兰克贴纸：

“你们什么时候会再有货？要说实话。谁会去史泰博平台自己打印、整理卡牌？我才不呢。”

反人类卡牌游戏客服回复：

“在某一时间，反人类卡牌游戏会有货的。我们可以说得再具体一点，你也可以更友善一点。”

弗兰克顿：

“我买了‘大黑盒’，但我爸坐在了盒子上，把它压坏了！可不可以给我换一个？”

反人类卡牌游戏客服回复：

“从长远来看，换掉你爸爸，更加符合成本效益。”

汉密尔顿：

“卡牌游戏适合哪个年龄段的人？我儿子 15 岁了，要求买一套卡牌，但我还没有明确答复他。”

反人类卡牌游戏客服回复：

“那要看你想成为多糟糕的家长。”

戴尔·奇蓬：

“伙计们，不介意回复一封侮辱我的电子邮件吧？对你们来说这很酷吧？因为那样会超级棒。”

反人类卡牌游戏客服回复：

“你不值得我们浪费时间。”

2014 年圣诞节刚过，当 25 万人打开信箱时，发现了一个小册子，封面上写着：“你的电子邮件糟透了，你也应该感觉糟透了。”里面的内容是客户写给反人类卡牌公司客服部门的电子邮件，以及反人类卡牌公司给他们的回复，总共 36 页。这 25 万个收件人，每人花 15 美元买了反人类卡牌公司的“宽扎节”大礼包，小册子是礼品之一，大礼包中还有一组漫画、一包可以改变食品味道的糖果、一张承诺书（贿赂几名官员后得到的承诺），以及一堆贴纸，贴纸上还有提示——“贴纸不能用来损坏公共财产，那样做是不对的”。

反人类卡牌的粉丝对此反响热烈，恐怕只有他们才肯花 15 美元，从制造商那里买一盒子毫不相干的垃圾。目前，这个写有

“你的电子邮件糟透了，你也应该感觉糟透了”的小册子，在网络文学评论社区“好图书”上的评级为4.3星（最高评级是5星）。

反人类卡牌游戏有两套卡——黑色问题卡和白色答案卡，黑卡上有提问的短语或句子，白卡上是答案。每一轮游戏，庄家持黑卡，读出卡上的问题，其余玩家读出白卡上的答案，并选出最佳答案。这种游戏只能在不会介意粗俗言语的朋友之间玩，比如，黑卡上的问题是：“是什么导致了我的上一次分手？”白卡上的答案可能有：“美国梦”“令人失望的生日派对”“奔腾”“胎儿”“白色特权”“超大棒棒糖”等。几乎每一轮游戏都至少有一张白卡的答案涉及性行为、体液或者名人（以及他们的性行为和体液）。该公司会定期发布卡牌扩展包，增添新卡，保持卡牌的幽默性和震撼力。

电视节目《极客与杂耍》专题主持人威尔·惠顿在《桌游》节目反人类卡牌专题的开场白中警告观众：“您一定不想观看本集《桌游》节目，本节目将会冒犯每一位观众，它将会粗鲁透顶、品位极差，而且非常鄙俗。如果您很敏感，或容易被冒犯，在此建议您选择观看本节目的其他剧集。”

客户写给反人类卡牌公司的问询邮件由一个专门的团队负责解答，团队成员大多是胸怀抱负的作家和喜剧演员。实际上，与其说他们的工作是服务客户，还不如说是创意写作。当客户写邮件询问什么时候卡牌会有货，或者建议生产一副以狼为主题的卡牌，抑或投诉订单丢失时，公司的官方政策是先解决问题，然后马上嘲笑提问者。

詹恩·班恩是公司的社区主任，在其他公司，他可能被称作客服经理。班恩说："即使他们是你打过交道的最蠢笨的人，即便一切都是他们的错，切记，他们是人，而且他们发电子邮件给我们，一定是有原因的。你要做的第一件事是解决问题，然后取笑他们。"

传统上，客服工作是很乏味的互动，逗乐子、取笑要以真正优质的服务为基础。一个担心女友的生日礼物可能会在邮寄过程中丢失的客户，不是一个可以取笑的对象。一个确信礼物会及时送达的客户，一个为自己的过度担忧哑然失笑的客户，却是可以被取笑的。

"我们慷慨地退款，补货，我们会因为客户遭遇了艰难困苦，或刚刚经历了痛苦的分手，发货时额外放些扩展包给他们。"班恩说，"给他们吧，这样做显然是对的，那就做吧。我们没有什么格式化客服回复标准，不会回复说'因为您是我们的第多少号客户'之类的。"她解释说："我们不想让人一听就像家公司的客服，不想让人感觉像是在跟机器人对话。我们希望客户明白，他们在和真人对话，我们会说'真的很抱歉'，但我们抱歉的不是您的订单未能送达，而是把您的订单搞砸了。"通常情况下，客户都相当满意。

反人类卡牌一直是亚马逊网站上玩具与游戏类商品中的头号畅销品，截至2016年底，基础版卡牌已收到33000多条评论，其中有不少模仿了反人类卡牌的经典逗乐方式，还有很多复制了"客户问题与解答"的部分内容。一个粉丝问："为什么亚马逊不往加拿大发货？”下面会有十多条粉丝回复，如“因为加拿大太友善了，不适合这个游戏”“往北达科他州以北的地区发货，需要附加运费”。几百名客户将这些回复标记为有用，结果，在回复列表中这些玩笑式回复被置顶，真正的答案“去亚马逊加拿大网页Amazon.ca 订购”却需要用鼠标往下滑动好一会儿才能找到。

黑色星期五是很多公司利用圣诞季购物刚开始之际，推出大型促销活动，收获大额进账的日子。2013 年，反人类卡牌公司决定，将黑色星期五当天的卡牌价格，从 25 美元涨到 30 美元。马克斯·坦基，卡牌游戏发明人之一，回忆道：“我们以为客户会为此大为光火。”结果却出乎意料，与 2012 年的黑色星期五销售额相比，卡牌销售实现了净增长，而且收到了大量粉丝和媒体的善意支持。坦基说：“客户很开心，他们觉得，在黑色星期五购买涨价的卡牌，像是开了一个大玩笑，而自己就是参与其中的一分子。他们在汤博乐轻博客网站上晒出了购物发票，好像在说，‘哦，这是一个高价购买反人类卡牌的绝妙机会’。”真是完全出乎意料。

反人类卡牌的粉丝珍惜他们与公司的互动，就像珍惜游戏卡牌一样，不论是客服电子邮件往来，还是公司人员造访粉丝大会，抑或粉丝参与公司的市场营销活动，体验圈内人之间的玩笑，它们都已经成为反人类卡牌游戏体验的一部分，备受客户珍惜。在黑色星期五，粉丝有机会表现自己的荒唐，支持喜爱的公司，还可以炫耀自己参与了一项独特的活动，一项只有真正的粉丝才能参与其中的活动。

“媒体报道中，社交媒体上，类似的表现随处可见。人们喜欢成为这类现象的一部分，因为它确实让人觉得，自己是以圈内人的身份参与开玩笑。”坦基说。

企业价值与企业声音

反人类卡牌公司用一种与客户利益对立的宣传噱头，侥幸获得成功，是因为这种商业模式的核心充满善意。这种善意，是那些具有精明的市场营销策略、新颖的广告标语，甚至优质客服的产品所不具备的。反人类卡牌是开放的，整套基础卡牌可以通过“知识共享许可”，直接在公司的网站上下载，电子版卡牌是一个31页的PDF文档，附有如何打印和保存卡牌的说明。

花费一个小时，打印31页纸，然后一一裁剪成纸牌，可是一不小心把啤酒洒到上面，纸牌就报废了。因此，大多数客户都不想费这番工夫，而是情愿花25美元（或30美元）购买专业卡牌。尽管如此，提供免费打印的卡牌意味着，总体上可以让客户更满意、更高兴。因为这样一来，支付25美元成了一种选择，而不是必须。当客户因价格、运费或者丢失包裹提出投诉的时候，有了“那就别花钱购买”这样的选择，客服处理投诉就要容易得多了。

营销人员所谓的“又惊又喜”的结果，绝非随意之作。无论其表象如何，反人类卡牌能够吸引粉丝持续迷恋，实际上是精心策划的结果。它一年内数次进行卡牌改版，游戏作家一张张检查每副卡牌，看是否有必要更新。卡牌上关于流行歌曲天后布兰妮·斯皮尔斯的玩笑，可能被更新为关于歌手麦莉·赛勒斯的笑话。而且，公司刻意不在任何地方发布卡牌更新的消息，唯一可以看出卡牌更新或替换过的地方，是牌盒背面的增序版本号。“可以想象，这样会激怒粉丝。”坦基说。

2015 年，反人类卡牌公司再次举办假日订购服务活动，活动名称是“光明节的八大实用礼物”，八大礼物是：第一天晚上，一双袜子；第二天晚上，还是一双袜子；第三天晚上，依然是一双袜子；第四天晚上，一份美国财政部发行的通货膨胀保值债券基金；第五天晚上，一张美国国家公共电台下属的芝加哥 WBEZ 电台的个人订购单；第六天晚上，中国工厂的工人写给公司的致谢信和发来的照片（反人类卡牌公司为它的中国工厂员工订购了一周的付费假日）；第七天晚上，一幅毕加索 1962 年的作品的平版印刷画和一个问题——应该把它捐给博物馆，还是把它剪成 15000 片，然后寄给订购者？第八天晚上，一座爱尔兰城堡所有权的微小部分。

只有巧妙结合多种情境创设手段，才能使冒犯性言语变成可行的营销策略，类似的尝试有很多。很多名人刻意追求坏男孩形象，所以代理人往往建议他们，有意做出一些粗暴无礼的行为。英国男子乐队“通缉男孩”最初得到的建议是，频繁高调参加聚会，彰显自己与竞争对手“单向组合”乐队的不同。在芝加哥，林肯公园里臭名昭著的热狗销售摊点“韦纳圈”，因其对顾客的谩骂，缔造出一种神秘色彩。众所周知，最受兄弟会喜爱的音乐播放人梁龙，为了迎合另类观众，采用了极度厌恶女性的做法。通常，这类负面形象塑造策略往往会适得其反。“通缉男孩”最终输给了比他们更年轻、更英俊的音乐对手。仅有粗鲁无礼行为的乐队往往会在社交媒体上引发愤怒、抵制或请愿活动。

组织机构经常把企业声音与企业理念相混淆。带有仁慈之心的商业垄断行为，消费者可以容忍。同样，只要粉丝对象的动机良好，粉丝就能容忍甚至享受其粗俗肮脏的声音。披着恶劣态度外衣的粗俗无礼令人厌恶，但掩藏着金子般善意的粗俗无礼是有趣的，反人类卡牌公司能够很好地驾驭这个问题。虽然公司的企业声音会让人想起一个粗鲁无礼的浑蛋大叔，但公司非常谨慎，只在粉丝的合理投诉和问题妥善解决之后才使用它。

粉丝管理，即赢得粉丝后应该如何管理粉丝，对很多组织机构来说，是一件棘手的事。粉丝的忠诚往往能迅速增加粉丝对象的收入，这正是公司不惜时间和精力争取粉丝的原因。但一旦到了维系关系的阶段，不论粉丝团体的扩大是自然成长，还是精心策划的结果，许多品牌最终又回到了原点。也就是说，他们把粉丝看作具有特殊购买习惯的消费者，仅此而已。人们往往只记住了粉丝的忠诚，却忘记了粉丝忠诚所需的相应条件。

最重要的粉丝管理策略是提升团体凝聚力，如何维系粉丝才是首要的，如何赢利是次要的。

你好，布鲁克林

“这当然与你有关。”黑底白字的广告牌上写道，右下角是广告标语——“# 你好，布鲁克林”，标语旁边是布鲁克林篮网队的队徽，这是一支即将从新泽西州搬迁到纽约市布鲁克林区的 NBA（美国职业篮球联赛）球队。

若说这是一个篮网队还乡运动，那么有人为之欢喜，有人却竭力反对。奢华的新巴克莱中心——篮网队球馆所在地，尚在建设之中，周边社区已经反响强烈。热情的粉丝为了表示支持，在布鲁克林区政务大厅外举行了一场集会，大声欢呼尖叫。与此同时，施工现场成为频发抗议之地，当地社团和神职人员强烈发声，谴责场馆建设导致住房和工作岗位流失，担心社区的日益繁荣将造成阶级分化。

20 世纪 70 年代以来，篮网队的基地就已不在纽约，所以至少布鲁克林区的部分居民不愿意它重返纽约。一位参与“# 你好，布鲁克林”广告宣传活动的营销人员回忆道：“他们说，‘不，滚出布鲁克林，你们在毁掉社区’。人们似乎是说，‘不，我不在乎布鲁克林篮网队，不想让它回来，它不属于这里’。”

篮网队不这么想，它的另一个广告牌上赫然写道：“1957 年以来的首次返乡。”（1957 年，布鲁克林道奇队打完最后一场主场赛，迁往加利福尼亚州。）

在“# 你好，布鲁克林”这个故事中，阶层分化问题实际上被回避了。布鲁克林人真正关心的是，自己与纽约市其他行政区的人之间的区别。有了一支以布鲁克林区为基地的篮球队，意味着布鲁克林人不必继续支持在曼哈顿中心地带打球的尼克斯队。其他区有它们自己的球队，篮网队才是布鲁克林区的。

篮网队的首席执行官布莱特·约马克在介绍“# 你好，布鲁克林”广告宣传时，这样告诉球队的潜在粉丝：“我们很高兴建立起布鲁克林人与新来的主队之间的联系。”篮网队的首席市场营销官弗雷德·曼吉奥尼在娱乐与体育节目电视网的采访中更是直言不讳：“我们的目标是拥有布鲁克林区。”

搬迁前的几个月，篮网队发布了一个视频，承认它未来的基地所在地——布鲁克林区屈居曼哈顿之下。“我们是斗志昂扬、忠心耿耿、伺机待发者的朋友，我们见证过它在巅峰时期的勇气与兴奋，也见证过它在艰难时刻的状态。我们自己也曾失败过，始终在等待属于自己的机会。现在，布鲁克林，让我们为了共同的事业加油吧！因为我们所信奉的，正是你所践行的，社区即是家庭。”视频旁白这样说。

篮网队要成为一个真正的社区球队（得到一个有 260 万人口的地区的认可）需要一个“假想敌人”，一个所有布鲁克林人都憎恨的人或物。布鲁克林人与那些家伙不一样，布鲁克林人只像自己。布鲁克林人都支持篮网队。在这种情况下，那个“假想敌人”不是另一支球队，而是与布鲁克林区对立的曼哈顿区。毫无疑问，这场广告活动的设计师希望，一场区域间的竞争会激发篮网队与纽约尼克斯队之间的竞争。

应对对手球队的粉丝是篮网队面临的一项挑战，虽然这算不上一个重大问题。早在安装球场上的第一个篮圈之前，篮网队就开始在自己的新基地赢取粉丝群体。它花费了巨额的广告费用，力图赢得不愿让球队迁入布鲁克林的人的心。但是，如果不能充分了解粉丝群体，并选择正确的信息，那么所有的广告费都将付之东流。

实际上，2016 年以前，篮网队完全归俄罗斯寡头米哈伊尔·普罗霍罗夫所有，巴克莱中心也归他所有。布鲁克林区内，有些人已经富裕起来，买得起比赛的门票，只有在这个意义上，篮网队才属于布鲁克林区。然而，当篮网队与尼克斯队的第一场比赛在布鲁克林区进行时，竞争非常激烈。官方发布的出席人数比在新泽西州时增加了 23%。最重要的是，至少就利润丰厚的服装销售而言，篮网队粉丝已经位列 NBA 粉丝榜榜首。正如布鲁克林人瑞安·韦恩所说："我不知道布鲁克林篮网队的粉丝长什么样子，但我知道，我们很快就会成为铁杆粉丝。"

付出与回报成正比

不难想象，布鲁克林人对"# 你好，布鲁克林"广告宣传活动的反应也许是讥讽嘲笑或恶意搞怪。近年来，有不少初衷良好的宣传活动被恶作剧的或心怀不满的粉丝绑架了。允许公众参与粉丝对象的意义构建是一个艰难的决定。实际上，粉丝往往投入了大量时间、精力和财力去理解粉丝对象。他们的理解也许比粉丝对象原创者的理解更深刻。把品牌交给一个外部团体是一个很可怕的理念，因为外部团体的意图与品牌所有者的意图未必一致。尽管这样做存在风险，但是离开了强大的语境支撑，粉丝对象也无法存在，因为粉丝对象的价值，尤其是像体育运动队（或时尚品牌）这类品牌的价值，在很大程度上存在于其无形的联系之中。

而粉丝拥有广泛的背景和个人经验，比任何一个营销团队都更有利于创设这种语境。

2012年上映的电影《魔力麦克》讲述了一个脱衣舞男的故事：一个在性服务行业工作的英俊男子遇到一位漂亮女士，找到了自己的救赎，然后面临一个重大决定，是否改行去做有益健康的工作。最初，该电影被当作浪漫喜剧推介，但很快电影制作方就发现，支持这部电影的是一个完全出乎意料的观众群体——男同性恋者。于是，电影制作方快速转型：明星脱衣舞男查宁·塔图姆出现在同性恋时尚杂志《出柜》的封面上；一辆《魔力麦克》主题的彩车出现在西好莱坞的同性恋大游行上；一个亲同性恋者的预告片中突现《魔力麦克》精彩刺激的性感场面，且不论电影情节如何，里面确实有很多魅惑迷人的半裸男人。

21世纪初，汽车制造商凯迪拉克公司碰到过类似的情况。公司生产的豪华SUV（运动型实用汽车）凯雷德，最初的销售对象是住在郊区需要接送孩子的父母。然而，这款SUV不菲的价格、豪华的设施和易于改装的特性，使其成为体育明星、嬉皮偶像以及其他名人的地位象征。后来，公司生产的凯雷德车型越来越炫酷，越来越高级。至21世纪前10年末，凯雷德如日中天，定期荣登美国盗窃率最高汽车排行榜。

最佳营销故事与消费者的自我感受和身份认同密切相连，运气好的话，一个优秀的营销团队也许偶尔能全凭实力创作出引起观众共鸣的营销故事，如“#你好，布鲁克林”，但他们不会总是那么好运。

当然，允许粉丝团体参与品牌意义构建的另一大优势，是它有助于创造原真性，这一点别无他法可以替代。以任何形式与粉丝合作，都可以将品牌带离原来的商业目的，无论是嬉闹还是热切，只要情真意切，不矫揉，不造作，那它就是对付商业广告背后唯利是图目的的解药。

帕布斯特蓝带啤酒多年来一直依靠低廉的价格保持市场竞争力，它通常是菜单上最廉价的选项。然而，在过去 5 年中，帕布斯特蓝带成为都市时尚嬉皮人士喜爱的啤酒，这完全归功于粉丝创设的语境。帕布斯特蓝带作为廉价、适合工薪阶层的啤酒，在一个比较富裕、完全买得起品质更高的啤酒的群体中，赢得了“正宗美国啤酒”的名声，或者用不太中听的话来说，帕布斯特蓝带啤酒成了一群亚文化特权人士的最爱，因为这些人想要显示自己的朴实无华。当然，有些人对该品牌包含的讽刺意味感兴趣，还有些人则喜欢它的味道，有评论人士竟然把它比作玉米和湿纸板的味道。概括来说，粉丝对象自己创造的营销故事是“帕布斯特蓝带啤酒价格低廉”，而粉丝团体创造的营销故事是“喝帕布斯特蓝带啤酒，团结真正的美国工人阶级”。二者相比，显然后者更具创新性，也更加有效。

有趣的是，人们发现，在新英格兰的一些地区，帕布斯特蓝带啤酒的市场份额输给了一个出人意料的竞争对手——纳拉甘塞特啤酒。这种品牌名称发音复杂的拉格啤酒已有百余年的历史，2004 年，被一名私人投资者从柏斯特啤酒公司收购。纳拉甘塞特啤酒的价格与帕布斯特蓝带啤酒大致相同，曾经是东部海岸夏季的代名词。20 世纪 70 年代的经典影片《大白鲨》以一个坐落在东北部虚构小镇为故事背景，片中的鲨鱼猎人昆特最爱喝的就是纳拉甘塞特啤酒。但是，到 2005 年左右，它的产量从 20 世纪 60 年代的每年 200 万桶跌至每年 600 桶。

2014 年，纳拉甘塞特啤酒的产量回升至近 8 万桶，与帕布斯特蓝带啤酒一样，纳拉甘塞特啤酒复苏的秘密武器在于它的原真性。在这个例子中，就是对传统地道的本土品牌的热爱，满载着家乡的情愫。该公司借品牌复苏之机，推出限量版《大白鲨》主题罐头，对于那些嫌弃帕布斯特蓝带啤酒太大众化的人，纳拉甘塞特成为热门品牌。

按照原真性等级排序，位居前列的几乎都是新生的、知名度低的产品，不起眼的老式啤酒也好，不知名的服装设计师也好，偏僻的中国餐馆也好，这个规律一成不变。这种原真性高于一切的现象，在独立经营的音乐界如此盛行，以至于时下一句很流行的玩笑话是——“我想要听的乐队甚至还没有出现呢”。

切记，粉丝迷恋本质上是外部生成的品牌建设活动，正如内部生成的营销活动一样，粉丝创建的意义，其有效性不必以现实为基础。早在帕布斯特蓝带啤酒从美国各地的时髦酒吧中兴起以前，公司就停止了在密尔沃基的生产。密尔沃基是美国蓝领阶级的腹地，也正是在这里，帕布斯特蓝带获得了“正宗美国啤酒”的美誉。现在，帕布斯特蓝带啤酒隶属于一家合伙公司，该合伙公司还控股资产数十亿美元的 TSG 私募股权有限责任公司。TSG 总部位于旧金山，投资的品牌有著名的阿莫斯曲奇、美瑞克斯营养补充剂、维他命水和泡普薯片。对粉丝对象而言，重要的是它对潜在粉丝有什么意义，而不是对公司股东有什么意义。

众筹：正确（与错误）的做法

几年之后，布鲁克林区的巴克莱中心周边地带也许会出现很多有机冷榨果汁饮料吧和瑜伽馆，其数量不会亚于中心以北几英里处迅速中产阶级化的“绿点区”。

众筹平台 Kickstarter 的总部就设在绿点区的一家旧铅笔工厂。工厂正面朝着绿点老区，空白的砖墙上零星散布着涂鸦之作，窗台锈迹斑斑。事实上，几乎没有任何标记显示，这里是举世闻名的众筹网站总部所在地，甚至连一个打印出的标牌都没有。工厂里面虽然到处是回收的木材、老旧的房屋固定装置、磨得光溜溜的水泥地板，但有一种安静、轻松、愉快的气氛。里面有一个旧图书馆，仿佛是从 20 世纪 20 年代神秘谋杀小说里搬来的，还有一个屋顶花园，花园的护栏实际上就是一张站立的桌子，里面长满了小草，一个普通大小的剧院，摆着破旧的椅子，还有一个艺术画廊和一个宽敞的家庭式厨房，一名穿着老式背心裙的女人正在往外端着盐味焦糖。

楼上空旷的工作区，长条木桌被用来当作办公桌，项目联络团队坐在桌旁，他们的工作是为潜在的项目设计页面，提出批判，进行编辑，帮助创意者设计具有吸引力的融资活动。项目类型有很多，如艺术、漫画、手工艺品、剧院等，一应俱全。团队的任务是确保每一个项目都有高品质的视频、详细的说明以及给出资者的恰当奖励，尤其是确保项目本身要合理合法。有时候，任务还不止这些。

Kickstarter 是一个网络平台，没有仓库、库存或资金，也不做任何销售，它的任务是为希望筹集资金的个体提供服务器空间，帮他们融资，然后从中收取一定的费用。Kickstarter 还指导发起人，如何在融资活动结束时，为出资者提供“感谢”礼物。总体上，它是一个中介，而不是预购系统。

那么，这个在其他行业中被称为质量控制专家的庞大团队，要实现什么目的？他们所要做的，远比社区支持团队的工作多，社区支持团队仅仅提供一般的客户服务。一家仅有 140 名员工的公司，要确保每一位创意者对受众来说都具有重大意义，的确需要投入大量的资源，付出巨大的努力。

2010 年，马克斯 · 坦基和反人类卡牌公司的其他人员选择 Kickstarter 为公司举办众筹活动，向公众推介游戏，绝非一时冲动。

实际上，反人类卡牌游戏的创作者从高一开始，就在一起精心谋划各种花招。到大学阶段，他们已经开始为朋友举办各种游戏主题的新年派对，随着参加派对的人越来越多，“图片词典”这样的游戏已经不合时宜，于是“快乐卡牌”游戏诞生了。这个名字虽然没用多久，但游戏却一直延续了下去。一个月后，参加派对的学生返校后，与自己的朋友分享了游戏活动。到 2009 年春假，仅凭口耳相传，游戏已风靡各地，马克斯和他的共同创作者备受鼓舞，决定推出免费游戏网站。

网站用免费游戏诱惑新用户，同时还收集访问者的电子邮件地址，以备将来之用。

当反人类卡牌公司决定利用Kickstarter众筹平台筹资时，它已经吸引了大量观众。通过数千次的下载，游戏玩法已得到全面测试。正是因为游戏网站，公司还得到了《芝加哥论坛报》和《洋葱A.V.俱乐部》等行业巨头的评论，这对于一个尚未真正走向市场的产品来说，无异于天上掉下来的大馅饼。如此一来，卡牌游戏有了良好的氛围基础。正如马克斯在一次采访中所说："那个时候，我们默默无闻，所以在网络上推出免费游戏是一个很棒的营销手段。尽管有些人只下载免费游戏，不支持我们的项目，但和他们一起玩游戏的朋友中，总会有人支持我们。"

Kickstarter众筹活动的参与者得到的奖励很简单，资助项目即可获得专业印制的游戏卡牌。高级别资助者可以获得定制卡牌，卡牌内容按照资助者的意愿设计。反人类卡牌公司不赠送杯子、钥匙链或啤酒保温套等奖品，只承诺赠送更多印制更加精美的卡牌。Kickstarter众筹活动开始一周后，所有浏览过公司原创网站的粉丝都收到了一封信，信的开头这样写道："亲爱的糟糕的朋友们……"

活动第二周，已经突破原定的4000美元目标。公司发出更多的电子邮件，征集关于如何使用超额收入的建议，邮件中给出的选项有：生产质量更好的卡牌，提供更加精美的包装等。当活动结束时，反人类卡牌公司的收入高达15570美元。在当时的众筹平台，这已经相当可观了。

收效良好的众筹活动不是自然发生的，反人类卡牌公司在Kickstarter众筹平台上大获成功，是在长达数月的时间里与粉丝互动、试验的结果。众筹平台发起的项目，除了获得外部支持（如大型媒体的支持），如果没有一个预先存在的粉丝团体，很难取得成功。这并不是因为众筹活动需要大量有产品购买意愿的人（从理论上讲，相当一部分已经下载免费卡牌的人是不需要第二副卡牌的），而是因为一个预先存在的核心粉丝团体是吸引更多粉丝所必需的。

社会关系货币化

粉丝迷恋是社会关系货币化最有效的工具之一，换言之，就是利用粉丝朋友圈开展赚钱活动，尤其是与营销有关的活动。社交网络是以最快的速度，向最有可能受影响的人，传递新闻和信息的高效渠道。

所选择的传播范围越窄，消息传播就越快，越有针对性。乐高玩具新品——绝地侦察机的发布，在冷漠的公众当中，传播速度也许很慢，在《星球大战》粉丝社区中，传播速度快了一点，在《乐高星球大战》粉丝社区中，传播速度则更快一点。这里并没有神秘的魔力，只是因为粉丝希望找到共同的讨论话题，更愿与志趣相投的人交朋友。

有句古老的营销格言：“一个产品，买家听过 7 次以上，才会下决心购买。”假如这是真的，那么粉丝社区的作用就是增加能够听到正面产品评价的人数，缩短传播所需的时间。这并非说，成功的社会营销必须依靠一个充满热情、联系紧密的粉丝团体，而是说，没有粉丝团体，取得成功的难度就更大。即便如此，粉丝团体也需要恰当的引导和管理。

在 Kickstarter 总部，卢克 · 克雷恩的办公桌上凌乱地摆放着小雕塑、卡片和图书，这些都来自他所精心策划的数十个众筹项目以及自己的项目。卢克 · 克雷恩的官方头衔是“游戏负责人”，通俗地讲，他的工作是评价项目对粉丝的吸引力。

“要获得成功，不一定需要 300 万个脸书粉丝，但必须充分利用某个熟悉产品的团体。”克雷恩解释说，“如果有人找我说，‘我刚起步，有一点行业经验，希望筹集 20 万美元’，我会问他做过哪些业务拓展活动。如果回答是‘还没做什么’，那我就会委婉地表示，‘你们还没做好众筹准备，也许你们应该带着自己的想法走出去，把它展示给别人，与某个团体建立联系。这样的话，你们就不会只依靠 Kickstarter 发起众筹，也不会着急地不停叩击手指，一个劲儿地纳闷，人都上哪儿去了。你们不能只是一下子甩出一个发明项目，把它简单地推向 Kickstarter 众筹平台，然后说，好吧，给我拿钱来吧’。”

在很大程度上，众筹是激活已有的团体，让创作者利用原有的粉丝和可能吸引来的熟人。这与临时寻找粉丝团体，并试图向他们推销的策略完全不同。比起对普通纸牌游戏的爱好，迷上扑克牌、万智牌或打破砂锅问到底等游戏卡牌的原因都很个性化。

把一个喜欢扑克牌的社群拉过来，支持反人类卡牌的 Kickstarter 众筹项目，这种做法很可笑。布雷恩说：“在社区论坛上第一次发帖推销自我是一个复杂的过程，我们要了解社区的运作方式，进入社区论坛，引起别人的关注，并告诉他们，你是社区的一员，在做一件很酷的事，所有这些都很关键。”这种“圈内人”思维模式，在项目活动的各个层面都需要，不只是在推销中需要。

举一个例子，众筹活动中一个常见的错误是选错了给支持者提供的奖励，也就是捐资者得到的“感谢”礼物。选择的奖励政策往往类似音乐会售货亭里的促销活动，“一美元一张贴纸，5 美元一个钥匙链和一张贴纸，15 美元一件 T 恤、一个钥匙链外加一张贴纸”。这对于普通消费者或许有用，意味着花钱越多，买到的商品越多。但是对于一个粉丝而言，这种做法会贬低粉丝体验的价值。“谁稀罕一个无论干什么都可以得到的啤酒保温套？”克雷恩问。

粉丝渴望的是，表达他们对项目的支持，而不是购买商品。他们强烈渴望与项目创作者建立联系，成为某个比自己更强大的团体的一员，他们的支持往往会变成一种非常情绪化、出于本能的决定。布雷恩说：“我们反复告诉创作者，要把项目变成一个故事，让粉丝在故事中探索，他们是谁、他们想成就什么、为什么项目对他们很重要。我们需要关注粉丝的情绪化反应，而不是交易。这个过程主要是与粉丝建立关系，并维系这种关系。”Kickstarter 要为一部电影筹集资金，就必须说服支持者，让他们在电影拍成之前掏腰包，而不是等到电影出品后，再花同样数量的钱去购票。这两种举动都是支持电影，但对于创作者而言，早期的支持更有价值。

给予支持者的最佳奖励应该是体验式的，明信片本身不是一个好的奖励，但是有代理人签名的个性化明信片却是很好的奖励，它能够折射出支持者与项目创作者之间的距离。同样，专有信息、私人电话、当面邀请或优先得到产品，也都是很好的奖励，它们象征着一种关系，一种普通人群无法获得的圈内人身份。不幸的是，这也是一种可以滋生权利感的关系，支持者不断烦扰项目创作者，并提出某种旨在控制项目的要求，这也并非闻所未闻。但总体上，这一切对双方来说是一种积极的体验。

体验性奖励

《暗影狂奔》是一款角色扮演游戏，游戏背景设定在未来，一个有精灵、魔兽和龙的未来，游戏玩家进行着复杂的企业间谍活动。20 世纪 90 年代中期以来，埃里克·默斯曼就一直在与朋友玩这款游戏，所以当他得知游戏原创者开发的电子版游戏《暗影狂奔：归来》在 Kickstarter 众筹平台上发起了筹资活动，而且资助额度最高的支持者将获得一次与游戏开发者一起玩游戏的机会时，他的心情格外激动。

“我花了 5 天时间，思前想后，到底该不该扣动顶级奖励的扳机。”他回忆道。如果他捐资了，游戏的原创者之一就会来到他所在的小镇，为他和 5 个朋友充当《暗影狂奔》游戏大师。“我当然清楚，我会选择哪 5 个朋友，”他说，“因为这个机会，我无比兴奋。消息称，一共有三个名额。第一天，我眼睁睁地看着第一个没了，第三天或第四天，第二个也没了。我犹豫再三，一咬牙，拿下了第三个。”最终，他花了 10000 美元。

“人们对此颇为不解，我从朋友的朋友那里听到了一些闲言碎语，他们为我挥霍了这么一大笔钱感到愤愤不平。滑稽的是，第一个理解我的人，根本不是游戏玩家，而是一个忠实的体育粉丝。我告诉他自己的所作所为，描述了自己有多么兴奋。他说，‘哦，是的，我完全理解’。我说，‘真的吗？’他说，‘真的。如果我有机会去印第安纳大学，和鲍比·奈特坐在同一个包厢里看篮球赛，我会毫不犹豫，在一秒钟之内做出和你一样的举动，无论花多少钱都行’。”默斯曼回忆道。

“体验经济”一词的含义是，对消费者来说，回忆、情感以及教育等无形商品是非常有价值的，也许比物质商品更有价值。对于粉丝，这种体验价值更高，与粉丝对象相关的普通活动，他们也许已经尝试过。无疑，默斯曼属于这种类型，他不会为自己和朋友最终享受的这场千载难逢的游戏感到后悔。

他说：“我认为，情感是投资的一部分。我们都喜欢这款游戏，我们喜欢这次特殊的游戏经历，它是辣手少年的大聚会，美妙极了。”

扎克·布拉夫效应

粉丝都希望自己的热情能够换回一定程度的尊重，他们的确应该受到尊重，但有时，很难决定应该采取何种形式的尊重，是折扣、优先权、面对面体验、限量版附加品，还是其他类型的珍藏品？粉丝能够迅速计算，要为自己的热情花多少钱，但是创造并维持粉丝对象需要花多少钱，则鲜有人知。

Kickstarter 网站的卢克·克雷恩说："支持者在选择一个项目时，会首先了解它的目标，然后迅速在头脑中盘算，它看起来是否可行，是否能用那个数目的钱实现目标。当然，他们当中的大多数人并不具备做出可靠判断所需的知识。如果他们真的知道花多少钱才能实现这些目标，他们一定会说，'哇，你要筹集的钱数根本不够（实现目标）'。所以，这就形成了一个怪圈，创作者试图猜测支持者愿意掏多少钱，而不懂项目的支持者却在指望创作者能够给出合理的预算。出现任何差错，后果将苦不堪言。"

有一个广为人知的事件，独立摇滚明星阿曼达·帕尔默在 Kickstarter 平台上为她的新专辑筹集了一大笔资金——近 120 万美元，但她在演出中，依然让志愿者担任乐师，为她伴奏，于是粉丝疯狂地谴责她。他们觉得，有那么大一笔钱，任何人都雇得起，但她却声称，资金已经全部用于专辑制作。此后，帕尔默将众筹活动转移到订阅制众筹网站 Patreon 上，也许是为了让赞助与生产之间的关系更加透明。

“这一点，你可以从粉丝提出的滑稽无理的要求看出来，你可以看到粉丝瞎起哄的样子，他们会大吼，‘你怎么敢要那么多钱？多余的钱，打算用来做什么？’”克雷恩解释道，“而我们都会说，‘实际上，根本没有多余的钱。我必须造出点什么来，还得把它邮寄给你们，根本没有多余的钱’。”

不论出于何种原因，任何一种被利用的感觉都会令粉丝关系恶化，这就是所谓的“扎克·布拉夫效应”。2013 年，好莱坞明星布拉夫在 Kickstarter 平台上为他的喜剧电影《心在彼处》筹集资金，通过以前的电视节目秀和电影，他已经赢得大量的粉丝，还有很多名人朋友和共同演出过的明星愿意帮他宣传。48 小时之内，筹集的资金已突破 200 万美元的目标。意想不到的是，一旦筹资金额过高，粉丝就会激烈反对。布拉夫已经有好几百万美元身家，不论他做出何种声明，许多人都猜测，他的净资产足够拍摄这部电影，根本不需要外部资助。

粉丝想要获得一种能够发挥作用的感觉：因为他们的爱和关注，某些原本不可能实现的事变成了现实。最好的 Kickstarter 众筹奖励是对粉丝的支持表示诚挚的感谢与赞赏。如果事实证明，粉丝所有的支持和努力都被浪费了，或者更糟糕的是，它们甚至根本就是多余的，那粉丝就有理由感到愤怒。

粉丝迷恋有一个原则，即它永远不需要众包、众筹或任何与“众”字有关的东西。粉丝与粉丝对象之间是准社会关系，是完全单向的。粉丝对他们喜欢的东西有强烈的情感，但反过来却并非如此。至少在个体层面是这样的，因为名人不可能深入了解每个粉丝的个人细节。最有价值的粉丝体验可以铲除粉丝与粉丝对象之间的障碍，消除阻力，使二者之间的关系变为双向的。激发粉丝对粉丝文本创作的责任感，具有强大的效力，同样具有强大效力的是，向粉丝展示他们的个体重要性，而不只是把他们看作富有热情的集体。

创作更加优美的粉丝文本

游戏与玩游戏是检验不同互动类型的试金石，也许是因为它们本质上带有参与性。

反人类卡牌公司的网站首页上有一个“建议”区。“纵观公司的历史，我们与铁杆粉丝的关系总是对立的，他们不断催促我们，要求把粉丝文化融入游戏，而我们则一直把他们的要求挡回去。”特姆金说，“我们收到一堆又一堆的建议，都很糟糕，我们根本不会去阅读。”

不管这种态度是否代表着反人类卡牌公司的企业声音，它肯定不是唯一害怕接受粉丝创作内容的公司。就像允许粉丝参与品牌意义创建一样，接受粉丝创作的内容，也存在风险。

内容创作是一种基本的粉丝活动，不论它是以完善自我的名义进行的，还是以建立联系、获得团体内部地位为目的。如果引导得当，也许结果恰恰就是所预期的众筹。比如，当菲多利食品公司邀请粉丝发明一种新口味的薯片，并投票选出他们的最爱时，由此选出的获胜者“芝士大蒜面包”就有望大受欢迎，因为它代表了大众的口味。如果引导不当，就可能导致尴尬局面和法律问题的出现，比如，菲多利公司邀请粉丝发明一种新口味的薯片，而粉丝却在网上轰炸般地抛出“橙汁加牙膏”、“我敌人的血”、“食性动物”以及“后悔”等口味。当有足够数量的人决定在共享平台上表达重要情感时，粉丝迷恋就形成了，但有些平台很容易被人恶搞，如互联网民意调查。

《侠盗猎车手》堪称世界上最受欢迎的视频游戏，稳居排行榜前列。过去 15 年里，《侠盗猎车手》发布了十多个版本，2013 版打破了 7 项吉尼斯世界纪录，其中包括“史上最成功的娱乐项目”，因为它在发布前三天内便收入了 10 亿美元。

游戏中，随着玩家在黑帮社会中的地位不断上升，他会参加不同的任务和迷你游戏。作为一个“开放世界”游戏，它允许玩家随意漫游在各种景观之中，活动在各类城市与郊区之内，到处隐藏着有待探索的角落。

有了这样一个出色的平台，一些玩家还想再前进一步。《侠盗猎车手》和许多同类游戏一样，玩家很容易根据个人喜好对之进行修改（游戏“改装”），就像给电脑的游戏安装区添加几个文档一样简单，因此一个巨大的在线改装社区出现了，主要是分享游戏修改经验。社区提出的修改建议，有些合乎逻辑（比如，给汽车加油，应该有诸多现实的要求；建筑物的内部，要给玩家留下入口），有些非常有趣（比如，玩家可以搭便车，尝试充当卡车司机或警察），有些则是彻头彻尾的荒唐胡闹（如巨大的海啸淹没了整座城市，巨鲸雨点般从天而降，刀具变成了人造阳具，主人公变成了猴子、凯蒂猫或蜘蛛侠），还有很多有关空中飞行的要求。

《侠盗猎车手》游戏的出版商是摇滚之星游戏公司，它对于玩家修改游戏的现象一向持听之任之的态度，只要修改的游戏仅限于线下个人使用，便不去干预。公司发布的一些游戏更新，有时无法用于玩家修改的游戏，虽然反映出公司不支持粉丝修改游戏的态度，但公司并没有明令禁止修改。在 2015 年 5 月的一个采访中，一位公司代表甚至对游戏修改表示默许，他说："我们一直很欣赏个人计算机游戏修改社区的用户，那个修改的'僵尸入侵'棒极了。"

不难看出原因所在：总体上，粉丝所做的游戏修改使《侠盗猎车手》更有价值。修改不仅使游戏在大众眼里变得更加有趣，而且还吸引了高手玩家，所以很多玩家才会在玩腻了官方发布的游戏之后的很长一段时间里，仍一直参与游戏。这一切，都无须出版商额外支付费用。摇滚之星游戏公司没有像音乐和电影行业的巨头公司那样发布禁令，而是将粉丝所做的努力融入自己的语境。如此一来，粉丝找到了创作的乐趣，展示了自己的创作技巧，并在粉丝社区中获得了地位，而摇滚之星游戏公司现有的产品则有了完全出乎意料的新玩法。所以，游戏修改是有利于商业发展的。

然而，2015 年 4 月，许多游戏博客的头条新闻发出一片完全不同的声音："付费《天际》游戏修改变成了该死的东西。"视频游戏《上古卷轴 5：天际》与《侠盗猎车手》有类似的视觉构思：

浩瀚的世界，栩栩如生的城镇，高大的堡垒，美丽的自然环境。不同的是，《天际》的创作者贝塞斯达游戏工作室与经销商维尔福软件公司都支持鼓励粉丝修改游戏，甚至发布自创游戏。2015 年 4 月，它们决定物尽其用，允许用户轻松享受游戏修改社区修改的游戏……当然，需要额外付费。

接踵而至的是粉丝社区的土崩瓦解，继而出现的是游戏史上最快的局势大逆转。粉丝论坛和博客充斥着对维尔福软件公司的讽刺挖苦和抵制，有疯狂愤怒的话语，有彻头彻尾的攻击。一些参与了公司活动的游戏修改者说，自己受到了死亡威胁。一些修改者发誓，永远不再修改游戏，也绝不放弃自己对修改版游戏的控制权。一项要求撤除游戏修改付费模式的请愿在短短几天内就得到了 100 000 多个签名。到第二周，付费修改游戏系统被关闭，所有已经支付的费用一律全额退款。

错出在什么地方？如果粉丝创作的产品有利于粉丝对象，通过官方分销渠道让它们合法化，应该是合理的政策。毕竟，关于产品的价值和用途，粉丝往往比创作者看得更清楚，也更了解什么样的修改会使它变得更好。

在《天际》游戏这个例子中，部分原因在于利益分配不均，维尔福软件公司把修改版游戏销售额的 30% 分配给自己，贝塞斯达游戏工作室拿走 45%，仅有 25% 归游戏修改者。另一个原因是，人们普遍担心，收费意味着修改游戏的自由将会受限，活力四射的游戏修改社区将会终结。还有一个原因是，粉丝心生怨恨，因为他们创作产品的初衷是让其他粉丝受益，但实际结果却是增加了以赚钱为目标的公司的收入。一位批评家说："我所看到的是，贝塞斯达和维尔福公司在利用游戏修改社区所做的工作来赚钱，这些工作本应该由贝塞斯达做。"

25% 似乎好过分文没有，但人的天性就是拒绝看似不公的金钱交易。任何一位粉丝，如果付出时间和精力提升粉丝对象的价值，那他的付出就是无价的，任何人想要购买粉丝付出的努力，都必须慎之又慎。在某种意义上，将内容创作这一类的粉丝活动变成金钱交易，本身就在贬低粉丝活动的价值。

有时，最佳的粉丝管理方式是不予干涉：为粉丝社区提供支持、鼓励和维护，为他们提供开发和炫耀自己心爱之物所需的材料，给他们提供对得起他们热情的体验，让他们知情…… 然后，还要知道何时该后退、隐身，允许人性自然释放。当然，这并不是说我们无法掌控粉丝团体。

布鲁克林篮网队改变了支持一支球队所包含的意蕴，将自己从一个外来的阶级分化者转变为地方社区引以为豪的象征。他们用心了解粉丝团体内心深处的愿望和需求是什么，他们克服了现实和合法的反对活动带来的困难。反人类卡牌公司倾力提供客户所期待的粗俗无礼的服务，但从不犯粗俗无礼的错误，因为它明白，那不是客户真正想要的。

《天际》游戏创作公司领会了一点有益的道理，即游戏修改可以满足粉丝追求自我提升与地位提升的愿望，但未能充分理解它的启示意义，最终把它变成了商业冒险。公司也没有真正理解粉丝团体的动机，错误地认为只要修改游戏行为能够带给粉丝金钱收益，不论是多么微不足道的收益，粉丝都会心存感激。事实上，妥善管理可以避免造成激烈冲突。

刻意而为，这是与已有粉丝团体进行互动时应遵循的首要原则。胡乱修补没有破裂的东西，比如，活跃的粉丝与粉丝对象之间的关系，极具风险，需要不世之略和远见卓识。粉丝管理与粉丝利用之间有一条实实在在的界线。

第七章

活用真实性原则

真实性对粉丝团体而言是至关重要的，也最具危险性，但是如果利用得当，它会使粉丝甘愿沉浸在愉快的自欺欺人之中。将普通概念转化为一个新奇、愉快的事物，是一种具有强大吸引力的工具。真实性是一种黏合剂，可以把粉丝和粉丝对象连接起来，让他们投身共同的事业。

不共戴天的仇敌

1987 年 5 月 26 日下午，新泽西州的一名警察开着车，在花园之州公园大道上例行巡逻。他拦停了一辆载有两名男子的租赁车辆，他们违章了，罪魁祸首是一罐已打开的“圣保利女孩”啤酒，它是从附近的便利店买来的，一个包装中有 6 罐的那种。当车窗摇下来时，警察闻到了大麻的气味，司机承认他的座位下面有几个大麻烟卷。

“双手放在引擎盖上，双脚向后叉开。”司机回忆道，警察下完命令，呼叫增援。用两副手铐把个头高大的司机铐住后，警察把乘客从车里拽出来，搜查他的包裹，发现了一小瓶白色粉末，于是乘客也被捕了。

他们被分开押上两辆车，送往警察局。经过身份确认，司机是小詹姆斯 · 爱德华 · 杜根，他更为人所熟知的身份是职业摔跤手“钢锯”。乘客的身份证显示，他名叫侯赛因 · 霍思罗 · 阿里 · 瓦兹里，但连逮捕他的警察都认出，他是世界摔跤联盟（现已更名为世界摔跤娱乐）的著名人物艾龙 · 西耶克。经检测，白色粉末是可卡因，但几小时后，杜根被释放了。随后，瓦兹里交了出庭保证金，也被释放了。他们回到车上，继续向南，驶往阿斯伯里公园，那里有一场为他们安排的摔跤比赛，有成千上万的观众在等着观看。

根据“钢锯”讲述，当天早些时候，他和艾龙·西耶克一同抵达机场，艾龙·西耶克逼他上了车。买啤酒是西耶克的主意，因为西耶克来自比较自由的路易斯安那州，所以没有意识到，开车喝啤酒在新泽西州是违法的。因为此事，“钢锯”感觉糟透了。

事实并非如此，艾龙·西耶克在2013年的一次采访中声称，被捕后，“钢锯”打电话给父亲，他父亲是邻州格伦斯福尔斯市的警察局长，所以他们被释放了。他们设法赶上了原定晚上8点开始的比赛，上演了一场精彩的较量，在他的配合下，“钢锯”取得了辉煌的胜利。比赛结束后，他们回到车里，又买了6罐啤酒，并从麦当劳买了一些食物，去了一家酒吧，最后在酒店房间里和女粉丝开派对，整个晚上就这样消磨过去了。

这两个故事，版本截然不同。是他们的记忆不同造成的？还是二人作为表演者，长期以来不断精心打造的舞台角色的一部分？这很难判断。

在职业摔跤的戏剧性世界中，杜根是个“脸面”人物，即一个英雄角色，是观众支持的摔跤手。尽管杜根有应用植物学学位，但他效力于世界摔跤联盟，在那里的身份是“钢锯”，是一个强壮、爱国、好男孩角色。他进入摔跤场时的标志性动作是，手执一个大木棒，肩扛一面美国国旗。

艾龙·西耶克是一个“脚跟”人物，即观众反对的摔跤手，他是地道的德黑兰人，加入职业摔跤巡回赛之前，曾担任美国奥运会摔跤队教练。他扮演过许多“脸面”人物，但最终以“脚跟”

人物出名，带有浓浓的口音，留着邪恶的胡子，穿的服装带有一点中东色彩。在 1979 年的伊朗伊斯兰革命和伊朗人质危机期间，他成功利用民众的反阿拉伯情绪，把扮演的“脚跟”角色发挥得淋漓尽致。他惯用的招数是，在每场比赛前，用反美的嘲讽言语挑起粉丝的对抗情绪。当他和萨金特·斯劳特、绿巨人和哈克索等地道的美国“脸面”人物搭档时，这一招尤为奏效。

1987 年春，按说艾龙·西耶克和“钢锯”应该是水火不相容的两个人物：前者是邪恶的外国人，后者是血气方刚的爱国者。两个月前，他们在付费收看节目《摔跤狂热 3》中对阵，数百万粉丝眼睁睁看到，西耶克把他的标志性招式“驼式固定”用到“脸面”人物吉姆·布伦泽尔身上，接下来，“钢锯”则报复性地把大棒抡到了西耶克身上。早些时候，另一个“脸面”人物对西耶克使出一脚飞踢，也许并没有踢中，但西耶克却能“瞒天过海”，做出一副被强大对手重创的样子。那一期节目打破了以往的收视率和收入纪录，

这样两个对立的人物在同一辆车内被拘捕，但没有任何策划的故事情节来解释它，的确是个麻烦。

据“钢锯”回忆，当时他以为事情就那么过去了。当天晚上，他给妻子打电话说：“亲爱的，我们今天被逮住了，但我觉得没人知道这件事。”

第二天早上，他妻子打电话到宾馆，告诉他：“吉姆，所有人都知道了，家里的电话都被打爆了！你所有的朋友都打电话询问情况，新闻报道随处都是。”

“钢锯”给父亲打完电话，然后打电话给世界摔跤联盟首席执行官文斯·麦克马洪（他有时是世界摔跤联盟内定的“脸面”人物），电话立刻接通了。“吉姆，”电话线的另一头说，“你到底干了些什么？”

接下来的一周，媒体上沸沸扬扬，到处是两名摔跤手因“违法吸毒”而被解雇的消息，全美各地的报纸竞相评论。“他们再也不会拿钢筋椅子砸对方的头了，”《芝加哥太阳时报》的一个专栏幸灾乐祸地报道，“在美国各地的竞技场中死敌般厮杀的‘英勇钢锯’和‘恶棍’西耶克犯下了致命错误，两人密友般共处，被现场抓获。”

6 月 2 日，在布法罗的一个电视节目录像中，麦克马洪愤怒地对其他摔跤手发出警告，他在台上跺着脚，反复告诫，立即强制实施可卡因药物测试，“脸面”和“脚跟”人物在公共场合必须绝对相互回避，“这份工作比喝 6 瓶啤酒更重要！杜根和西耶克将永远没有机会效力于世界摔跤联盟”。当然，我们不清楚，首席执行官是在根据剧情表演训话，还是真的在训话。

“假戏真做”是指职业摔跤本身只是一个娱乐项目，但却假装成为一项体育竞技运动。要假戏真做，摔跤手就得始终充当故事中的人物角色，行事要遵循故事情节和预设的诡计。在当时，尽管摔跤中的故事情节编导实际上已是公开的秘密，但世界摔跤联盟还是要求所有摔跤手都假戏真做。“这些人真的会像他们叫嚣的那样，杀死对方吗？”“这个戴面具的老兄真的要用一个巨钟把那个穿斗篷的家伙打死吗？”“他真的要把他摔在栏杆上，然后蹦到他身上吗？或许，这只是在表演？”“他是真的受伤了，还是在假装？”“这是真正的血吗？”也许，麦克马洪担心的是，一旦粉丝不再提出这类问题，哪怕只是在潜意识里发问，那么观众宁愿信以为真的局面就会消失。

现代职业摔跤与早期巡回表演马戏团的杂耍和滑稽表演同根同源，是一种戏剧表演，综合了剧本情节元素，有即兴创作、独白、生动的人物以及夸张的肢体表演设计。虽然有一项名为摔跤的竞技体育运动，以使用抓握、扭抱等技巧制服对方为目的，但早期的爱好者明白，把摔跤场变成一个精心策划的体育竞技娱乐舞台，更加安全，也更加令人激动。多年来，各种摔跤组织雇用大量“摔跤表演者”，精心策划彼此间的争斗。每个组织都有自己的作家、服装和冠军，电视机在美国家庭中的普及，为摔跤故事提供了完美的平台。经过激烈竞争，很快就只剩下两个主要的摔跤组织，其中一个便是文斯·麦克马洪控股的世界摔跤联盟。20世纪80年代中期，在麦克马洪的推动下，摔跤从马戏杂耍转变为产生巨大文化影响力的活动。

“难道他们不知道，这不是真的吗？”这是一个反复提出的问题。的确，观众知道这不是真的，但又如何？研究职业摔跤文化多年的劳伦斯·麦克布莱德说：“这就好比大家坐在一起谈论圣诞老人不是真的一样。是啊，他不是真的，但那并不是重点。坐下来空谈这件事并不好玩，去看表演，为你喜欢的摔跤手加油，那才有趣。”

当观看魔术表演时，观众假装台上的那个人是真的魔法师，为他的神奇魔法惊叹不已，这并不意味着，他们真的相信物理定律失效了。同样，假装摔跤场上所发生的是真实事件，也是一种体验。

“摔跤表演就是，”麦克布莱德解释说，“你去看比赛，所有观众都不怎么当真，他们开着玩笑，幽默地展示自己的机智，‘很有趣，人人都知道这是假的，是个笑话，我们也只是找点乐子而已’。然后，表演一开始，不超过 5 分钟，观众就彻底变了，不停地尖叫着，希望看到好人获胜，坏人被消灭，场场都如此。”

有时，摔跤粉丝会不遗余力地宣示，他们对假象深信不疑。“他们会说，‘你什么意思，假的？这可不是假的’。每个人都乐滋滋地这样说。”麦克布莱德说，“他们并不信以为真，但都喜欢它。”最近，发生了这样一件事，“脚跟”人物 3H 在表演中停下来，去安慰一名少儿观众，他给那个小粉丝一个拥抱，拨弄一下他的头发说：“嘿，哥们儿，没事的，这只是在玩。”

了解幕后真相的摔跤迷，有时被称为精明的粉丝，有时候也被称作网络粉丝，因为互联网的崛起，极大地增加了粉丝数量。精明的粉丝不仅欣赏摔跤场面，而且还欣赏这种过度夸张的戏剧作品的策划和表演，如使用的技术、表现的情节以及戏剧性变化等。他们分析、讨论摔跤背后的设计策划技巧，当表演者倒地时，精明的粉丝会仔细观察，表演者如何用小刀片割破自己的额头，让创伤看起来更真实，他们能够猜到剧情的走向，知道每次比赛会发生什么，他们明白哪些仇恨是预先安排好的，哪些可能是真正的仇恨，他们了解每个表演者的背景故事，以及塑造表演者招牌动作的元素。“哦，是的，他现在上电视了，还记得吗？他原来是在亚拉巴马州，扮演的角色是一个邪恶的牙医。”正如麦克布莱德所说，摔跤场下的人群中，说这种话的人往往就是精明的粉丝。

精明的粉丝已成为职业摔跤的一部分，以至于摔跤中有专门为他们开发的诙谐笑话。在真实生活中，把一名摔跤对手摔到桌子上，将桌子砸穿，却没有给人造成身体伤害，是荒谬滑稽甚至几乎不可能的，但在大多数付费摔跤表演中，都会至少有一个把对手摔到“西班牙解说员的桌子”上的场景。所谓“西班牙解说员的桌子”就是一张道具桌子，当解说员跑过去想要拿它当掩护时，它却成了碎片。这是打趣的说法，意指赛场上有一种“安全”的桌子供摔跤手毁坏，而不是让他们把对手扔到“英国解说员的桌子”底下去，据说那种桌子要结实得多。有时候，“西班牙解说员的桌子”到比赛结束时居然还完好无损，摔跤手只能佯装糊涂，瞒天过海。

这就引出一个问题，既然人人都明白职业摔跤比赛是表演，不是竞技，那对于粉丝而言，它的吸引力何在？

对于这个问题，现代粉丝研究专家亨利·詹金斯已经研究了20多年。他指出，20世纪90年代，摔跤为劳动阶层的男性观众提供了一条出路，让他们有机会去讲述故事，释放情感，它具备高品质肥皂剧的所有特征——传统上肥皂剧是女性喜欢的体裁。摔跤中的人物角色，表现了种族斗争、经济差距、阶级差异以及性爱特征。故事情节往往体现了一种反智主义态度：好人都简单、阳光，坏人则凭借诡计和欺骗获胜。这一切，在越来越重视脑力，轻视体力的现代社会，可能会给人以慰藉。

如今的职业摔跤粉丝的人口结构非常复杂（这里还不包括喜欢讽刺挖苦职业摔跤赛的广大粉丝），如果还像20年前的詹姆斯那样，把职业摔跤标记为“男性闹剧”，虽然不算错误，但至少不够全面。

摔跤狂热

起初，九号酒吧里没有多少顾客。晚上8点以后，转眼间，酒吧就快要填满了。当然，还没到水泄不通的地步，还可以招手叫来女服务员点鸡翅（20个起售）和百威啤酒。不论是男的还是女的，大多穿着黑色T恤，一群穿着整齐时髦的雅皮士正在分享一盘鸡翅。还有一群人围着长沙发椅和一个巨大的屏幕，屏幕上正在播放《摔跤狂热32》，这是世界摔跤娱乐公司早在几个月前就已拉开了序幕的摔跤比赛年度高潮盛事。

大屏幕上，辛恩·麦克马洪正在挑战《地狱牢笼》赛的摔跤手“送葬者”。两个月前，一个精心策划的剧情中，文斯·麦克马洪——辛恩在现实生活中的父亲——同意把每周一期的摔跤比赛节目《周一晚上的战斗》的控股权交给辛恩，前提是辛恩必须击败“送葬者”——一个擅长使用超自然诡计的摔跤手。从公司长远的经营策略来说，这似乎是一个不太可能实现的计划，但在故事中却是完全合理的。到目前为止，两位摔跤手不停地使用各种金属物品（椅子、楼梯栏杆……），比赛进入白热化阶段。

现在，辛恩正在爬牢笼的铁丝网，10英尺高，20英尺高。“辛恩，你在干什么？辛恩，那份控制权对你来说值多少钱！不要这样！拜托！”解说员喊道，“看在上帝的分上，让他下来！他到底在想什么！”

“天哪，他会跳下去吗？”酒吧里，一位雅皮士从椅子上跳起来，大喊一声。

“不！你不能这样做！”解说员大声喊道。酒吧前部的所有观众都起身离座，疯狂地用手机对着屏幕拍照，角落里的女性观众用手掩住了脸。

“该死的，辛恩，快停下来！别这样！不要！”解说员大声吼道。

他跳了！“送葬者”在最后时刻滚到了一旁，辛恩重重地跌落在解说员的桌子上，把它砸得稀巴烂。“为了人类的爱！”解说员喊道。

“他死了吗？他死了吗？”那个雅皮士大喊道。

他没有死！酒吧里所有人都跳起来，欢声雷动。

很快，比赛结束了。辛恩躺在垫子上，看上去受伤了。他未能击败“送葬者”，所以《周一晚上的战斗》将继续归文斯·麦克马洪所有。一支医疗团队，或许是一群扮演医疗队的人，冲上台，把辛恩抬到一块板子上。但是，这是怎么回事！当医务人员匆匆冲向出口时，辛恩晃荡着的手臂举了起来，举到了空中！他向观众竖起大拇指！“哇！”解说员叫了起来，“哇！”

“辛恩就像突然老了，他 50 岁了！我无法相信，我简直不敢相信。”那位雅皮士嘀咕着。

职业摔跤的动作都是设计好的，但这并不等于它们是安全的。

摔跤手在赛场上打手势发暗号，发出声音提示，彼此悄悄提示设计好的套路，但这并不会改变赛场上存在危险的事实。很少有摔跤手在长期的职业生涯中，未经历过一两次粉身碎骨的重伤。传奇摔跤手布雷特·哈特在自传中写道："所有规则中，最重要的是保护我的对手，而不是保护我自己，因为他把信任和性命都交到了我的手上。"

作为一种表演，摔跤的真实性不在于它是不是一项体育运动，而在于其动作是否真实。有时，要表演出一副真的很疼的样子，就得动真格，痛击对手。当摔跤手被摔向一张桌子时（一张假桌子），如果他小心翼翼地摔落到桌子上，就可能会把整个事情都搞砸。

"精明的粉丝似乎更清楚摔跤的表演性，审美意识比较强，'看看这个家伙，他在流血'。你知道，这就是一场表演而已。大家都知道他是自愿这样做的，是为我们而做的。他为了大家，甘愿自己受伤，多么令人感动！为了节目，为了把它作为礼物送给粉丝，他每个月都让自己的身体经历这些难以置信的伤痛。"麦克布莱德说。

所有粉丝都很聪明

"文化傻子"形容的是那些纯粹因为某项商品的语境而购买的消费者。根据该理论，消费者就像孩子一样，对营销宣传深信不疑。他们不够精明，意识不到自己被愚弄了。消费者并不知道，他们的决定被以赢利为目的的人操纵，这些人想要分散他们的注意力，让他们无暇关注更重要的事情，比如推翻恺撒。"文化傻子"

理论以居高临下的姿态假定，消费者之所以会相信营销宣传，是因为他们不了解真相。实际上，粉丝虽然依赖内部或外部品牌宣传来决定他们对品牌的忠诚度，但他们肯定不是毫无思想的木偶。

在一定程度上，所有粉丝都是精明的。他们明白自己特别关注的对象是经过精心打造来吸引他们的。粉丝迷恋意味着自愿花钱进入某种语境。这种语境通常是虚构的，至少在一定程度上如此。达斯·维德并没有真正尝试接管宇宙，歌手约翰尼·卡什实际上并不是一个穷困潦倒、伤心欲绝、犯了罪的牛仔，不论他在歌曲中这么唱过多少次。我们知道，奥利奥公司之所以推出有机饼干，并非突然做出这个决定，以便让客户吃到营养成分更丰富的饼干，而是因为它发现了新的市场需求。

即使最忠实的粉丝也明白，如果最喜欢的乐队解散了，世界末日不会因此降临，但假装末日来临也确实是乐事一桩。2015 年开始流行一种作乐方式，很多人用最具戏剧性的方式来证明，一旦歌手泽恩·马利克离开单向组合乐队，那么宇宙就会终结，再无活着的理由。当然，宇宙没有终结，活着的理由也还存在。几乎没有人真的以为，某个歌手的职业选择会破坏自然规律，再痴迷的人也不会。如果他离开组合以后，博客和社交媒体上的夸大其词都成为现实，那幸存者恐怕寥寥无几。

几乎所有的粉丝迷恋都有某种虚假的成分。1995 年出版的小说《恐怖夜之城》中，主人公认为他正在被德古拉伯爵的灵魂追踪，然而他不得不承认，只要自己愿意，可以选择不去相信它。也许，这是很多粉丝熟悉的感觉。大多数人都明白，虽然他们对所迷恋的对象有真实、深刻的感情，但实际上，很少有迷恋对象具有严格意义上的真实性。世界摔跤比赛就是一个例子，观众明白，自己正在被“愚弄”，但他们在假象中找到了价值。

只要他们从某种关系中获得重要的东西，粉丝就会时刻下意识做出决定，忽视粉丝迷恋所内含的商业目的。真实性对粉丝团体而言是至关重要的，也最具危险性，但是如果利用得当，它会使粉丝甘愿沉浸在愉快的自欺欺人之中。

久别重逢的孪生兄弟

2012 年底，州立农业保险公司把两个一出生就被分开抚养的双胞胎兄弟聚到了一起。一位是克里斯·保罗（洛杉矶快船队的 NBA 球员），一位是克里夫·保罗（州立农业保险公司保险代理人）。克里斯成长为一名 NBA 球星，三次获评 NBA 助攻王和最受尊敬的球员，而克里夫却只能为别人办理保险业务。

在一则广告中，粉丝可以看到，克里夫和克里斯在医院刚出生就被分开了。他们各自的童年看上去都比较快乐，直到近期，他们才重逢。他们在电梯里擦身而过的瞬间认出了彼此。解说词说：“如果血液中流淌着‘帮助’[①]，冥冥中你就能感知。”

观众被深深地吸引了，克里夫真的是克里斯失联已久的兄弟吗？粉丝发推文写道，“我想让克里夫给我当代理人”“我怎样才

---

① assist 意为“帮助、援助”，也可以指“助攻”。此处是双关之意，既指克里斯是篮球场上的助攻，也指克里夫作为保险代理人为别人提供帮助。——译者注

能雇用克里夫”。体育运动网站和公共论坛网站上发布了大量以“克里夫·保罗是真的吗”为题的消息。

2013 年初，克里斯和克里夫的联系更加紧密，克里斯发推文，感谢克里夫在赛前对他的鼓励。美式橄榄球联盟球员德鲁·布里斯发帖，对两兄弟团圆表示祝贺。特纳电视网的篮球评论员肯尼·史密斯发表评论，说自己见到了克里夫本人。福克斯体育广播公司的女主播艾琳·安德鲁斯把兄弟团圆之年称为“孪生兄弟年”。2013 年 NBA 全明星周末赛，克里夫和克里斯同台亮相。2014 年 NBA 全明星周末赛，克里夫与艺人尼克·卡农一同登台出场。

后来，克里夫和克里斯开始在其他地方同时出现，教他们各自的儿子（恰巧两个孩子同龄）如何在两个 NBA 中，即美国职业篮球联赛和美国国家助理局[①]，发挥“帮助”作用。每一次出场，克里夫·保罗的名气就会上涨，他积累了成千上万的推特和照片墙粉丝，每天都在两个平台上发布信息。

当然，克里夫·保罗显然就是戴了一副黑框眼镜的克里斯·保罗，好比超人戴副眼镜化身为克拉克·肯特一样。对于这类把戏，很多人并不会真的上当受骗。事实上，没有一个骗局可以做到滴水不漏，正如作家恰克·克罗斯特曼在娱乐与体育节目电视网上指出：“为什么他们都姓保罗？难道两个收养家庭的姓氏相同？”丹格·格雷罗在 Uproxx 网上指出：“呃，难道克里夫的生母不知道她生了双胞胎吗？”

---

① NBA，既是 National Basketball Association（美国职业篮球联赛）的简称，也是 National Bureau of Assists（美国国家助理局）的简称。——译者注

尽管如此，克里夫成为一股股文化热潮的代言人，他有一双耐克乔丹鞋（克里斯·保罗的战靴），他在2K体育运动游戏公司最畅销的视频游戏*NBA 2K14*中出现。在游戏中，兄弟俩在一对一对抗，在快船队的一场比赛中，观众在看台上晃动着成千上万个克里夫·保罗面具。

为什么会这样呢？显然，这是一个赤裸裸的广告宣传产品，目的是向篮球粉丝推销汽车保险和业主保险，为什么大家还如此关心"孪生兄弟"呢？

克里夫·保罗这个角色是纽约一家广告代理机构创作出来的，参与这个项目的马库斯·柯林斯认为，最重要的原因是，"克里夫·保罗到底是否真实"是一个有吸引力的问题，该项目的理念是让粉丝去猜测。铁杆粉丝对每个球员的个人情况了如指掌，不会不知道克里斯有个孪生兄弟，可打造一个"失联已久"的孪生兄弟（他只有一丝真实性），可以制造出一个潜在的信息鸿沟。兄弟俩同框出镜，信誉良好的名人在推特上发布相关信息，所有这些都是为了让这一丝希望变得更加真实。

如此一来，虽然真实性只有一丝，但为粉丝提供了质疑真实性的机会。克里夫是一个杜撰的名人，无人掩盖这个事实。《纽约时报》早在广告宣传活动开始前，就刊登了一篇关于假孪生兄弟的文章，但不管怎样，粉丝就是乐在其中，因为它是一个有趣的、引人入胜的故事。

真假不分，混淆视听，这是游戏的目的。它让人想象各种不可能发生的情景，然后说："但是，假如……又会怎样？"传统的摔跤和汽车保险业务都很枯燥乏味，而用真实性概念把粉丝玩弄于股掌之间，却可以使产品变得不同寻常，可以将参与者从“成人状态”中解放出来。

将普通概念转化为一个新奇、愉快的事物，是一种具有强大吸引力的工具。就神经系统而言，当熟悉的模式发生意外变化时，人类大脑中的多巴胺（一种带来快感的化学物质）就会激增。大脑中的多巴胺越多，我们就越不会关注产品潜在的恼人属性，比如，头破血流、伤筋动骨的摔跤比赛能为麦克马洪带来多少经济收益。玩弄真实性概念，可以使产品去商业化，让粉丝心安理得地对它产生个人认同。

当然，鼓励粉丝对粉丝对象的货币价值视而不见的做法是一把双刃剑，有利有弊。自欺欺人可能带来快乐，可是接下来，又会怎样？

帽子危机

电视剧《萤火虫》于2002年9月开始播出，圣诞季到来之时，它却被叫停了。按照创始人乔斯·韦登的设想，该电视剧节目将持续播出7年，但在福克斯广播网络上，第一季播出了不到2/3就被停播了。

《萤火虫》的剧情设定在一艘逃匿的星际飞船上，在银河系的一次内战中，飞船船长和船员所支持的一方败北，落得四处逃窜的下场。尽管反抗冷酷无情的官僚主义的斗争失败了，但他们的精神没有被摧毁。现在，他们生活在社会的边缘，为了生存，偶尔做些不太光明正大（但基本还算正当）的买卖，凭借他们的智慧、服从、荣誉和冷血维持着自由。

尽管它夭折了，但是给粉丝留下了深刻印象。韦登凭借《吸血鬼猎人巴菲》，早已名头响亮，坐拥大量忠实粉丝，加之《萤火虫》以西部太空片为特色，更是吸引了不少新的铁杆粉丝。节目被停播后，粉丝发起了浩大的游说活动，希望福克斯广播网络公司改变主意。他们筹集资金，邮寄明信片，但福克斯不为所动，其他网络也不愿购买该节目，似乎《萤火虫》就这样结束了。

然而，多年来，粉丝对它的迷恋丝毫不减。他们自称"棕衣"——电视剧中在军事冲突中战败方的名号，不断传播节目信息，留言板、社交媒体群和网站上的相关信息成倍增长，速度之快，难以估量。粉丝自发筹集慈善基金，创作同人电影和纪录片。《萤火虫》电视剧 DVD 版首轮推出，便在预售公告发出后的 24 小时内销售一空。

2006 年，环球影业公司决定资助长篇电影《宁静号》，实际上就是把《萤火虫》第二季的故事情节搬上了银幕。但该电影并未赢利，票房总收入仅为 3900 万美元，与预算的电影成本刚刚持平，可粉丝并不关心赢利问题。理论上讲，《萤火虫》之所以吸引广大粉丝，恰恰是因为它遭遇停播，成为一项失败的事业，正如《娱乐周刊》所说，"殉道增加了它的传奇色彩"。

继《萤火虫》之后拍摄的《宁静号》，同样草草收场。2012 年，福克斯广播网络公司似乎再次想起了这个被长期遗忘在角落的投资项目。

剧中，机组成员杰恩·科布是一个身强力壮的硬汉。在未曾播出的一集中，杰恩·科布的母亲给他寄了一顶手工编织的帽子。帽子是橙色的，有两个护耳，顶上还有一个小绒球。戴上帽子，杰恩·科布出乎意料地显露出温柔的一面。多年来，“棕衣”粉丝一直模仿编织这款针织帽，在粉丝大会和聚会的时候戴着，偶尔也在其他场合戴，这种帽子已经成为帮助粉丝识别其他志同道合之人的团体标记。这一剧集在节目最初播出期间被删减了，所以只有铁杆粉丝才了解这种针织帽的象征意义。

“棕衣”模仿他们崇拜的船员，做点边际贸易，彼此兜售针织帽。有段时间，在手工艺品销售网站易集（Etsy）上搜索“杰恩帽”，就会出现几十个条目。在亿贝网站上搜索，会出现更多条目。甚至连韦登都在动漫展上对家庭手工编织发表评论，解释为什么大家会喜爱杰恩帽：“事实上，它有一种家庭制作的感觉，是自己动手编织的，而且很招人喜爱。”

2012 年初，福克斯广播网络公司把针织帽授权给服装公司瑞波·章克申（Ripple Junction），开始大批量生产杰恩帽，并将产品销售给大规模在线零售商思维极客（ThinkGeek）。批量生产的帽子更加美观，而且大多比家庭自制的帽子便宜。

此后不久，易集网上的自制帽子列表开始消失。消失的时机当然很可疑，粉丝猜测，是不是福克斯或瑞波·章克申公司要求易集停止销售未经授权的帽子。猜测很快得到了证实。易集给各个商家发送了通知，说福克斯的知识产权总监要求清除未授权的产品。通知中有一条警告——消息禁止外传。“你是一个喜欢自己编织杰恩帽的《萤火虫》粉丝吗？当心，福克斯要找你麻烦。”一个颇受欢迎的极客网站玛丽·苏发出警告。

福克斯有权利用这样一个意外增值的产权吗？当然有！而且它还有权阻止别人利用它。然而，接踵而来的，却与其初衷大相径庭。

福克斯误解了观众的动机。在《萤火虫》被福克斯遗忘长达10年的时间里，粉丝活动保持了它的意义，是粉丝的兴趣将杰恩帽变成一个象征性标志。易集网站上，不少杰恩帽面向的群体是婴儿或接受化疗的患者，福克斯打击、惩罚的手工艺人，往往是出于爱心才手工编织帽子的。

“我希望，你为自己感到骄傲！”一个名为“萤火虫货物港湾”的粉丝商店在脸书上发布了这条帖子，一天之内收到1000个点赞。另一个粉丝发帖说：“我觉得，为杰恩帽授权简直下流无耻，你，偏偏得不到它。”还有一个粉丝抱怨说：“就算从法律、道德和伦理上讲，福克斯没有做错，但它依然丑陋不堪。”甚至，连多年前扮演杰恩的亚当·鲍德温都在推特上戏谑道：“你们所有的杰恩帽都属于我们！”

大多数卖家担心福克斯会采取法律行动，所以在网店列表中删除了杰恩帽。其余的卖家搞笑地为它重新命名，如“戴着不是杰恩帽的帽子观看《警犬追缉令》”“妈妈织的带耳套的帽子”“背后有故事和争议的帽子”。

4月初，粉丝的愤怒丝毫没有减退的迹象。思维极客，一个备受攻击的帽子零售商，觉得有必要站出来为自己辩护，在公司博客上发布申辩消息称："我们只想声明，思维极客与'勒令终止'通知毫无瓜葛。"但批评仍在继续。此后不久，思维极客写了一篇长文安抚粉丝，开头是这样写的："棕衣，我们已听到你们的担忧……"文章声明，它与发布法律通告无关，但为了平息粉丝的愤怒，愿将杰恩帽的销售利润捐给一家慈善机构，直至帽子售完为止。这家慈善机构名为"不要阻止宁静号"，是为《萤火虫》电视剧成立的。

这是一个大胆之举，思维极客帮助瑞波·章克申公司开发了杰恩帽，然后又放弃杰恩帽的利润，实际上等于白白浪费了数月的工作。然而，牺牲经济利益是唯一避免事件持续发酵，进而可能导致更严重后果的办法。

在粉丝眼中，福克斯公司打击销售杰恩帽的棕衣，等同于犯了两宗罪：一是违反了粉丝最为珍视的文化规范，即勇敢的另类人士反抗冷酷无情的官僚主义的理想；二是破坏了粉丝团体的社会等级，它惩罚的是顶级粉丝，这些人因为过度忠诚而受到惩罚。

虽然，这并非思维极客直接导致的，但无疑，该网站希望放低自己的姿态可以安抚棕衣大众。毕竟，它还有二三十种《萤火虫》系列产品有待销售。

忠实于消息，而不是媒介

粉丝迷恋建立在一种很微妙的交易基础上。只有当粉丝的需求得到满足时，他们才愿意交易。只有他们自己可以决定，是否愿意（或者在多大程度上）被人“愚弄”。

所有粉丝迷恋都需要自主自愿的信任。无论粉丝表现出的忠诚度如何，真正能决定忠诚度的，是粉丝对象所代表的理念。这是两种完全不同的忠诚，对于自己所钟爱的东西，粉丝只有在自愿面对其商业性质时，才会保持忠诚。

一个品牌，即便已经创设了良好的语境，也不能忽视与品牌言说的故事相矛盾的细枝末节。一旦粉丝对象宣称的价值与它作为商业实体的价值之间出现矛盾，平衡就会被破坏。

《萤火虫》粉丝喜欢剧中迷人的演员、精美的特效和诙谐的语言，但归根结底，他们喜欢的是电视剧的主题——自主的权利，他们对节目中“失败者的胜利”这一主题产生了情感回应。只要剧集的内容与其哲学原则一致，粉丝就会很开心。一旦二者之间出现对立，粉丝很快就会把它认定为违规现象。在某种程度上，所有粉丝都是聪明的粉丝，可以区别对待两种不同的忠诚。

这种无形的伤害，恰恰是一个“口碑不错”的品牌在被指控有某种不端行为时，粉丝产生极大愤怒的原因。对于耐克、苹果这类高度依赖语境的品牌，对于其恶劣工厂环境的指控，会沉重地打击粉丝。如果同样的指控针对的是造纸厂或铜管厂，也许就不会了。耐克和苹果公司不遗余力地营造激情、进取和财富的光环，但是当这种氛围与工厂中一贫如洗或未成年劳工的报道一同出现时，就会产生一种内在的不真实性。

真实性是一种黏合剂，可以把两个具有潜在对立动机的主体——粉丝和粉丝对象所有者，联结起来，让他们投身共同的事业。如果一个品牌只想笼络粉丝，却不想践行其核心价值观，注定会引起争议。

也许，不论营销策划多么周全，大规模上市的杰恩帽永远都不会被《萤火虫》粉丝接受。空头支票毫无用处，因为粉丝已经做了最重要的投资，投入了他们的自我意识。粉丝对象所有者眼里看似无害的商业把戏，实际上会冒犯粉丝的身份认同。

粉丝可以通过多个粉丝对象获得同样的自我感知，因此，一旦遭遇背叛，粉丝团体就会跳槽，转向另外一个粉丝对象，这是稀松平常之事。每一项针对耐克公司低下的劳工标准提出的指控，对其他健身用品制造商来说，包括那些不一定生产运动装的制造商，都是一个福音。不难想象，杰恩帽事件之后，许多棕衣会认为，像《萤火虫》一样具有太空冒险与叛逆情节的《星球大战》，更符合他们的风格。

错误的做法

习惯于单向交流的营销人员也许忘了，侮辱一个粉丝团体，造成的问题要比与一个客户直接发生冲突严重得多。得罪一个客户，他也许只会决定不再购买该产品。侮辱一个粉丝团体，则是人格冒犯，粉丝有动力、时间和社会资本进行反击。

受众参与——鼓励用户参与品牌相关的活动，是一个魔法盒，从理论上讲，它可以将受众的热情转化为金钱。但是，在现实生活中，其结果取决于参与的类型及其用途。

“在推特（或照片墙、脸书、汤博乐）上，用此 # 主题标签来分享您的故事……”已经成为一种非常老套的做法。很少有营销人员会用心思考，它对粉丝有什么意义。与真正的粉丝实践一样，“使用此 # 主题标签”策略靠的是粉丝所从事的迷恋活动，如分享观点、参与品牌语境、人际交往。虽然这些营销活动是利用真实粉丝的实践活动，但其目的却不真实，品牌不会因为客户的推文而改变产品或营销方式。

这种类型活动的主要企图是把粉丝变成广告牌。一个自我意识较强的品牌，也许会把收到的“最佳”故事展示出来，让那些参与活动的粉丝在粉丝团体中更有地位，但是即便这种缺乏诚意的营销回应，实际上也很少见。一般来说，这种互动只服务于品牌所有者的利益，根本不会为其他人的利益服务。像杰恩帽一样，一个真正的粉丝实践活动被企业利用，一旦企业选错了打击目标，就一定会引起众怒。

快餐业巨头麦当劳是一个亟须大众支持的美国品牌，最忠诚的粉丝都有可能视吃麦当劳为不宜公之于众的坏习惯或带来罪恶感的享受。销量下降、波动不定的股票价格，以及更健康的替代食品的兴起，让麦当劳自乱阵脚。此时，若有一位受人尊敬的朋友发出一条推文，给予麦当劳积极的评价，这无异于在向你宣布，麦当劳的汉堡依然时兴，依然有很多人在吃它。

2012 年，麦当劳在推特上推出了“# 麦当劳故事”主题标签。最有健康意识的人也会在孩提时代参加过麦当劳生日派对，或者在中学足球训练之后，和队友一起狼吞虎咽地吃过麦当劳汉堡。每一位开心的粉丝在推特上发布140个字符长的故事，都是在向朋友圈甚至朋友圈以外的人宣传麦当劳。仅是让别人知道自己是麦当劳粉丝，就有可能影响其他人，带动他们去麦当劳消费。

邀请粉丝利用个人社交网络为企业做宣传，这种做法是有问题的，主要是因为你根本无法控制粉丝实际会发布什么内容。通常情况下，更多的人喜欢爆料关于麦当劳的不愉快经历，而非开心快乐的故事。“#麦当劳故事”活动中，粉丝发出的吐槽推文五花八门，有提醒式的，如“哥们，我在麦当劳干过。我的‘#麦当劳故事’足以吓到你毛发直立”；有非常直白的，如“我一走进麦当劳，就闻到了空气中充斥着Ⅱ型糖尿病的气味，忍不住就吐了。#麦当劳故事”。两小时之内，麦当劳就取消了这次付费主题标签促销活动，但是大众的嘲笑讥讽需要数月才能消失。正如商业杂志《福布斯》中所写：“推特观众对大众平台的欺蒙行为最敏感。”

当然，任何组织都可能试图将自己的活动议题推销给受众，结果却发现，受众有自己的议题。2014年，纽约警察局试图通过主题标签活动改善自身形象，于是便设立了“#我的纽约警察局”主题标签，想让受众发布反映快乐时光的照片，当然要有警察在上面。但受众却不这么干，他们用该主题标签发布的照片，充斥着警察的残酷、暴力行为。其实，这种反应并非完全出乎意料，尤其是因为，在一些关注度很高的案件中，拍摄纽约警察是一项罪行，足以导致当事人被捕。

要体验真正的粉丝关系，粉丝对象必须面对粉丝的真实用户体验和动机，而不是它所幻想出的粉丝体验。粉丝需要被人理解，即使他们提出的是根本无法满足的要求，所以把营销策略粉饰为真实体验的做法行不通。

粉丝迷恋充其量是粉丝与粉丝对象之间的合作，而不是二者共同的选择。品牌所有者应该从粉丝的角度出发，与粉丝团体共同开发和支持让双方都有深切感受的活动。了解粉丝的感受，并不需要深入开展人种志研究，也不需要复杂的众包平台，这两种技术都存在将粉丝“变为他者”的风险，即把粉丝当作需要仔细研究、标记和分类的异族部落。

唤醒回忆

一个简单的策略是，雇用一部分粉丝，让他们自己制定互动原则。一个更好的策略是，产品开发者研发出一种自己热爱和理解的粉丝对象，然后像粉丝一样去热爱它、理解它。虽然这种真实性非常罕见，但也许是真正理解粉丝体验的最佳方式。基于真实的喜爱与狂热制定出的策略，必定能屡屡击败局外人的伪装之计。

第一个月，萨丽塔 · 俄凯尔和她的丈夫恺撒与许多移居纽约的人一样，住在东村的转租屋里，吃遍了附近的餐馆。

“我当时想，要是有一个做奶酪通心粉的餐馆该有多好！肯定有！”萨丽塔回忆说，“你瞧，我们就开始在谷歌上搜索，结果让我们大吃一惊，什么？居然没有一个卖奶酪通心粉的地方？于是，我们便有了开奶酪通心粉餐馆这个主意。”

于是，萨丽塔奶酪通心粉餐馆做了一件事，当然这一件事是用十多种不同的方式做的。在餐馆开业初期，排队的顾客从位于纽约东村的餐馆大门口一直沿着街区排到了第二大道。有时，傍晚刚至，餐馆的食物就卖完了。

除了容易饱腹和价格低廉这两个特征，萨丽塔奶酪通心粉还带有浓浓的文化怀旧之情。无论是蓝色牛皮纸包装盒，还是最受喜爱的传统秘方，这道面品让许多人想起了美好的个人回忆，甚至一些不打算去餐馆吃饭的陌生人也会给萨丽塔写信，描述他们多么喜欢奶酪通心粉。“这的确让人有点紧张，这是人们脑海里、心目中、身体内的一种食物，你不能辜负他们的期望，做到这一点并不容易。”萨丽塔说。

萨丽塔奶酪通心粉餐馆以东的几个街区，有一家店名叫“融化工坊”，它是一个不断发展壮大的烤奶酪连锁餐厅。这家店的起源不像萨丽塔奶酪通心粉那么离奇，但和它一样，带有很强的慰藉意义：斯宾塞·鲁宾和他当时的房地产开发公司老板利用闲暇时间，集思广益，寻找新的商业思路，于是融化工坊奶酪餐厅就诞生了。

奶酪通心粉餐馆的烤奶酪激发了食客对童年的怀旧之情，同样，融化工坊也受益于简单快乐的童年回忆。“熟悉”是这个商业概念的关键。“我认为，这正是现在很多熟悉的概念以新的形式重新出现的原因，”鲁宾说，“我们总想通过独特的方式创造很酷的创意，同时还要保证它接地气。我们不希望别人在走过我们餐厅的门口时说，‘啊，那个地方对我来说太花里胡哨了’，或者说，‘啊，那个地方对我来说遥不可及’。”

所有的粉丝迷恋，无论迷恋对象是名人、活动、某种内容或某个品牌，都具有强烈的怀旧元素。粉丝迷恋的定义中包含粉丝重温美好回忆的活动。

在某些粉丝迷恋中，如对宝丽来拍立得胶片和大浪汽水等品牌的迷恋，怀旧发挥了很大作用，可以说，它是品牌迷恋的主要驱动力，但对于其他类型的迷恋，怀旧仅仅是众多目的之一。粉丝观看棒球比赛，或许是因为他们热爱棒球，或许是想传承家庭传统，或许是喜欢批评棒球运动带有太强的竞技主义色彩，抑或为了比较不同体育场里的热狗味道。

粉丝明白，有些唤起童年回忆的方式令人心生敬意，有些则纯粹是在利用童年回忆，它们是完全不同的。许多大型快餐连锁店的性质决定，它们必须对食品的原料、经营动机及经营活动高度保密，还需要复杂的企业管理体系来组织实施这一切。当大型快餐连锁店要求顾客贡献出他们最为珍视的思想和回忆时，粉丝的反应就会非常糟糕。

利用怀旧情绪的最佳方法，是坦然承认它的意图。对粉丝而言，透明度往往会带来信任，虽然坦诚不是唯一的方法，但对绝大多数粉丝对象而言，粉丝对他们所热爱的事物理解越深刻，就会觉得与它越亲近。

假戏真做走向终结

1989 年 2 月 10 日，世界摔跤联盟的代表向新泽西参议院提供证词，说职业摔跤比赛是“一项近身格斗活动，其首要目的是娱乐观众，而不是进行真正的体育竞赛”。

承认了公开的秘密，职业摔跤比赛终于选择将其所使用的骗人诡计透明化，再也不能宣称摔跤是一项体育运动而不是娱乐表演。与此同时，他们也将免受那些适用于体育运动的法律条例的约束，以前，他们一直是在假装遵守这些规定。对体育运动的规范要求很严格，而对剧院则不同，世界摔跤联盟无须再为电视转播比赛额外付费，无须再做赛前体检，再也不需要那些具备认证资质的裁判了。一代人之后，现代愤青分析指出，体育运动员不能服用增进体能的药物，演员则不受此限制，所以承认摔跤是娱乐性的，意味着放松了对它的药物使用管制。我们无法在事后分析，1989 年的证词以及随之而来的药物使用放松管制，是否会对类固醇类违禁药物使用的调查产生影响，毕竟，对职业摔跤比赛进行大规模违禁药物使用调查是在时隔 4 年之后才展开的。

公开承认自身的娱乐性质，只是职业摔跤比赛新的黄金时代的开端。进入 20 世纪 90 年代，它比以前更受欢迎。文斯·麦克马洪曾因两名顶级表演者“违规服用药物”而解雇了他们，但是，短短两年之后，他便创造了一项新的摔跤运动，一项名副其实受粉丝喜爱的夸张体育表演，伪装面具消失了，假戏真做的黄金时代走向尾声。

1996年，凯文·纳什（一名擂台名为“柴油”的“脚跟”摔跤手）和“脸面”摔跤手斯科特·霍尔（又名剃刀·雷蒙）即将退出世界摔跤联盟。对于多年来一直追随这两位火爆摔跤手的人来说，这是一个伤感的时刻。5月9日，在麦迪逊广场花园，“柴油”正在与他的朋友肖恩·迈克尔斯进行一场铁笼摔跤赛。肖恩是个“脸面”人物，这也许是他们的最后一场比赛。

“柴油”倒下了，躺在垫子上，迈克尔斯以胜利者的姿态站在他身边，然后剃刀·雷蒙走进摔跤场，拥抱迈克尔斯。起初，他似乎在祝贺同为“脸面”人物的迈克尔斯获得胜利，但事实并非如此。保罗·迈克尔·莱维斯克，一个即将扮演3H的卑鄙“脚跟”人物，也走进了摔跤场，同样拥抱了剃刀·雷蒙。然后，刚刚还在垫子上痛苦扭动的“柴油”站了起来，拥抱了在场的每一位。

四个摔跤手——“脸面”人物和“脚跟”人物——转身深情地拥抱在一起，头对着头，双臂紧紧搂着彼此的肩膀。此时此刻，四位铁汉不再是竞技的对手。他们是朋友，会彼此想念，他们希望观众知道这一点。他们紧紧地手拉手，手臂高高举起，四个“脸面”人物和“脚跟”人物一起，在人群的欢呼和尖叫声中最后一次谢幕。

第八章

有效应对粉丝的愤怒

面对粉丝的愤怒是一件非常可怕的事，这是因为，粉丝使用的是极端的语言。当粉丝反叛发生时，必须迅速应对。这并不意味着要删除负面的帖子，或假装问题不存在，而意味着承认对问题的关切，让粉丝知道，他们的意见被听到、被尊重，还要尽快提供解决方案来缓和局势。

粉丝反抗可不是件好事。因粉丝迷恋而产生的情感与粉丝的个人身份密切相连，而品牌所有者很容易在无意识中忽视、轻视或修改这种情感的核心要素。极少有粉丝迷恋对象能够避免偶尔的失误，所以难免会激起曾热爱它的粉丝的愤怒。有时，粉丝反抗可以避免或平息，而有时，根本就别想去避免或平息它恐怕更为重要。

粉丝反抗往往是由粉丝对象看似微不足道的小举动引起的，而企业管理团队却根本没有意识到做错了什么，更无法理解粉丝的激烈反应源自何处。粉丝对象发生任何细微变化，粉丝都会重新评估它的新价值观是否仍然与原来的价值观相符。每当教皇发布一条新的教令，在世界各地，成为一名天主教徒的意义就会相应地发生变化。当一个政党拉拢新的支持群体，决定改变针对某一重要问题的立场时，对于原来的支持者而言，其支持的含义就发生了变化。如果粉丝不喜欢粉丝对象所做的改变，他们必须决定是顺应变化，还是竭力回到从前，或者完全放弃对它的迷恋。

粉丝并非永远正确，品牌所有者的商业使命往往与粉丝迷恋抵制改变的特性相冲突，不受粉丝欢迎的决策其实往往是合理的商业诉求，甚至还决定着粉丝对象能否继续存在。法律部门需要保护组织机构的知识产权，研发部门需要开拓新的领域和产品，为了企业的发展，营销部门需要吸引新客户。一些最好的品牌决策，虽然会暂时削弱品牌的粉丝基础，但最终会拓展更广泛的基础。

拥有粉丝是一件很有趣的事，令人感觉良好，这还可以证明粉丝对象的价值，赋予它更强大的力量。但是，粉丝管理存在黑暗的一面，包括识别粉丝反叛的原因，为应对粉丝的激烈反应做好准备，判断是否值得回应粉丝的反叛，等等。

我心已死

小比尔·塞缪尔斯和他的儿子罗布遇到一个问题，家族企业产品销量飙升，产品的生产已无法满足市场需求。对于大多数产品而言，这个问题只是一个在扩大生产的过程中出现的临时性供货不足的问题，但对于白酒产业，问题却复杂得多。美格波本威士忌是塞缪尔斯家族最有名的威士忌（他们喜欢把 Whiskey 拼写成 Whisky），每桶的生产周期大约是 6 年。这意味着，如果对美格波本威士忌的市场需求预测不准，那就需要用 6 年的时间来调整供给量。

备受争议的《美韩自由贸易协定》于 2011 年 10 月在美国获得批准，一个月之后，在韩国获得批准。2012 年 3 月 15 日，此协定正式生效。此后，美韩两国之间的大部分贸易将取消关税。两国的反对者都公开谴责这项协定——美国的生产商抱怨它对美国的牛肉和钢铁出口没什么益处，而韩国人则担心它会损害本国的农业。韩国爆发了大规模的抵制运动，至少有一名抗议者自焚。

《美韩自由贸易协定》生效后，免税的美国酒大量涌入韩国，伏特加、朗姆酒和杜松子酒的销量开始上升。其中，最大的赢家无疑是波本威士忌。

波本威士忌产自美国，仅肯塔基州生产的波本威士忌便占了全球供给量的95%，美国参议院称之为“美国的民族精神”。随着韩国经济的蓬勃发展、民众购买和体验轻奢品能力的提升，波本威士忌之类的西式酒越来越受欢迎。波本威士忌的昂贵价格足以使之成为身份的象征，但它又不至于贵得让中产阶级人士买不起。多年来，美国蒸馏酒理事会花费数百万美元，为自由贸易协定四处游说，现在终于如愿以偿了。曾经，从美国出口韩国的波本酒，需缴纳20%的税，而现在则分文不缴。

《美韩自由贸易协定》的签订，正值美国威士忌制造业如日中天之际。在日本，民众对威士忌的推崇，大幅增加了威士忌的进口数量。在香港，不少杂志介绍在哪些酒吧可以找到异国情调的威士忌，哪些调酒师能调出最好的古典鸡尾酒和曼哈顿鸡尾酒。“在酒类行业，唯一比肯塔基波本威士忌更火的，便是超级昂贵的肯塔基波本威士忌。”《彭博商业周刊》如是调侃。

美格作为肯塔基州最成熟的波本威士忌制造商之一，以其棕色方酒瓶、纯手工滴蜡封口的特色，完全具备了从亚洲市场获利的优势。尤其是在韩国市场，威士忌已经成为民众首选的烈酒。

据传，美格波本威士忌发明于20世纪50年代。当时，小比尔·塞缪尔斯将威士忌酒的原料烘焙成面包条，品尝哪几种谷物混合起来味道最佳。获胜的是一个独特的配方，由冬小麦、玉米和麦芽构成，它最终发展成了如今的美格波本威士忌酒：酒瓶大小适中，原料配比平衡，带有香料、焦糖、香草、樱桃、柑橘和坚果的味道。要酿出这些味道，每桶酒需要酿造5年半至7年时间，方可进入品酒环节，然后由一个品酒专家组决定，酒是否已经酿好，是否可以上市销售。

这里存在一个问题，由于酿造时间很长，制酒师必须预测5年半以后的市场需求。当前的预测失误，意味着将来酒酿成以后，市场供应量要么过剩，要么不足。通常情况下，预测是准确的，但偶尔也会出错，比如，《华尔街日报》突然发表一篇关于20世纪80年代美格波本酒的头版文章，就会意外促使销售量远远超出供应量。然而，新近出现的海外购买热，不同于以前任何情况。假如美格早早预测到亚洲市场需求的激增，它也许会增加库存。如果它抓不住这个有利时机，在亚洲市场占领先机，那么其他品牌就会捷足先登，对品牌造成无法挽回的损失，现实情况便是如此。

面临严峻的形势，美格有两种选择。一是提高价格，但它不愿意这样做，因为这将使产品价格超出公司长期客户的承受能力。二是扩大现有的供应量，或者通俗地说，就是兑水。

所有波本威士忌，从生产到消费的过程中，总有某一时刻要加水，现在，美格的建议是多加一点。以前，美格波本威士忌的标准酒精度是90，也就是含45%的酒精。现在的方案是，再兑入一定数量的水，将标准酒精度降至84，酒精含量降低6.7%。如此一来，现有的波本威士忌酒的存货可多维持4年，公司便有足够的时间加大生产，满足新的需求。至少，这样美格可以抗衡那些酿造周期短、更易进入新兴市场的竞争对手，以保持自己的竞争优势。

美格把最大的一个粉丝团称为“大使”，为他们设置专门的客户项目，供应特殊的产品，并提前告知新的产品信息，客户名字还可以出现在波本威士忌的酒桶上。美格首先通知这些粉丝，配方改变了。毕竟，如果透明度可以增加信任，尽可能对粉丝坦诚就是最好的策略。

电子邮件在星期六发出，邮件中，首席执行官罗布·塞缪尔斯和小萨姆·塞缪尔斯（20世纪50年代烤面包配方发明者的儿子）做了情况说明：美格波本威士忌的市场需求远远超出了公司的预期，公司面临断货的危机。公司承诺，除了酒精含量有所降低，其余的酿造过程没有任何变化，味道也完全一样。“换句话说，我们确保，不会毁掉您的威士忌。”信中写道。

新闻网站Quartz简短介绍了新配方，推特上出现了几条推文。全世界都屏气凝神，然后，当天晚上7点30分刚过，指向美格的批评就像愤怒、醉酒的浪潮一样，在互联网上爆发出来。以下是网络上的一些斥责：

> “美格这样做真的很无耻！”
>
> “一定是那些傻瓜会计师，不顾产品质量，提出了这个贪

得无厌的方案！”

“只有自由主义才会认为，给产品兑水、让更多的顾客得到的更少，是正确的做法。”

“无耻的美格！谁在乎那些法国人或其他恐怖分子能否享受美国的琼浆玉液?！”

“我早知道，一旦新一代人掌管公司，这种事情就会发生。”

“愚蠢的犯罪点子。”

“听到这个消息，让我心碎。”

“这绝对是胡闹。”

“在此，我辞去‘美格大使’之职，我再也不会买美格了。”

“我的心今天死了。”

“美格，不用担心，从现在起，市场需求会减少！”

“白痴。”

不久之后，客户反应变成了喜怒参半，似乎客户都喜欢既得便宜又卖乖。他们可是美格的超级粉丝，曾经收藏美格产品的粉丝，佩戴美格商标、参加美格品酒会、为美格大唱颂歌的粉丝，通常他们应该为美格辩护，至少，不会对它产生厌恶。

粉丝迷恋的发展，凭借的是一个更强大的团体带给成员的乐趣和兴奋，而与团体的好坏无关。愤怒的团体同样可以带来很多乐趣，至少对于圈内人如此。正如一位评论员开玩笑说：“粉丝成就了我们，让我们成为历史上最畅销的波本酒，为了对粉丝说一声感谢，我们要在酒中兑水了！不，不，真的不用感谢…… 嘿，你从哪里弄来那些火炬和干草叉？”

邮件发出的第二天，采用新配方的美格波本威士忌便被戏称为“美格水”。公司原本只是打算对配方进行微调，但催生了一场粉丝反抗，美格的脸书页面变成了粉丝口诛笔伐之地，几百个博客刻薄发声，推特上更是一片抗议之声。主流媒体在网络上发表了题为《酒精度降低的美格在肯塔基不受欢迎》的文章，一个又一个论坛上发出各种建议，认为美格已经失宠，粉丝应该尝试其他品牌的波本酒。在印第安纳州一家牛排馆举行的美格公司活动上，粉丝的谈话根本与主题无关。“我们只能说，他们毫不克制。”罗布·塞缪尔斯后来回忆道。

愤怒变成了仇视，继而又变成了互联网独有的丑恶。美格公司两名负责人的电子邮件地址被恶意公布，鼓励粉丝发邮件骚扰他们。办公室里收到不计其数的电子邮件和电话。“尽情享受你们的破产行动吧，美格。消费者时代已经开始了，我们厌倦了被企业恶棍随意欺凌的日子。”一名粉丝在脸书上如是叫嚣。

罗布·塞缪尔斯和小比尔·塞缪尔斯对意外的粉丝反抗感到大惑不解，在接受最早报道新配方的网站 Quartz 的采访时，他们竭力为自己辩解。“我们真的别无选择！”他们解释道，“你们根本尝不出区别，真的。”这个解释似乎是火上浇油（“现在，你说我们根本没有品位？”），波本威士忌兑水已经成为一个情感问题，诉诸逻辑是不得要领的做法。

接下来的星期天，被一周来的谩骂和仇视搞得晕头转向的美格公司在公开信中说，尽管他们认为，降低美格波本威士忌的酒精含量是正确的做法，但他们向粉丝的要求做出让步。信中写道："这是大家的品牌，要求我们改变决策的人数众多。既然你们发表了意见，我们便不能不听取。我们深感抱歉。"

消费者永远正确，粉丝则不然

面对粉丝的愤怒是一件非常可怕的事，这是因为粉丝使用的是极端的语言。这支乐队是有史以来最好的乐队，另一支对手乐队是纯粹的恶魔和十足的垃圾。一个喜怒无常的粉丝团体，它的愤怒无可比拟。

生气也很有趣，例如，把自己最爱的烈酒品牌所做的配方微调比作纳粹主义，是一件很有趣的事。在互联网上，将某些事物类比为纳粹主义是非常普遍的现象，高德温法则指的就是这种现象。越是把一件事夸大其词，越发显得这件事很愚蠢，把它看得越认真，就越会觉得有趣。其实，没有几个粉丝真的相信，降低中档波本威士忌的酒精含量，在道义上等同于杀死 6000 万人。

在一定程度上，所有的粉丝迷恋有虚假的成分在内，粉丝自愿花钱迷恋某一粉丝对象，进入它的非物质语境，追求轰动效应是其必然的内在元素。但是，当我们置身于一个关于粉丝对象的过家家游戏时，很容易忘记，我们是在用真实的人和物玩虚假的游戏，我们是以真实的人、真实的商业决策和真实的生活参与其中。

粉丝迷恋的本质意味着，商业需求与粉丝欲望之间总会存在紧张关系，因为同一对象被两个完全不同的群体为了完全不同的目的而使用。粉丝对象所有者希望赢利，否则就难以维持粉丝对象，而粉丝需要可靠的粉丝对象，这样才能创立粉丝迷恋活动。

在酒吧里点一杯未兑水的美格，与点一小杯廉价的老乌鸦波本威士忌，传递出的信号不同，与点一杯百威淡啤所传递的信号更是截然不同。如果美格突然“不那么值钱”了，那么至少在了解真相的人眼里，继续对这个品牌高度专一的粉丝就像傻瓜一样。难怪粉丝会视美格改变配方的做法为个人冒犯，他们的愤怒反映了一种被人背叛的感觉，只不过反应有点过于夸张了，夸大了配方改变实际带来的影响。

粉丝社区总是游移不定的，99%的情况下，他们最终能自我纠正。电影《星球大战》的粉丝最终决定，即使他们讨厌该电影的前传，也没必要烧掉乔治·卢卡斯的“天行者农场”。一个政党在大选中失败，它的成员最终会明白，他们实际上并不愿意移民加拿大。可是，发牢骚何时会跨越分界线，变成真正的愤怒，我们不得而知。

美格波本威士忌的竞争对手杰克·丹尼威士忌，虽然已达到波本威士忌的技术水平，但更喜欢把自己宣传为田纳西威士忌，它也有一个与美格相似的狂热粉丝团体。1987—2002年，为了避免缴纳消费税，降低生产成本，杰克·丹尼公司将其核心产品的标准酒精度从90降到86，然后又降到80。一些杂志注意到了这一变化，为此甚至还发起过不大的请愿活动，但杰克·丹尼公司坚定不移。很快，这个世界就把配方改变的事抛到脑后，而且杰克·丹尼威士忌的销量比以往更高了。

美格为了安抚粉丝，付出了怎样的代价？有没有办法可以让这个微小的配方变化不引起这么大的轰动？

美格波本威士忌出蒸馏器时，标准酒精度是130，而最终走向市场时，标准酒精度是90。这意味着，它在熟成过程中已经被稀释。食品评论员杰森·威尔逊认为，如果高酒精度真的是美格的一个卖点，这些粉丝应该早已转而购买酒精度更高的波本威士忌，如酒精度为107的韦勒古董波本，或酒精度为120的诺布克里克波本。再者，只有少数粉丝喝的是纯波本威士忌，其余的都要添加冰块、苏打水、水，或者简易糖浆、苦味配料、果汁，在冰块进入波本威士忌的一刹那，它的标准酒精度已经低于任何配方变化提议中的度数。

有一件事是肯定的，是美格自己把微小的配方调整变成了一个大问题，是它自己将“大使”置于一个问题讨论圈。粉丝通常会非常认真地对待其粉丝对象的话语，如果问题严重到需要发送一封特殊电子邮件的程度，那它一定是值得他们生气的。假如美格没有向粉丝解释配方的变化，也许这个变化就不会被注意到。

粉丝迷恋自身具有保守性，粉丝迷恋的本质就是反对创新，即便创新是为了改进。粉丝与粉丝对象的联系非常密切，他们可以打击任何可能改变这种密切联系的事物，哪怕改变不会带来任何实际的物理变化。这是非常重要的。许多波本酒专家一致认为，调整了配方以后，美格波本威士忌的口感不会改变，或许会变得更好，因为酒精度数过高实际上会造成味蕾的麻木。

虽然营销人员把“客户永远是正确的”这句格言奉为金科玉律，但学者斯蒂芬·布朗却认为，实际上“客户总是右翼分子——保守、反动、深陷泥潭而无法自拔，他们总是抵制变革，抑制创新，只想要更多相同的东西。他们不仅崇拜喜欢的对象，而且还将它永远地冰封埋藏，阿门”。

在某种程度上，以一个失去生命力的粉丝对象为中心开展粉丝活动，相对比较容易。一支不持续发行新专辑的乐队，收集它的完整音乐目录更容易。一部永远不会有续集的电影，记住片中所有人物的语录更容易。一个已完成粉丝文本创作的粉丝对象，永远不会改变，永远不会背叛粉丝的信任，永远不会令粉丝失望。很多粉丝宁愿看到粉丝对象死亡，也不愿看到它受辱。

在美格宣布即将撤销波本威士忌配方改变的决定时，粉丝的怒火已经开始消退。在前一周星期二的时候，粉丝推文达到最高潮，接下来，到星期天，第二封电子邮件发出之时，几乎就已回落到通知发出前的水平。“起初，美格对社交媒体的反应不足；然后，被吓坏了；接下来，可能又反应过度了。”推特媒体评论员杰伊·罗森在推特上这样评论。如果美格多等几天，很有可能粉丝的怒火就自然消失了。

具有讽刺意味的是，美格公司的季度收入达到了历史新高，当然不是因为公司撤回改变配方的决定而受到了感谢，而是因为粉丝争先恐后地买空了所谓最后一批 90 度美格波本威士忌，已上市的少量 84 度美格波本威士忌也有可能成为珍贵的收藏品。

被少数声音主宰

一旦发生粉丝反抗，对于粉丝对象所有者来说，似乎所有粉丝都在威胁他们。社交媒体上充斥着愤怒的帖子，企业邮箱被咆哮的信件淹没，主流媒体总是发表一些关切人类利益的文章，新闻标题几乎无一例外地一语双关，请愿书四处传播，要求品牌立即满足粉丝要求，否则就会遭到抵制。但通常情况下，骚乱结束后，事实证明粉丝反叛的规模远小于其表象。一小群持少数意见的粉丝为什么在互联网上看上去像一个庞大的群体?

克里斯蒂娜·勒曼和南加州大学的计算机科学家团队一直在努力寻找这个问题的答案。2015 年 6 月，他们发表了一篇论文，称这种现象为“多数错觉”，并解释了它的原理。假如我们有一个朋友圈，圈内大多数人都有多个联系人，而且数量和我们的大致相同，但是个别人的联系人数量却大得多。如果一个有普通影响力的人分享了一张猫的照片，收到照片的人数量就少。倘若这些人进而在自己的社交网络中分享照片，重复收到照片的人数量依然比较少。但如果一个有很多联系人的人分享了一张猫的照片，他社交圈里的人都立即收到了照片，然后，他们继续给自己的联系人分享，这时，他们的联系人可能已经收到过照片，这就会给人造成错觉，似乎世界上所有的人都突然真的迷上了猫。

社交网络，尤其是可以使内容自由传播的数字社交网络，很容易给人以错觉，让人感觉大部分人都持有相同的观点，但实际上，只有一个很小的、关系密切的群体持有这个观点。

例如，研究表明，青少年往往觉得自己的大多数朋友都喝酒，但那只是一种错觉，实际上并没有那么多人喝酒。从理论上讲，那些应邀参加疯狂派对的青少年，一般都拥有较大的朋友圈，他们的社交网络往往比普通青少年的大很多。他们在社交网络上分享了喝酒的照片，突然，给人的感觉就是人人都在喝酒。这种效应在政治圈很明显，往往使极端主义观点显得比实际情况更普遍。勒曼在一次采访中解释说："即使仅有20%的节点很活跃，多达60%~70%的节点就会出现大量活跃的邻居。"

"多数错觉"的启示是，那些抱怨声最高的粉丝往往是最应该被忽视的粉丝。粉丝总是有各种各样的平台可以表达自己，但这些平台的性质意味着，只有那些最强烈的声音，才有可能被听到，而且往往是负面的。

这种现象也受到另一组营销学教授的关注。2011年，他们便注意到了论坛、产品评论等在线讨论空间的出现，开始在《麻省理工斯隆管理评论》上发表相关论文。虽然很大一部分人在购买产品前会阅读在线产品评论，但是填写产品评论的客户却很少。一般来说，写评论的人往往有强烈的感受，要么是积极的，要么是消极的，所以才去分享他们的观点，持温和观点的人不太可能填写产品评论，也没有必要加入在线讨论，这类讨论本身就带有选择性偏见。

更为复杂的是，心理学研究发现，大多数自称某领域专家的人给出的意见往往是消极意见，比如，粉丝的意见。“为了引人注目，很多比较专注的客户将其评分打得偏低。”研究人员解释说。与其冒着影响自己声誉的风险，支持一个未经证实的产品或想法，还不如表达不赞成的意见，后一种做法更加安全。研究发现，在一个论坛中，关于某个产品的评价，如果既有很好的评价，也有很差的评价，那么整个论坛的评价很容易完全转向差评，其转变速度往往比持有温和意见的客户群体更快，即便平均下来两个群体的意见大体相同，也会如此。

超级粉丝是具有强烈感受，并且有表达平台的高度专一的受众。关于某个话题，一旦出现有分歧的观点，受众往往会倒向占上风的一方。大量关于某一粉丝对象的负面评价，也许会掩盖仅有一小部分粉丝持有否定意见的事实。一小群感受强烈的人，很容易主导讨论，扭曲对话。持有温和意见的人，往往会被少数的声音带向某一方。

美格的高管可能觉得整个世界都在反对他们，但实际上，那些愤怒只代表了比例很小的一部分粉丝的观点。

应对粉丝反叛

当粉丝反叛发生时，必须迅速应对，以免极端分子造势，唬得比较冷静的粉丝不敢发声。这并不意味着要删除负面帖子，或试图假装问题不存在，也不意味着要屈服于粉丝的要求。这意味着，要承认对问题的关切，让粉丝知道，他们的意见被听到了，是被尊重的，还要尽快提供解决方案来缓和局势。

这一过程需要一些处理技巧和大量的包容理解。粉丝的需求和意见需要认真对待，但不是按照字面意思去理解。他们的要求标志着他们如何感知粉丝对象，但并不一定是对品牌最有利的。至关重要的是，既要寻找满足需求的方案和应对少数声音的方法，又不能损害粉丝对象自身的利益。

通常，理解粉丝的需求就是要诠释粉丝的实际要求是什么，而不是简单满足表面的需求。“不要给他们想要的，而要给他们需要的。”这是极客偶像人物乔斯·韦登的名言。他说：“他们想要萨姆和黛安在一起……不要按照他们的想法去做。相信我……他们需要出错，需要紧张。事情必须出岔子，坏事也必须发生。”观众要求把故事中的两个人配成一对，实际上就是要求故事情节中多一点浪漫元素。观众要求把产品染成紫色，也许就是要求它看上去更加友善。

韦登是《吸血鬼猎人巴菲》的编剧，该电视剧的粉丝要求剧中的两个主人公——巴菲和她的温柔恋人吸血鬼安吉尔终成眷属，所以剧本创作者在将安吉尔变成一个精神变态杀手前，为他和巴菲安排了一个缠绵的夜晚……把这种做法推及商品销售，就是提供限量产品——超级粉丝可以获得自己要求的东西，由此感受自己的特权，其他粉丝则不会受影响。为比赛获奖者提供特殊的体验，提供节目播放专场，这些都是既能认真对待粉丝要求，又不会对粉丝对象带来巨大改变的做法。

为什么蜘蛛侠不能是同性恋

2014 年，索尼电影娱乐公司的电影剧本泄露了，爆出很多流言蜚语。与其他电影一样，尚未发行的詹姆斯·邦德电影剧本被泄露。薪酬统计数据显示，女星收入一贯低于男星。高管把安吉丽娜·朱莉称作被宠坏的小鬼，还针对巴拉克·奥巴马发表种族主义言论，似乎一切都有问题。

其中一份文件立即引起了公众的注意，至少是漫画粉丝的关注。索尼电影娱乐公司与漫画巨头漫威漫画公司签订了一份许可合同，合同列出了对彼得·帕克（以及他的秘密身份——蜘蛛侠）的所有特征要求：彼得·帕克不吸烟，不会折磨人，除了自卫不会杀人，在纽约市长大，由姑姑和叔叔抚养，被蜘蛛咬了一口才获得了力量。蜘蛛侠还必须是男性，必须是异性恋，必须是白人。

“是啊，蜘蛛侠当然应该是一个异性恋白人，”粉丝也许会这样说，“我看过电影，看过漫画杂志，他是地地道道的白人。”粉丝很容易忘记，这些都是虚构的人物，他们的特征取决于剧本创作者的一时之兴。故事中的超级英雄经常改变形象、力量、生命周期以及体型大小，相比之下，种族与性爱取向的变化是比较简单的情节。

当然，出于很多实际情况考虑，保持一系列不变的特征对故事很重要。假如黑豹突然变成了瑞典人，他至少需要改名换姓。但是，从故事情节来看，蜘蛛侠没有理由一定是白人，而且蜘蛛咬人也没有性别偏好。至于异性恋，《蜘蛛侠》影片中的纽约市，没有理由不包容多元的性取向，它必须满足不同的性爱需求。这样的情节，反而可能会显得更加真实。剧情泄露以后，有一篇文章以《合同内容规定，蜘蛛侠必须在派对上很无聊》为题，反映的是同一个道理。

漫画行业历来因抬高白人、贬低其他人种而受到抨击。21 世纪初，几乎在所有漫画中，女性和少数族裔人物都是反面人物，或者最终都变得很残酷，所以主人公才有了动力去伸张正义，整治他们。回到 20 世纪 70 年代，“黑人必定先死”几乎是所有媒体故事的一个普遍情节。坏人用恐怖方式杀死女主人公，而且通常是奸杀，在电影中比比皆是，以至于“冰箱藏尸”成了电影故事情节设置的一种手段。这最早出现于 1994 年，在一部荒谬漫画中，绿灯侠发现他的女朋友被谋杀后塞进了冰箱。正如评论员安德鲁·韦勒所说：“假如漫威漫画公司的《雷神 3》在《黑豹》之前出品，那就相当于，公司每出品 10 部名叫克里斯的金发白人男子担任主角的电影，才出品一部非白人担任主角的电影。”（他们还可以选一个名叫克里斯的黑人演员，完全没问题。）

这种情形并非一贯如此，尤其是女性读者也并非一直罕见。20 世纪三四十年代，所有类型的漫画——幽默、恐怖、超级英雄和浪漫——都很受欢迎。据估计，当时高达 90% 的美国青少年是漫画读者，男性和女性都有。当时，漫画杂志《呼唤女孩》的发行量超过 50 万册——对于第二次世界大战时代的人口数目而言，这已经算是一个巨大的数字了。

20 世纪 40 年代末，一位名叫弗雷德里克·威尔塔姆的精神科医生以“幼儿园里的恐怖”和“漫画书的精神变态”等为主题，做讲座，发文章。在《诱惑无辜》一书中，他宣称，漫画导致诸如盗窃、吸毒、同性恋、恋物症、普通暴力等犯罪现象。“我认为，与漫画行业相比，希特勒只是一个初学者。”他在美国参议院少年犯罪问题小组委员会听证会上如是声明，这是对高德温法则的首次应用。他的研究存在严重的缺陷，其中大部分具有彻头彻尾的欺骗性（在现代人看来，还有点愚蠢）。然而，接下来，美国各地出现了道德恐慌，学生家长团体纷纷要求药店和书店清除漫画书，一些城镇甚至还焚烧漫画书。

1954 年，漫画法典管理局成立，制定和执行漫画行业道德规范，出版商纷纷采取措施保护自己，仔细修改漫画书名，避免出现有违道德的字眼，漫画中的英雄人物也开始变得更有男子气概，更加爱国，女主角则变得越来越温顺。20 世纪 40 年代的神奇女侠与纳粹做斗争，60 年代，虽然神奇女侠依然“精彩”，但开始出现“神奇女侠的惊喜蜜月”之类的故事，故事女主角的未婚夫因为她缺乏烹饪技巧而忧心忡忡。

对女性读者而言，漫画故事情节越来越不友好，所以部分人开始转向其他读物。漫画书退出了主流市场，代之而起的是漫画书专卖店，主要面向男性读者，新的销售渠道打上了鲜明的男性化标记，自此失去了更多的女性读者。

著名超级英雄系列漫画丛书《惊奇队长》的作者凯利·苏·德康尼克从小在海外军事基地长大。因为看美国电视节目的机会很少，所以在基地书店里购买超级英雄漫画书便成为她与家乡生活重要的联系方式。可是，到 80 年代初，德康尼克和她的同伴发现，自己成了漫画专卖店时代的无辜牺牲者。“以前有不少非常精彩、非常进步、热情友好的漫画书店，那里的人不会一副吸食大麻的样子，不会穿运动裤，”她说，“但是好长时间以来，人们很难看到这种书店了。”

90 年代，高投入的超级英雄电影开始推出，不难想象，女性观众很少，原因有很多：女孩对授权玩具不太关注，女孩在媒体上花钱不多，或者一个较普遍的借口是女孩的视觉欣赏能力差（这忽视了时尚与杂志行业的成功）。很少有人想到，或许女孩子是因为担心，如果去看那类电影，会被别人看见，抑或她们是对又一个随意拼凑出的女性杀手故事不感兴趣。“女性不会被侮辱她们的事物吸引。”德康尼克说。

自 90 年代起，故事情节复杂多变的日本动漫开始在美国主流文化中流行起来，因为它没有太多的文化包袱，所以在传统书店大受欢迎。“女性开始购买日本漫画，10 美元一本的日本漫画书成为书店的热销品，商场里的很多书店全靠它们维持生意。要知道，日本漫画必须从后到前，从右到左阅读。尽管如此，女性学会这种逆向阅读的方式，要比进入美国漫画圈更容易。”德康尼克说。

与此同时，互联网为女性寻找志同道合的粉丝，公开宣示她们对漫画的痴迷提供了一个安全的空间，女性不必再从实体店购买漫画书，纷纷开始在网上购书。局势突然明朗了，很显然，女性是喜欢漫画的。几十年来，漫画行业一直忽视了庞大的读者群体，而且还是一个热衷花钱的群体。

目光短浅的粉丝

少数声音的霸权如此强大，以至于它能迫使一家酒业公司做出带有潜在灾难性的商业决策。许多品牌进入了这个陷阱，为了迎合某一个粉丝团体，而将其他潜在消费者关在门外。粉丝团体的意见和要求总是代表大众的意见和要求，这是一种错误的想法。正如斯蒂芬·布朗所说："粉丝是非典型的，诚然，他们会发表很多言论，的确很喜欢某个产品，但是，假如他们不是为产品做正面宣传，那就毫无用处。而且他们也是自我选择的，不具有代表性，一点也没有。他们热情洋溢地发表意见，往往是无可救药地扭曲意见，尽管它可能与营销人员的意见不谋而合。召集起迫不及待的粉丝不是很好吗？像营销学教科书所推荐的那样，与如此巧言令色的客户共同创造，不是一件很棒的事吗？难道我们不是品牌推广的精英人物吗？一言以蔽之，答案是'不'。"

等漫画行业突然认识到，原来各种各样的人都喜欢漫画，整个行业已经被一个特定人群的嗜好影响：黑暗、坚韧不拔、男性化。重要的是，要知道这本身并没有错。这一时期的许多漫画，虽然对观众的吸引力有所下降，但都是令人惊叹、富有思想的艺术作品。然而，从纯粹赚钱的角度来看，限制漫画的多样性是一个错误。

允许妇女和少数族裔在漫画书中占据一席之地，并非没有私心。“它们是公司，公司必须赚钱。如果它们做对了事情，有很大的赢利空间，那就很棒，这样每个人都是赢家。但是，要知道，问题最终还是归结到一个观念问题，等等，女人也花钱？”德康尼克说。

在对读者身份历来没有限制的地方，图画书籍能够获得更多的市场份额。虽然难以精确追溯文化因素产生的影响，但有一组数字可以说明问题：2014 年，日本的漫画市场销售额高达 2810 亿日元（约合 27 亿美元），美国和加拿大两国的销售总额仅为 9.35 亿美元。日本的人口仅占三国总人口的 1/3，但漫画书销售额几乎是美加两国之和的三倍。

迎合某一特定粉丝团体似乎颇有吸引力，因为激怒核心粉丝会导致事与愿违的结果。随着漫画行业的单一受众模式逐步被打破，传统漫画粉丝团体出现了五花八门的反应。倡导漫画行业多样性的记者和艺术家频频受到骚扰或威胁。尽管如此，多样性趋势已经势不可当，现在，雷神是女性，蝙蝠侠是双性恋，惊奇队长是美籍穆斯林，阿奇漫画公司的作品中甚至有一对同性恋。迈尔斯·莫拉莱斯，漫威漫画公司打造的非裔美国人和波多黎各人混血家庭出身的蜘蛛侠，于 2011 年首次出版之时，引起了主流漫画粉丝的极大愤怒。彼得·帕克并没有永远离开，他在死后三年复活了，这寓意着高加索蜘蛛侠绝不会受到危害。然而，许多粉丝对此仍持怀疑态度，而且依然愤怒不已。改变粉丝对象很困难，而最难改变的是粉丝对象的意义。好几年过去了，迈尔斯·莫拉莱斯依然很受欢迎。

接管博柏利

俗话说，饥饿的人有一个问题，而填饱肚子的人有 1000 个问题。没有粉丝的粉丝对象，只有一个目的——创造有足够动力代表品牌“行动”的粉丝。但是，一旦粉丝的热情倾注到品牌上，接下来会怎样呢？创造粉丝，在某种程度上并非难事，因为这是最可控的。一旦成立，粉丝团体就有可能强烈地抵制粉丝对象，迫使它迎合他们的特定需求。粉丝创建的内容、仪式和其他活动，会达到以假乱真、引起法律争议的地步。

一个粉丝对象的语境越多，粉丝社区越可能拥有自己的生活方式。麦当娜的粉丝在第三波女权主义来临之际，被广泛认为发挥了重要作用，超人的难民身份和他身怀的绝技，常常在关于难民问题的辩论中被作为很好的例证。劳工权利倡导者、债务减免活动家以及左翼和右翼政治活动家，都频频引用《星球大战》中的情节。涉及粉丝对象的问题，粉丝自发联手，共同谋划行动方案，这是非常普遍的现象，例如，恢复一部停播的电视连续剧的行动（或者抵制一个不受欢迎的配方改变的行动）。

这些问题的背后隐藏着一个绑架问题，一个近年来备受关注的问题。理论上讲，粉丝出于个人目的，将粉丝对象另做他用，但这并不意味着粉丝对象所有者一定喜欢粉丝赋予粉丝对象的新用途。

电子保险公司（一家互联网保险公司）有一个叫艾琳的吉祥物，她是一个粉色头发、穿着紧身衣的间谍，追踪侦查秘密的保险交易。艾琳大获成功，培养了能够创造故事和图片（有许多是色情图片）的粉丝团体，但同时也成为一个牺牲品。在她如日中天之时，在谷歌上搜索“保险艾琳”，必须开启安全搜索模式，否则真的会极不安全。

公司吉祥物应该易于被人识别且令人难以忘怀，但这要看被记住的是什么。英国的高级时装品牌博柏利在 21 世纪初变得臭名昭著，因为当时它的经典格子设计被英国工人阶级的年轻人采用，他们常被嘲讽为“没文化的粗人”。以前，博柏利经典格子图案主要用在雨衣衬里和围巾上，但“没文化的粗人”到处滥用，帽子、裤子、裙子，甚至狗床，这无异于美国高级服饰品牌布鲁克斯兄弟突然成为“美国运动汽车竞赛协会”的服饰。

对博柏利而言，新粉丝不受欢迎。酒吧禁止穿博柏利服饰的人入内，有钱人为此感到深受侮辱。正如一位评论员所说：“很多人认为，穿博柏利衣服的人穿的是抢来的衣服。”博柏利花费了十多年时间，才从“没文化的粗人”手中夺回了品牌控制权。

为什么不能和睦共处

“破解”是一种可怕的现象，只要出现一点迹象，品牌所有者就得着急忙慌地往法务部门跑。对完全无害甚至有益的粉丝行为做出过度反应，是粉丝反抗最常见的原因。许多粉丝危机是可以避免的，粉丝对象只需沉住气，认真反思 5 分钟即可。

2014 年，宜家，一个总部位于瑞典的全球家具公司，给一位名叫朱尔斯·雅普的博主发了一封勒令停止函。雅普经营了一个非常流行的网站“宜家黑客”（IKEAhacker. net），主要目的是帮助他人“破解”宜家家具，然后设计新的家具。截至宜家公司要求雅普移交统一资源定位器，该网站已有 10 年历史。

当粉丝的意外行动导致局面无法控制时，例如为了个人目的而使用品牌名称，一个先发制人的举措是，像宜家那样以保护知识产权的名义提出禁止要求。这本身无可厚非，因为品牌管理的法律规范是十分严格的，但是当涉及对粉丝期望的管理时，美国的商标和版权法规则派不上用场。

“我与宜家的商标保护没有任何关系，但我认为，它原本可以处理得更好。”雅普对《华盛顿邮报》说，“我只是一个个体，一个明显站在宜家公司立场上的博主，而不是一家公司。”对待粉丝不一定要小心翼翼，但必须有别于对待那些想要轻松赚大钱的人。给一个擅自使用 IKEA-furniture.com 域名的人发送勒令停止函是合理的做法，但对于一个运行粉丝网站的博主，哪怕是一个利用网站赚钱的博主，发送一封开启对话的信件是一个更好的选择。雅普的律师和宜家公司达成了协议，允许她的网站继续进行非商业性运作，且不得通过网站开展宣传活动。协议一经公布，网站的粉丝就炸开了锅。

科里·多克托罗，《波音波音》的作者兼联合编辑尖锐地批判宜家的做法：“事实上，宜家的勒令停止函纯粹是胡说八道。这里不存在商标侵权，虽然使用宜家的名称是明摆着的事实。实际上，钱被‘宜家黑客’赚了（宜家的律师似乎对此最为不满），这根本与上述问题分析无关。‘宜家黑客’的商标使用根本不存在混淆或欺蒙的可能性。这是纯粹的霸凌，是一种试图……”

雅普将事件公开不到一周，宜家被迫改变了主意。“我们想要澄清，对于 IKEAhacker.com 当前面临的局面，我们深表遗憾。”宜家告诉雅虎记者。雅普被邀请访问宜家公司总部，与首席执行官见面。他们最终达成协议，允许雅普继续经营网站、广告以及其他所有活动。

“哦，越橘汁大爆炸！”雅普写道。

这是一项“保护商标的常规程序，因‘能多益’（Nutella）粉丝在网页上不当使用‘能多益’商标而启动”。这是费列罗公司——能多益榛子巧克力酱生产商，在 2013 年发现公司处于相似处境时发出的声明。

美国能多益公司的脸书页面目前有 3100 万粉丝，但是多年来，能多益在美国的知名度相对较低。能多益的超级粉丝萨拉·鲁索，一位于 2007 年移居意大利的美国人，对能多益在大西洋彼岸如此不受关注感到震惊。“为什么全球各地的人不吃这种长生不老的巧克力丹？”2016 年，她这样回忆说。能多益几乎没有在线英文营销宣传，所以知道能多益的美国人为数不多，知道它的人还得去杂货专卖店购买。

鲁索希望大规模宣传她所钟爱的能多益花生酱，于是萌生了一个想法——创建“世界能多益日”和一个宣传博客。很快，博客成为食品博主为能多益发送食谱、歌曲、诗歌、视频和颂歌的中心，这给费列罗带来了极高的价值。谷歌网站上，能多益被搜索的次数稳步增长，每年 2 月，能多益日（2 月 15 日）前后，搜索次数急剧上升。到 2012 年初，鲁索和她的共同主持人米歇尔·法比奥发布了《非官方能多益指南》，声称这是第一本有关能多益的英语图书。

鲁索的努力换来了费列罗法律团队的一封勒令停止函，要求她立即停止使用能多益的品牌名称和商标等。鲁索感到极度震惊。“这是我作为粉丝所做的事情，”当时她向《赫芬顿邮报》解释道，“我有一份全职工作，我不是在做生意。”

“勒令停止？我停止购买费列罗的产品如何？”粉丝戴夫写道。另一位粉丝艾莉森把新近购买的能多益退回杂货店。“当他们问我为什么退货时，我说了勒令停止的事，他们告诉我，我不是第一个为此退货的人。”她写道。美国主流媒体多年来一直愉快地报道世界能多益日活动，但这一次却发出了尖锐的批评。几天后，费列罗的代表致电鲁索，撤回原来的停止函，允许网站保持原样。

我们很难判断，如果能多益继续坚持它的停止函，后果会是什么。如果愤怒仅限于超级粉丝，对费列罗的影响就很有限。但是，一旦波及更广泛的粉丝，再被新闻媒体盯上，那显然费列罗给自己制造了一个公关灾难，恶霸的行为只能让它自食其果。费列罗公司给出的解释是，公司法务部门未征求任何人的意见，便发送了勒令停止函，这样的解释只能显示公司的冷漠无情和管理混乱。

花几分钟时间思考，该如何应对粉丝越界的情况，可以避免大量恶意现象。一位名叫多克托罗的版权和商标法改革倡导者指出：“你可以提出法律诉讼来威胁越界粉丝，也可以为他提供豁免版税许可证，这两种方法带来的收益是相同的。”这一点，除了律师之外，对其他任何人来说都是显而易见的。

要管理好粉丝，最好采用为粉丝扫除障碍的方式，而不是发送勒令停止函的方式。如果组织对粉丝的活动基本满意，便可将粉丝活动变成官方活动。有时，允许粉丝在恰当的控制和监督下使用商标，可以让所有人获益。如果公司法律顾问觉得这样做似乎过于大胆，那么可以用传统的策略——免责声明。在这个发送威胁性勒令停止函为常态的世道，免责声明似乎显得无聊，但富有成效。要求粉丝团明确表示，它不隶属于公司，或与公司没有任何关系，可以消除很多后顾之忧。

恐惧不能成为大肆攻击喜欢某种事物的人的借口，因为恐惧同样可以剥夺品牌所有者的劳动成果。在合法性事件几年之后，鲁索心甘情愿且非常愉快地将世界能多益日的所有权移交给费列罗公司，甚至没有要求任何补偿（仅作为给世界粮食计划署的捐赠）。从长远来看，选择与超级粉丝合作，而不是与他们作对，终将是有益的。

正确的做法

当一个粉丝群体真的别有用心时，那就没有办法可以防范了。给予粉丝某些东西然后再拿走它，只能火上浇油，进一步强化“我们对他们”的心理。为事业而战，既令人兴奋，又充满浪漫，当其中一方确实占据了道德制高点时，尤为如此。

特别要注意的是，在许多情况下，默许粉丝的要求并非万无一失。尽管粉丝对粉丝对象有很多了解，但他们并不知道什么对粉丝对象最有利。他们只知道，什么对其受众最有利。通常，二者的利益是相同的，但偶尔也会不同。当一个品牌对粉丝的请求让步，以达到安抚其粉丝团体的目的时，人人都会感到兴奋、强大，为彼此的合作与努力感觉良好……在短时间内的确如此。然后，粉丝的兴趣终将消退，总会转身关注其他激动人心的事物，而粉丝对象必须竭尽全力，应对粉丝要求带来的长期后果。

在粉丝的无礼要求根本无法满足的情况下，粉丝对象所有者最好的行动方案是，将整个形势变得人性化。要提醒粉丝，参与其中的是真实的人，自己与粉丝的立场是相同的，完全理解粉丝的顾虑，并向他们解释做出某项决定的原因。重要的是应提醒大家，讨论问题的双方都是由粉丝组成的，双方的意愿都是为共同热爱的事物做出最佳选择。

如果粉丝能够将粉丝对象视为粉丝团体的一员，而不是公司霸主，那就应该无须为透明度而过于担心。正如唐·塔普斯科特和安东尼·D. 威廉姆斯在《维基经济学》中提出的："如果你信任客户，就不必控制他们。"粉丝团体可能会摇摆不定，但是他们往往最终会纠正自己的错误。如果一个组织在超级粉丝中树立了正确的社会规范，就应该有能力为自己做出最佳解释，允许粉丝社群自己处理问题，这是组织的职责所在。

当然，正如美格公司所显示的那样，事情并非总是如此。有时，透明度会产生信任，但有时，透明度则会打碎真实性表面那层薄薄的外壳，以至于粉丝忘记了他们所喜欢的东西其实也是商业产品。

在每种潜在的爆炸性危机中，最佳的应对方式是，仔细思考透明度将要暴露什么。粉丝对象所有者应该判断，所暴露的内容是否与他们所了解到的粉丝感受和动机相一致，这需要刻意为之。这意味着，要考虑粉丝是谁，他们在粉丝层级中所处的位置，他们身份的哪些方面与粉丝对象联系在一起，以及他们认为从粉丝活动中所获得的是什么。

这种透明度会让粉丝获得圈内人的感觉吗？它会不会让粉丝觉得被圈内人背叛了？

粉丝团体有自然的生命周期，当粉丝进入新的生命阶段，他们将在不同的粉丝团体中进进出出，与不同的粉丝对象建立联系，以更好地满足自己的新需求，这些都没有问题。粉丝精彩美妙、催人振奋、让人充实、令人恼怒，当粉丝对象随着时间的推移而发生改变，粉丝决定离开粉丝团体时，自然会有一种个人被拒的感觉。粉丝对象很容易陷入永无终点的螺旋式循环：我可以固定不变吗？这样会不会不合理？如果我没有那样做，也许他们依然爱我。分手总是太难，不妨隐藏在一品脱冰激凌下面，直到情感消失为止，当然这是一种隐喻性说法。

重要的是，切记，这一切都将消失。新的完美的粉丝将会出现。他们可以从同一个粉丝对象中找到关于自我认同、社区、反叛以及意识形态等问题的答案。

这些粉丝将在偶遇一个让自己感觉更完美的事物，或者遇到一个可以向世界宣告理想身份的事物，抑或只是遇到一个非常有趣的事物时，认真完成自己的第一次粉丝活动，满腔热情地匆匆奔向下一个粉丝活动。或许，正如很久以前的爱丽丝·德雷克那样，他们将夜不能寐，兴奋地在日记中写道：“我从未想到自己会那样做。”

结　语

与你喜欢和尊敬的粉丝团体打交道，是一件时而美妙，时而可怕，时而令人心碎，时而颇有收益的事情，甚至是一件充满戏剧性的事情，因为粉丝会让你有得也有失。我曾经花了一个上午的时间来平息毛绒柯基犬现货供应不足而引起的粉丝事件，结果却在一个小时后发现了一篇由粉丝创作的关于我的小说（非常不准确，但还是挺讨人喜欢的）。那种事你永远不会忘记。

当我们发布粉丝喜欢的毛绒玩具时，他们热情高涨，我们痴迷地刷新社交媒体，大声阅读每一条评论，讨论每一条反馈。当我们发布他们不喜欢的毛绒玩具并被他们愤怒地抨击时，我只想说："天啊，伙计们，我们正在尽我们所能！不要对我们那么刻薄。说真的，它们只是毛绒玩具！"

之后我会收到这样的一张纸条：“老实说，我无法用言语表达，毛绒小螃蟹是如何拯救我的。当我在医院、康复中心的时候，它始终在那里被我无情地挤压着，让我在最艰难的时刻坚持了下来，之后它一直在那里陪伴我克服每天的挣扎和痛苦。拥有了它，我得到了很多。这一切都是因为思柔毛绒玩具的存在，我很幸运有机会‘收养’它。”

我们会突然之间为自己不够努力、做得不够好而感到恐惧，当一位超级粉丝突然失去消息时，我们不止一次地浏览了她家乡的新闻，以确保没有什么意外的事情发生。我们迷恋他们，为他们做事情，试着取悦他们。当我们不这样做的时候，我们会觉得自己是失败者。其实，是他们让我们的生意得以存续。

2007 年，我们刚起步的时候，事情简单多了。思柔毛绒玩具的盒子摆满了我们公寓的客厅，我会在每个珍贵的包裹上画上青蛙和花朵，把它们搬下楼，再搬到两个街区之外的联邦快递店。我的诀窍是把它们紧紧夹在腋下，这样上面的盒子才不会乱晃。

在公司不断发展的过程中，我们开始注意到一些客户的神秘行为。以思柔毛绒玩具为主题的简介，如“小蜗牛摩梯末”“匿名驼鹿”“布什底·冯·弗兹巴特大使”“特别黏人联盟”等，在网上出现了。这些客户为毛绒玩具画画、拍照，然后又在照片上画画。在我们还没注意到新客户的问题之前，他们就已经回答了。他们发明了专用术语来指代他们的思柔毛绒玩具收藏品（Lem 是限量版迷你思柔玩具），他们创建了一个非官方的“交易站”，进行二手思柔毛绒玩具交换，并成立了一个思柔毛绒玩具读书俱乐部。

我们无法理解的是，他们中的一些人甚至连一个思柔毛绒玩具也没有。

随着我们的业务越做越大，一些粉丝朝圣般千里迢迢赶来，只为看看我们的办公室。他们签署了请愿书，只因想让我们参加粉丝大会，造访玩具商店。他们利用假期互相拜访，互赠烘焙食品、艺术品和手工饰品。他们还为慈善事业筹集了大笔资金。还有一群粉丝成立了一个相当正式的委员会，来说服我们恢复一个已停产的思柔毛绒玩具——一只思柔毛绒魔鬼熊。他们自制委员会徽章，开展外联宣传活动，最终，我们被说服了。

他们让我们知道，什么产品受欢迎，什么产品不受欢迎。他们鼓励我们发布一些从未想过的毛绒玩具。“一只狐狸？那是什么呢？日本多尾狐狸？真的吗？ 好吧，好吧，我想我们要发布了。哦，现在我们已经全部卖完了。”

现在，假如再发生 2012 年的毛绒柴犬败笔之作，我们会毫不犹豫地推出另一种设计风格的毛绒柴犬。近几年，我们不再因为预算紧张而无法更改玩具的设计，我们有经济实力满足粉丝的愿望。当粉丝因为迷你毛绒螃蟹笑眯眯的眼睛感到怒不可遏时，我们在一个月内就能改版，把迷你毛绒螃蟹的眼睛变成悲戚戚的样子。改版后，这些笑眯眯的毛绒螃蟹成了粉丝的收藏品。对此，我们颇有点沾沾自喜。

事情不会永远这么理想，有些事情无法复制。粉丝迷恋会随着它的支持平台的发展而发展。脸书的算法和界面不断更新变化，这意味着现在我们和粉丝之间的互动与一年前的互动已大不相同，甚至，也许很快我们就会使用完全不同的互动工具。

粉丝在改变，早期追随过我们的中学生粉丝，现在已经大学毕业。他们当中，有些人还在迷恋我们，收藏的思柔毛绒玩具已经堆满了整个房间和储藏室，甚至藏品多到需要另外一套公寓来摆放，而有些人已经离开我们，我们怀念他们。我们想说："我们想知道，那个制作了'海洋动物思柔毛绒玩具'粉丝页面的女孩现在怎么样了。她很有才华，我们很想念她拍的那些被困在树上的独角鲸的照片。"

我们会有片刻的怀旧，然后就立即专心工作，因为我们要计划今年的万圣节派对，要评论粉丝的设计，回复粉丝的推特，阅读粉丝的邮件。一位女士写信告诉我们，如果我们做一个思柔毛绒哈巴狗玩具，她会告诉所有的朋友，他们一定会买走上亿个，而且她说自己绝不是在夸海口。

现在，粉丝邮件不是具有合同效力的文件。也许，只是也许，有一种极小的可能性，她这样说，仅仅是出于热情，而非出于足够的财力。我们以前吃过爱狗人士的亏，但话说回来，粉丝确实能想出一些绝妙的点子。

一只哈巴狗？嗯，好的，当然，我们可以试试。

致　谢

这本书是经过多年的切身体验、锲而不舍的坚持和无数个不眠之夜，所取得的成果，我们要感谢所有在整个过程中给予我们指导和鼓励的人。

感谢克莱·舍基和我们讨论关于寿司的想法，激发出我们的创作灵感。如果没有他的建议、鼓励和支持，这一切无从谈起。

非常感谢我们的代理人佐伊·帕格纳门塔和她在佐伊·帕格纳门塔代理公司的同事艾莉森·刘易斯，以及英国费利西蒂·布赖恩协会的莎莉·霍洛威。

感谢编辑布兰登·克里和他的同事纳撒尼尔·丹尼特，感谢W.W. 诺顿出版社的所有员工和档案资料出版社的克莱尔·格里斯特·泰勒和路易莎·邓尼根，感谢他们在整个过程中给予我们极大的支持。

感谢我们的初稿读者安·海姆伯格·杰诺、娜塔利亚·明科夫斯基和克里斯托弗·桑图利，以及我们的终稿读者凯瑟琳·迪伦、麦迪·诺维奇、托马斯·罗伯逊和拉塞尔·平克。

感谢为本书进行宣传的学术界、工业界、粉丝圈和其他领域的专家学者：比阿特里兹·阿尔瓦拉多、丹尼尔·阿姆莱茵、詹恩·班恩、贝尔·巴拉扎、凯蒂·巴扎、爱琳·贝洛莫、蒂什·贝洛莫、克里斯蒂安·布兰德、克里斯托弗·博纳诺斯、理查德·伯西、安布尔·布鲁斯、杰伊·布什曼、丹尼尔·卡维奇、克里斯托弗·克利里、马库斯·柯林斯、伊恩·康德里、杰克·康特、卢克·克雷恩、凯利·苏·德康尼克、保罗·德乔治、杰西·德斯塔西奥、纪尧姆·德维涅、约翰·迪马托斯、约斯特·范·德鲁宁、萨丽塔·俄凯尔、杰克·菲特、米茜·菲特、凯特·弗雷巴赫、大卫·加拉格尔、迈克尔·戈德马赫、乔纳森·优、道格·雅各布森、弗洛里安·卡普斯、约翰·基夫、玛丽·凯·隆比诺、劳伦斯·麦克布莱德、埃里克·默斯曼、大卫·帕克、杜夫·昆特、弗吉尼亚·罗伯茨、詹姆斯·罗宾逊、乔恩·罗森伯格、斯宾塞·鲁宾、克里斯蒂安·鲁德尔、凯茜·萨夫龙、埃琳娜·萨尔塞多、肖恩·谢里丹、埃里克·史密斯、奥斯卡·斯摩洛科夫斯基、马克斯·坦基、罗伯特·汤普森、特伦特·瓦内加斯、亚伦·W、安娜·威尔逊，以及所有匿名的支持者，还要感谢我们的研究助理乔丹·鲍尔斯和莎拉·杰特。

感谢佐伊在纽约大学互动电子媒体项目（ITP）研究生课程

组的同事：乔治·阿古多、凯瑟琳·迪利安、肖恩·凡·妮西·埃弗里、南希·海辛格、汤姆·伊戈耶、丹·奥沙利文、玛丽安·佩蒂特、丹尼尔·罗津、丹尼尔·希夫曼、安田美佐里、玛丽娜·祖科，还有克莱以及纽约大学阿瑟·卡特新闻学院的杰伊·罗森。特别要感谢雷德·伯恩斯，我们永远怀念她的领导才干、启迪鼓舞和幽默风趣。

感谢艾伦的导师，约翰·霍普金斯大学历史与写作研讨班的娄·加兰博斯、戴尔·凯格和乔安妮·卡瓦诺·辛普森。

感谢多年来为我们的课程做出贡献的所有学生，特别是纽约大学新闻学院互动电子媒体项目“粉丝迷恋：数字时代的流行亚文化”课程班的学生和第二十工作室（Studio 20）的学生。

感谢长期以来支持我们的思柔毛绒玩具团队：伊丽莎白·巴恩斯、萨姆·库珀、布赖恩·克罗斯、查尔斯·多纳费尔、阿纳斯塔西娅·霍尔、埃里克·霍兰德、帕特·休斯、贝丝·罗伯茨、克里斯托弗·桑图利、里希卡·辛格、黛比·斯泰尔、斯科特·沃森、梅利萨·冈内拉、拉塞尔·平克和肯德拉·威尔斯，以及每一位为我们提供最新信息的实习生。

感谢我们的家人，特别是玛克辛·弗雷德、乔治·布兰纳、劳拉·弗拉德－布兰娜、劳里·汉密尔顿、罗伯特·格雷泽、苏珊·克利特和克里斯蒂·格拉泽，以及那些包容我们的朋友。

还要特别感谢阿彻，尽管他无法看到此书，但是我们永远对他充满崇敬之情，并永远铭记他曾给予的耐心。

最后，此书能够面世的最重要的原因，是思柔毛绒玩具粉丝的强大支持。你们是我们的动力，是我们的良师益友。你们的善良、支持与创造力，你们相互之间的沟通交流，以及给我们提供的反馈信息，是我们创造奇迹的源泉。10年来，你们激励着我们，时而让我们惊讶，时而让我们恐惧，为此我们将永远心存感激。对于每一个思柔毛绒玩具的超级粉丝，愿毛茸茸的玩具永远带给你快乐。